高等院校立体化创新经管教材系列

商 务 谈 判
(第 2 版)

程英春　李　鹏　主　编

田　丽　王　远　陈为涛　副主编

清华大学出版社
北 京

内 容 简 介

本书在保持传统教材重视应用性和操作性的基础上，力求吸纳商务谈判领域最新的发展实践和理论研究成果。

本书共分十章，以谈判过程为主线，对商务谈判进行全方位的阐述。第一章对商务谈判的概念与特点、类型、基本原则、程序与管理进行了介绍，勾勒了商务谈判的轮廓。第二章至第九章从理论与实践两个方面，详细阐述了商务谈判的组织管理，针对商务谈判的关键环节和关键过程中的技巧，对商务谈判的谈判阶段、谈判人员、谈判背景、谈判心理、谈判策略、谈判语言技巧的注意事项，谈判中僵局的处理策略等问题做了较为全面的介绍、分析及阐释，并辅之以案例说明。第十章介绍了商务谈判的文化、礼仪对商务谈判的影响以及商务谈判的禁忌事项。

本书语言通俗易懂，内容深入浅出，借鉴中外商务谈判书籍之精华，部分案例是以编者多年进出口业务实践经验为依据撰写的，力求生动，接近实际。在章节安排上，每章首先介绍学习要点及目标，接着以引导案例开篇，最后是正文、本章小结、自测题、案例分析和阅读资料等内容。

本书适合作为高等院校本、专科相关专业的商务谈判课程的教材，也可供从事商务谈判工作的商务人员参考阅读。

图书在版编目(CIP)数据

商务谈判/程英春，李鹏主编. —2版. —北京：清华大学出版社，2023.8（2024.8重印）
高等院校立体化创新经管教材系列
ISBN 978-7-302-64405-7

Ⅰ．①商⋯　Ⅱ．①程⋯　②李⋯　Ⅲ．①商务谈判－高等学校－教材　Ⅳ．①F715.4

中国国家版本馆 CIP 数据核字(2023)第 149570 号

责任编辑：陈冬梅
封面设计：刘孝琼
责任校对：么丽娟
责任印制：刘海龙
出版发行：清华大学出版社
　　　　　网　　　址：https://www.tup.com.cn, https://www.wqxuetang.com
　　　　　地　　　址：北京清华大学学研大厦 A 座　　　邮　　编：100084
　　　　　社 总 机：010-83470000　　　　　　　　　邮　　购：010-62786544
　　　　　投稿与读者服务：010-62776969, c-service@tup.tsinghua.edu.cn
　　　　　质量反馈：010-62772015, zhiliang@tup.tsinghua.edu.cn
　　　　　课件下载：https://www.tup.com.cn, 010-62791865
印 装 者：三河市龙大印装有限公司
经　　销：全国新华书店
开　　本：185mm×260mm　　　印　张：16　　　字　数：389 千字
版　　次：2018 年 8 月第 1 版　　2023 年 9 月第 2 版　　印　次：2024 年 8 月第 2 次印刷
定　　价：49.80 元

产品编号：098298-01

前　言

习近平总书记在中国共产党第二十次全国代表大会上的报告中明确指出，要办好人民满意的教育，全面贯彻党的教育方针，落实立德树人根本任务，培养德智体美劳全面发展的社会主义建设者和接班人，加快建设高质量教育体系，发展素质教育，促进教育公平。本书在编写过程中深刻领会党对高校教育工作的指导意见，认真执行党对高校人才培养的具体要求。

"神女应无恙，当惊世界殊"，尽管路途坎坷，但中国仍稳居世界第二大经济体地位，经济的发展对国际经济与贸易等专业的教育带来更加深入的挑战，培养适合社会发展需要的高层次的复合型经济贸易人才任重道远。无论是日常生活还是商务往来，谈判都无处不在，谈判人员的能力水平直接影响着交易双方利益的分配。在步入社会之前，系统地进行谈判思维的培养，全面深入了解谈判的理论和政策，一是可以为大学生顺利就业提供良好的保障；二是可以为个人和商务活动主体节约成本或者为其带来丰厚的利润。因此，越来越多的学校把商务谈判课程作为人才培养方案中的必修、必选课，本书正是在这样的背景下完成的。

美国心理学家布鲁纳说："学习的最好动机，乃是对所学教材本身的兴趣。"本次再版我们对全书的内容进行了修订和更新，与时俱进地根据真实商务谈判编撰案例，增强了本书的可读性，通过激发学生的求知欲和学习兴趣，提高其思辨能力。

再版修订工作仍由理论基础和实践经验丰富的多个专业的教师担任，6 位教师均不同程度地拥有商务谈判教学及实践经验，有的曾在大型进出口外贸公司工作多年，在谈判理论方面功底深厚。本书由哈尔滨商业大学陈为涛教授主审，哈尔滨金融学院程英春教授、李鹏老师担任主编，哈尔滨金融学院的田丽老师、王远老师，以及哈尔滨商业大学的陈为涛教授担任副主编。具体分工如下：程英春编写第三章、第五章，李鹏编写第一章、第二章、第十章，田丽编写第六章、第八章，王远编写第四章、第九章，宋婷婷编写第七章。

本书是国际经济与贸易专业的基础课，也是市场营销、保险学、电子商务、金融学、劳动与社会保障专业的选修课，同时兼顾成人高等院校经济与管理类及相关专业的本科生，还可作为商务人士的学习参考书和企业培训用书。

本书在编写过程中，参阅了大量的资料和书籍，并得到清华大学出版社的大力支持，在此向相关单位及人员表示衷心的感谢！

由于谈判领域理论和实践的发展变化日新月异，加之编者水平有限，本书虽然经多次修改完善，但难免存在疏漏之处，敬请同行专家和读者批评指正。

编　者

目　　录

商务谈判(第2版)

第一章　商务谈判概述

【学习要点及目标】

通过本章的学习，使学生明确商务谈判的概念、特点以及商务谈判的类型，掌握商务谈判的基本原则、程序及各个阶段和环节的主要内容、管理模式。

【引导案例】

习近平同德国、法国、欧盟领导人举行视频会晤，
中欧领导人共同宣布如期完成中欧投资协定谈判

【新华社北京 2020 年 12 月 30 日电】国家主席习近平 30 日晚在北京同德国总理默克尔、法国总统马克龙、欧洲理事会主席米歇尔、欧盟委员会主席冯德莱恩举行视频会晤，中欧领导人共同宣布如期完成中欧投资协定谈判。

习近平指出，2020 年对世界和中欧双方来说都是十分特殊的一年，新冠肺炎疫情全球大流行和世界百年未有之大变局深刻交织，不稳定不确定因素越来越多。在这样的背景下，中欧迎难而上，携手努力，推动中欧关系取得丰硕成果。双方如期实现年内完成中欧投资协定谈判的预期目标，达成了一份平衡、高水平、互利共赢的投资协定，展现了中方推进高水平对外开放的决心和信心，将为中欧相互投资提供更大的市场准入、更高水平的营商环境、更有力的制度保障、更光明的合作前景，也将有力地拉动后疫情时期世界经济复苏，增强国际社会对经济全球化和自由贸易的信心，为构建开放型世界经济作出中欧两大市场的重要贡献。

习近平强调，中国致力于构建新发展格局，将为欧洲和世界提供更多市场机遇、创造更大合作空间。希望欧方坚持自由贸易和多边主义，为中国投资者提供开放、公平、非歧视的营商环境。

习近平指出，2021 年即将到来，中欧作为全球两大力量、两大市场、两大文明，应该展现担当，积极作为，做世界和平进步的合作建设者。双方应该加强对话，增进互信，深化合作，妥处分歧，携手育新机、开新局。

一是协调抗疫行动。确保疫苗作为全球公共产品得到公平分配，特别是让发展中国家获益。

二是共促经济复苏。加强政策沟通和协调，坚持建设开放型世界经济，带动全球产业链、供应链早日重回正轨。

三是对接发展战略。加大政策协调，加强共建"一带一路"倡议同欧盟欧亚互联互通战略对接，探讨数字领域合作。

四是加快绿色发展，用好中欧环境与气候高层对话机制，相互支持中欧举办生物多样性、气候变化、自然保护国际会议。

五是推动多边合作。加强在联合国、二十国集团、世界贸易组织、世界卫生组织等框架内协调和合作，推动政治解决国际和地区热点问题，积极落实二十国集团缓债倡议，支持非洲抗疫和发展，共同促进世界发展繁荣。

欧方领导人表示，尽管受到新冠肺炎疫情影响，今年欧中保持密切高层沟通，在地理标志协定等一系列问题上取得重大进展。今天我们举行会晤，共同宣布结束欧中投资协定谈判，这对欧中关系发展具有重要里程碑意义，也将有利于推动世界经济复苏增长。这再次向世界表明，尽管欧中在有些问题上存在分歧，但双方都有政治意愿在相互尊重的基础上加强对话，深化合作，实现互利共赢。欧中投资协定是高水平的，欧方赞赏中方进一步扩大开放，积极促进贸易自由化、投资便利化。欧中都支持多边主义，一个强有力的欧中关系有益于解决当今世界面临的全球性挑战。欧方赞赏中方就应对气候变化以及帮助非洲抗击疫情等方面采取的重大举措，希望就全球抗疫、气候变化、生物多样性保护可持续发展、世界贸易组织改革等问题继续同中方密切协调合作。

中欧领导人互致新年问候，共同表示，在新的一年保持密切沟通，共同推进双方重大交往议程，推动中欧全面战略伙伴关系不断向前发展。

(资料来源：人民网—中国共产党新闻网 http://cpc.people.com.cn/)

伴随着人类文明的产生而形成的人际交往中的谈判活动，经过人们长期的谈判实践，得到了不断的发展，越来越呈现其特有的规律性。在了解和研究商务谈判的内容之前，必须对商务谈判的基本知识有所了解。首先要了解的是商务谈判的概念与特点、商务谈判的类型、商务谈判的基本原则、程序及各个阶段和环节的主要内容、管理模式等。本章我们将分别对其做出系统地阐述。

第一节　商务谈判的概念与特点

人们在商务活动中，常常会遇到商务谈判(business negotiation)或贸易洽谈(business discussion)，这两者到底有何区别呢？

商务谈判的概念.mov

谈判，包含"谈"和"判"两个环节。谈，即说话或讨论，可以理解为当事人明确阐述自己的意愿和所要追求的目标，充分发表关于各方应当承担和享有的责、权、利等看法；判，即分辨和评定，就是当事人各方努力寻求关于各项权利和义务的共同一致的意见，以期通过相应的协议正式予以确认。因此，谈是判的前提和基础，判是谈的结果和目的。洽谈，指"协和、和睦"之意，也指"商量、交换意见"。

由此看来，谈判与洽谈在本质上并没有什么区别，即都要谋求一个"良好的结果"，但在字面上有细微差异。"谈判"一词主要是注重表达对"分歧的评断"，更突出评断的结果；而"洽谈"一词则强调"和睦与彼此对话"的表达形式，同时也承认对话各方分歧的存在。从字面上看，"洽谈"不强调对话的结果，比"谈判"更具有灵活性。正是由于"洽谈"的灵活性及其具有的温和色彩，因此，更多的谈判人员喜欢使用"洽谈"一词。

一、商务谈判的概念

"谈判"一词听起来似乎有些神秘、玄妙，有时甚至令人生畏。其实，我们每个人每天都会接触有关谈判的内容，只是我们没有明确地意识到。比如，我们上街购物，会很自然地与货主讨价还价。如果说谈判真的有什么玄妙之处的话，那么它的玄妙之处就在于：它是一项既充满智慧和勇气，又充满艺术和技巧的人类活动。在当今经济飞速发展的世界，谈判活动已成为企业对外交往的重要手段，直接影响着各种人际关系。谈判不仅包括一切正式场合的洽谈活动，也包括一切人之间、企业之间和政府之间的关系。如今，谈判已发展成了一门新的学科，即谈判学。谈判不再是欺诈或其他敌对关系的同义语；相反，它已被视为能够深刻影响各种人际关系和产生持久利益的过程。作为一门学科，它能使谈判人员受到启迪，得到有益的借鉴，并获得圆满的成功。

那么，什么是商务谈判呢？商务谈判是指有商务活动的双方或多方为了达到各自的目的，就一项涉及双方或多方利益的标的物的交易条件，通过沟通和协商，最后达成各方都能接受的协议的过程。

为了更好地理解和把握商务谈判这一特殊的谈判活动，应着重把握以下内涵。

(一)商务谈判的主体是相互独立的利益主体

商务活动中谈判的主体必须是独立的利益主体或其代表。只有在谈判主体的利益相互独立的条件下，他们才会为了自己的利益而进行磋商。利益的独立性是商务谈判发生的基础。

(二)商务谈判的目的是获得经济利益

双方谈判的目的就是满足自身的某种经济利益，而做出的让步通常也是经济利益方面的让步。经济利益是谈判双方的核心利益与谈判目的之所在。

(三)商务谈判的核心议题是价格

以经济利益为核心必然决定了谈判的核心议题是价格。因为价格的高低直接关系到实际所能获得的经济利益的大小。除价格之外的其他交易条件，如产品的质量、数量、交货方式与支付方式等与价格存在着密不可分的关系，都可以通过价格的变化表现出来，这也使价格成了商务谈判的核心条件和核心议题。

(四)商务谈判的主要评价指标是经济利益

商务谈判与其他类型的谈判相比，更为重视谈判的经济利益，因为商务谈判本身就是一种经济活动。在谈判过程中，谈判者不仅要考虑从谈判中得到什么、得到多少，还要考虑付出什么、付出多少，明确所得和所付出的关系，追求经济利益。当然，这并不仅仅局限于短期的经济利益，还要从长远的角度看问题。

二、商务谈判的特点

作为人类一种有意识的社会活动，商务谈判具有以下几个特点。

(一)商务谈判是一个不断协调的过程

商务谈判是双方通过协调不断调整各自的需求，从而达成意见一致的过程。比如，在裤子交易市场内，买方正在为批发裤子交易与卖方谈判。卖方根据货物买卖的常规做法，首先开价每条 160 元，买方又一次仔细地看了看裤子的做工，并指着一处有些粗糙的地方说："能否将价格压低？"卖方再次要价每条 150 元，并且强调已是合理价格，买方见机报了自己的价格为 130 元。卖方再一次将价格降到 145 元，买方又给了一个价格为 135 元，最后双方以每条 140 元的价格成交。可见，在这场谈判中，买卖双方都是通过不断调整各自的报价而使价格相互接近，最后在 140 元这一价格上达成利益上的平衡。需要指出的是，利益上的平衡不等于利益上的平均，而是双方各自在内心所能承受的平衡。任何单方面的"让"或"取"都不能当作谈判。

(二)商务谈判具有"合作"与"冲突"的对立统一

商务谈判的合作性表现在，通过谈判而达成的协议对双方都有利，各方利益的获得是互为前提的；而商务谈判的冲突性则表现在，谈判各方希望自己在谈判中获得尽可能多的利益，为此要进行积极的讨价还价。为了解决好谈判中的这对矛盾，首先，必须对此有深刻的认识；其次，在制定谈判的战略方针、选择与运用谈判策略和战术时，就必须注意既要不损害双方的合作关系，又要尽可能为己方谋求最大的利益，即在这二者之间找到一个平衡点。

在实际谈判过程中，这个平衡点不是所有参与谈判的人员都能找到的。实践中，我们常常会看到有的谈判人员只注意谈判存在合作性的一面，而忽视谈判的冲突性，十分害怕与对方发生冲突，当谈判因存在冲突而陷入僵局时便不知所措。因此，为了避免冲突从而对对方提出的意见和要求，只是一味地退让和承诺，不敢据理评价和反驳，不敢积极地争取自己的正当利益。如果遇到那些善于制造冲突、乐于通过舌战而取胜的强势谈判对手，则常常会吃亏受损。与此相反，有的谈判人员只注意谈判冲突性的一面，而忽视合作性的一面，视谈判为一场你死我活的战斗，只讲究一味地进攻，甚至最终将对手逼出谈判场外，导致自己也是劳而无获。对于谈判人员来说，提倡在合作的前提下达到利益最大化，即在使对方通过谈判有所收获的同时，使自己也获得更多的收获。此所谓"合作的利己主义"做法。

(三)商务谈判以经济利益为目的，以价格谈判为中心

以经济利益为目的，以价格谈判为中心是商务谈判区别于其他谈判的主要特点。商务谈判发生的根本原因在于人们追求经济上的利益需求，其目的决定了当事人必然注重经济效益，力争多得一些，少给一些。比如，购销谈判中，供方希望把价格定得尽量高一些，

而需方则希望尽量压低价格。在借贷谈判中，借方总是希望借款期限长一些，利息低一些；而贷方则希望利息高一些，期限短一些。诚然，商务谈判以经济利益为目的，所涉及的因素多种多样，但是，其核心角色是价格。这是因为双方经过谈判，最后经济利益的划分主要通过价格表现出来。

(四)商务谈判既是一门科学，又是一门艺术，是科学与艺术的有机整体

首先，商务谈判作为人们协调彼此之间的利益关系、满足各自的需求并达成一致意见的一种行为和过程，谈判人员必须以理性的思维对所涉及的问题进行系统的分析和研究，根据一定的规律、规则来制定方案和对策，这就充分地体现了商务谈判的科学性。其次，商务谈判是人们的一种直接交流活动，谈判人员的素质、能力、经验、心理状态以及思维的运用，都会直接影响谈判的结果，具有难以预测性。同样的谈判内容、条件和环境，不同的人去谈判，其最终结果往往会不同。这就是商务谈判艺术性的体现。

对于一个谈判者来说，在谈判中既要讲究科学，又要讲究艺术。也就是说，在涉及对谈判双方实力的认定、对谈判环境因素的分析、对谈判方案的制定以及对交易条件的确定等问题时，更多地体现出谈判科学性的一面，而在具体的谈判策略与战术的运用上，则比较多地体现了谈判艺术性的一面。"科学"告诉我们在谈判中如何做，而"艺术"则帮助我们把谈判做得更好。

【资料链接】

分橙子的谈判

本案例是一个在谈判界广为流传的经典小故事。

有一位妈妈把一个橙子给了邻居的两个孩子。这两个孩子便开始讨论如何分这个橙子。两个人吵来吵去，最终达成了一致意见：由一个孩子负责切橙子，而另一个孩子选橙子。结果，这两个孩子按照商定的办法各自分得了一半橙子，高高兴兴地拿回家去了。

其中，第一个孩子把这半个橙子拿到家，把皮剥掉，扔进垃圾桶，把果肉放到榨汁机中打橙汁喝；而另一个孩子回到家则把果肉挖掉，扔进垃圾桶，把橙子皮留下来磨碎，混在面粉里烤蛋糕吃。

从上面的例子我们可以看出，虽然两个孩子各自拿到了看似公平的一半橙子，但是他们各自得到的东西却未物尽其用。这说明他们事先并未沟通好，也就是说，两个孩子并没有申明各自的利益所在，导致双方盲目追求形式上和立场上的公平，结果双方各自的利益并未在谈判中达到最大化。

试想一下，如果两个孩子充分交流各自所需，或许会有多个方案和结果出现。可能的一种情况，就是两个孩子想办法将果皮和果肉分开，一个孩子拿到果肉去喝橙汁，另一个孩子拿到果皮去做烤蛋糕。也可能是另外一种情况，恰恰有一个孩子既想要果皮做蛋糕，又想要喝橙汁。这时，如果能创造价值就非常重要了。结果，想要整个橙子的孩子可以提议将其他问题拿出来一块儿谈。他说："如果把这个橙子全给我，你上次欠我的棒棒糖就不用还了。"其实，他的牙齿被蛀得一塌糊涂，父母上星期就不让他吃糖了。另一个孩子想了想，很快就答应了。他刚刚从父母那里要了 5 元钱，准备买糖还债。这样他就可以用这 5 元钱去打游戏，才不在乎这酸溜溜的橙子汁呢。

可见，两个孩子的谈判思考过程实际上就是不断沟通、创造价值的过程，双方都在寻求对自己最大利益的方案的同时，也满足对方的最大利益的需求。

商务谈判的过程实际上也是一样。好的谈判者并不是一味地固守立场，追求寸步不让，而是要与对方充分交流，从双方的最大利益出发，创造各种解决方案，用相对较小的让步来换得最大的利益，而对方也是遵循相同的原则来取得交换条件。在满足双方最大利益的基础上，如果还存在达成协议的障碍，那么就不妨站在对方的立场上，替对方着想，帮助扫清达成协议的一切障碍。这样，最终的协议是很容易达成的。

(资料来源：龚荒. 商务谈判与沟通——理论、技巧、案例[M]. 北京：人民邮电出版社，2018)

第二节　商务谈判的类型

商务谈判按照不同分类标准，可以分为以下类型。

一、按参加谈判的人数规模划分

商务谈判的类型.mov

根据参加谈判的人数规模的不同，可以将谈判分为谈判双方各只有一人参加的一对一的个体谈判和各方都有多人参加的集体谈判两种。一般来说，关系重大而又比较复杂的谈判大多是集体谈判。

谈判的人数规模不同，导致谈判人员的选择、谈判的组织与管理也有很大的不同。例如，在人员的选择上，如果是一对一的个体谈判，那么所选择的谈判人员必须是全能型的。也就是说，他必须具备本次谈判所涉及的各个方面的知识和能力，如国际金融、国际贸易、商品、技术和法律等方面的知识。因为在谈判中只有他一个人独自应付全局，难以得到他人的帮助。虽然在谈判前的准备工作中，他可以得到同事的支持和协助，在谈判过程中也可以得到领导的指示，但整个谈判过程始终是以他一个人为中心来进行的。他必须根据自己的经验和知识做出分析、判断和决策。个体谈判尽管有谈判人员不容易得到他人帮助的不足，但它也有有利之处，即谈判人员可以及时、有效地把自己的谈判设想和意图贯彻到谈判中去，不存在集体谈判时内部意见协商困难的现象以及某种程度上的内耗问题。

二、按参加谈判的利益主体的数量划分

根据参加谈判的利益主体数量的不同，可以将谈判分为双方谈判(两个利益主体)以及多方谈判(两个以上的利益主体)两种。

双方谈判的利益关系比较明确具体，也比较简单，因而容易达成一致意见。相比之下，多方谈判的利益关系则要复杂得多，难以协调一致。例如，在建立中外合资企业的谈判中，如果中方是一家企业，外方也是一家企业，两家企业之间的意见就比较容易协调。如果中方有几家企业，外方也有几家企业，谈判将困难得多。这是因为中方几家企业之间存在着利益上的不一致，需要进行协商谈判；同样地，外方几家企业之间也存在利益上的矛盾，需要进行谈判，然后才能在中外企业之间进行协商谈判。这样，矛盾的点和面就大大增加

和扩展了，关系也就更为复杂。

三、按谈判双方的沟通方式划分

根据谈判双方接触方式的不同，可以将谈判分为面对面的口头谈判与间接的书面谈判两种。

口头谈判是双方的谈判人员在一起，直接进行口头交谈协商。这种谈判形式的好处是便于双方谈判人员交流思想感情。双方谈判人员随着日常的直接接触，会由"生人"变为"熟人"，产生一种所谓的"互惠要求"。因此，在某些谈判中，有些交易条件的妥协让步完全是出于感情上的原因。一般情况下，在面对面的谈判中，实力再强的谈判人员也难以保持整个交易立场的不可动摇，或者拒绝做出任何让步。面对面的谈判还可以通过观察对方的面部表情、姿态动作，借以审查对方的为人及交易的诚实可靠性。

书面谈判是谈判双方不直接见面，而是通过传真、电报、电子邮件、信函等方式进行商谈。这种谈判方式的优点在于：第一，在阐述自己的主观立场时，用书面形式比口头形式显得更为坚定有力；第二，在向对方表示拒绝时，书面谈判要比面对面的谈判方式方便得多，特别是在双方人员已经建立起个人交往的情况下更是如此；第三，书面谈判方式比较节省费用。书面谈判的缺点是不便于谈判双方相互了解。由于传真、电报、电子邮件、信函等通信媒介所能传递的信息量有限，因此，这种谈判方式只适用于交易条件比较规范、明确，内容比较简单，谈判双方比较了解的情况，而不适用于一些内容比较复杂、多变且双方缺少必要了解的谈判。

四、按谈判进行的地点划分

根据谈判进行的地点不同，可以将谈判分为主场谈判、客场谈判、中立地谈判三种。

所谓主场谈判，是指对谈判的某一方来讲，谈判是在其所在地进行，他就是东道主；相应地，对谈判的另一方来讲就是客场谈判，他是以宾客的身份前往谈判的。所谓中立地谈判，是指在谈判双方所在地以外的其他地点进行的谈判。中立地谈判，对谈判双方来讲就无宾主之分了。

不同的谈判地点使谈判双方具有不同的身份(主人身份和客人身份，或者无宾主之分)。谈判双方在谈判过程中都可以借此身份和条件，选择运用某些谈判策略和战术来影响谈判，从而争取商务谈判中的主动权。

五、按谈判双方所采取的态度划分

根据谈判中双方所采取的态度，可以将谈判划分为三种类型：让步型谈判(软式谈判)、立场型谈判(硬式谈判)、原则型谈判(价值型谈判)。

(一)让步型谈判

让步型谈判者希望避免冲突，随时准备为达成协议而让步，希望通过谈判签订一个皆大欢喜的协议。采取这种谈判方法的人，不把对方当作对手，而是当作朋友。他们的目的是要达成协议而不是获取胜利，从而建立和维系良好的商业关系。因此，让步型谈判的一般做法是：信任对方—提出建议—做出让步—达成协议—维系关系。

如果谈判双方都能以宽大及让步的心态进行谈判，那么达成协议的可能性、速度以及谈判的成本与效率都会比较令人满意，并且双方的关系也会得到进一步的加强。然而，由于利益的驱使，加上价值观及个性方面的不同，并非人人在谈判中都会采用这种谈判方法。而且，这种方法并不一定是明智的，当遇到行事强硬的谈判者时，让步型谈判者极易受到伤害。因此，在实际的商务谈判中，采取让步型谈判的人是极少的，一般只限于双方的合作关系非常友好并有长期业务往来的情况。

(二)立场型谈判

立场型谈判者把任何情况都看作一场意志力的竞争和搏斗，认为在这样的谈判中，立场越强硬者，最后取胜的可能性也就越大。

在立场型谈判中，双方都把注意力放在如何维护自己的立场、否定对方的立场上，而忽视双方在谈判中真正需要的是什么，以及能否找到一个兼顾双方需求的解决方法。

立场型谈判者往往在谈判开始时提出一个极端的立场，进而固执地加以坚持。只有在谈判难以为继、迫不得已的情况下，才会做出极小的让步。在双方都采取这种态度和方针的情况下，必然导致双方的关系紧张，增加谈判的时间和成本，降低谈判的效率。即使某一方屈服于对方的意志而被迫让步、签订协议，其内心的不满也是显而易见的，因为在这场谈判中，他的需求没能得到应有的满足。这会导致他在以后协议履行过程中的消极行为，甚至想方设法阻碍和破坏协议的执行。从这个角度来讲，立场型谈判没有真正的胜利者。

总之，立场型谈判因双方陷入立场性争执的泥潭难以自拔，不注意尊重对方的需求和寻求双方利益的共同点，因此很难达成协议。

(三)原则型谈判

原则型谈判法最早由美国哈佛大学谈判研究中心提出，因此也被称作哈佛谈判术。这种方法要求谈判双方首先将对方作为与自己并肩合作的同事对待。也就是说，首先要注意与对方的人际关系。但是，原则型谈判并不像让步型谈判那样只强调双方的关系而忽视利益的获取，它要求谈判双方尊重对方的基本需求，寻求双方利益上的共同点，设想各种使双方各有所获的方案。当双方的利益发生冲突时，则坚持以公平的标准来做决定，而不是通过双方意志力的比赛一决胜负。

与立场型谈判相比，原则型谈判注意调和双方的利益而不是双方的立场。这样做常常可以找到既符合自己利益又符合对方利益的替代性立场。

原则型谈判认为，在谈判双方对立立场的背后，存在着某种共同性利益和冲突性利益。我们常常因为对方的立场与我们的立场相对立而认为对方的全部利益与己方的利益都是冲突的。事实上在许多谈判中，深入地分析双方对立立场背后隐含的或代表的利益，就会发现双方的共同性利益要多于冲突性利益。如果双方能认识到并看重共同利益，调解冲突性利益就会比较容易。

原则型谈判强调通过谈判所取得的价值。这个价值既包括经济上的价值，也包括人际关系的价值，因此是一种既理性又富有人情味的谈判，为世界各国的谈判研究人员和实际谈判人员推崇。

六、按谈判的地域范围划分

按谈判的地域范围划分，商务谈判可以分为国内商务谈判和国际商务谈判两种。

(一)国内商务谈判

国内商务谈判是国内各种经济组织及个人之间所进行的商务谈判，包括国内的商品购销谈判、商品运输谈判、仓储保管谈判、经营承包谈判等。国内商务谈判的双方都处于相同的文化背景中，这就避免了由于文化背景的不同可能对谈判产生的影响。由于双方语言相同、观念一致，所以谈判的主要问题在于怎样调整双方的利益，寻找更多的共同点。这就需要商务谈判者充分利用谈判的策略与技巧，发挥谈判者的能力和作用。

(二)国际商务谈判

国际商务谈判是指在国际商务活动中，处于不同国家或不同地区的商务活动当事人为了达成某笔交易，彼此通过信息交流，就交易的各项要件进行协商的行为过程。国际商务谈判包括国际产品贸易谈判、易货贸易谈判、补偿贸易谈判、各种加工和装配贸易谈判、技术贸易谈判、合资经营谈判、劳务合作谈判等。无论是从谈判形式还是从谈判内容来看，国际商务谈判都要比国内商务谈判复杂得多。这是由于谈判者来自不同的国家，其语言、信仰、价值观、道德准则乃至谈判心理都有着极大的差别，而这些方面都是影响谈判顺利进行的重要因素。

第三节　商务谈判的基本原则

商务谈判的基本原则是指商务谈判中谈判各方应当遵循的指导思想和基本准则。商务谈判的基本原则是商务谈判内在的、必然的行为规范，是商务谈判的实践总结和制胜规律。因此，认识和把握商务谈判的基本原则，有助于维护谈判各方的权益，提高谈判的成功率和指导谈判策略的运用。因此，在商务活动中，谈判者应遵循的基本原则有以下五个方面。

一、双赢原则

双赢原则，即互惠互利原则，这是双方达成交易的前提条件，也是商务谈判中必须遵循的原则。在商务活动中，双方或多方的实力不分强弱，在相互关系中应处于平等地位；在商品交换中，自愿让渡商品，等价交换；谈判双方或多方存在一定的共同利益，有来有往，互惠互利。

【资料链接】

"跨国贸易谈判中的互惠互利"案例

中方在与外国某一著名跨国公司合作时，鉴于该公司信誉良好，是我们的长期合作伙伴，而我们利用的是低息优惠贷款，我们决定向该公司提供20%的项目预付款。一般来说，在项目签约之后，项目委托方向项目受托方提供的预付款占整个项目应付款的比例为 5%～10%，极少有超过 15% 的。我们提出向对方提供 20% 的项目预付款，只是改变了用款计划，并没有增加开支。我们这种突破常规的做法，避免了对方原本需借用更多较高利率的商业贷款。帮助对方降低成本就等于增加了双方的共同利益，对方认为自己的利益已经在项目预付款这一项上得到了许多弥补，也就愿意降低价格，这项谈判进行得很顺利，双方从做大"蛋糕"中都得到了利益。

在实际谈判中，能把"蛋糕"做大的地方比比皆是，比如，降低风险，扩大双方利益，而不减少己方利益；扩大己方利益，而不减少对方利益；增加部分开支，而使利益的增长幅度超过开支的增长；减少部分开支，而使利益的减少小于开支的减少。这些因素都是通过谈判者周到、全面地分析了经济、技术、金融、贸易等条件后才发现的。在商务谈判中，如果把一些主要方面的原则先确定好，然后通过双方的努力把"蛋糕" 做得足够大，那么其他方面的利益及其划分问题就显得相对容易多了。

(资料来源：崔叶竹，杨尧. 商务谈判与礼仪[M]. 北京：清华大学出版社，2020)

商务谈判并不是在商务冲突出现时才进行。商务谈判是谈判各方当事人在追求共同商业目标，实现双方商业利益的整个过程中的一个不断地化解冲突、实现谈判者最大利益的手段。作为我国对外经贸关系中的一项基本准则，互惠互利原则必须贯彻于商务谈判的各个方面。

首先，要遵循自愿原则，并以此原则作为交易的基础。在与其他企业的贸易过程中，应根据双方的需求，在自愿的基础上达成交易。不能以其他方面的压力作为条件，强迫对方进行贸易、强塞给对方其本身并不需要的商品或勉强要求对方无能力供应或不愿供应的商品。

其次，在商务谈判过程中，应当坚持以国际市场上的公平价格水平为基准，来确定商品进出口价格。单凭主观决定价格，不顾谈判对方的利益，既违反了价值规律的正常作用，又脱离了实际情况，容易引起谈判对方及国际市场的不满。

最后，"重合同，守信用"是我国商业发展过程中的传统美德。合同是经谈判双方共同协商努力后产生的一种具有法律效力的书面文件，说明了双方的权利和义务，代表着双方的根本利益。如果合同执行过程中有一方违反相关条款，就可能会给另一方带来损失。以审慎的态度对待合同的签订和贯彻落实是对自身和交易对方都有利的行为。

二、随机应变原则

随机应变原则主要体现在商务谈判过程中对多种谈判技巧的灵活运用。商务谈判具有很强的随机性，谈判过程中形势不断发生变化，需要谈判双方灵活应对，加以变通，做到知己知彼，以掌握的相关知识经验猜测对方的想法、策略，从而确定自己在谈判中的立足点与实现利益的方法，使自己在谈判中始终占据比较有利的位置。这就要求谈判者具有全局、长远的眼光，敏捷的思维，灵活地进行运筹，善于针对谈判内容的轻重、对象的层次事先决定"兵力"部署和方案设计，且随时做出必要的改变，以适应谈判场上的变化。整个谈判过程中，在不放弃自身重大原则的前提下，如何根据不同的谈判对象、销售意图和市场竞争情况，采用适当的谈判技巧促使谈判成功，是商务谈判人员应关注的焦点。

三、友好协商原则

在商务谈判中谈判双方难免会就协议或合同条款产生冲突。谈判者在谈判的整个进程中，要尽可能排除干扰，始终表现出对对方充分且诚挚的尊重。无论冲突点和争议程度如何，双方都应以友好协商的原则来寻找双方认可的解决方案。坚持求大同存小异的原则，注意在各种细节问题上彼此多包涵，一旦发生不愉快的事情也要尽可能以宽容待之。如果经过多次协商仍无望达成一致意见，则可以终止谈判，不能违反友好协商原则。通常情况下，做出终止谈判的决定要综合考虑谈判对方的综合实力及合作的诚意，只要仍有合作的可能，就应该秉持友好协商的原则，尽最大努力达成一致协议。

四、依法办事原则

商务谈判最终签署的各种文件都具有法律效力，任何商务活动都需以合法盈利为宗旨。所谓合法，主要体现在四个方面：谈判主体必须合法；交易项目必须合法；谈判过程中的行为必须合法；签订的合同必须合法。因此，谈判过程中当事人的发言，以及最后落实书面形式的合同等，都要符合法律的规定。与双方合同相关的一切语言文字应具有双方一致承认的明确的合法内涵，在必要时应给以具体明确的解释，写入协议文件，以免因解释条款产生分歧，导致执行过程中发生争议。在国际商务谈判中，主谈人的重要发言，特别是协议文件，通常都是经由熟悉国际经济法、国际惯例和涉外经济法规的律师进行细致的审定。只有在谈判中遵循合法原则，谈判及其签订的合同或协议才具有法律效力，谈判当事人的权益才能受到保护，实现其预期的目标。

五、人事分开原则

人事分开原则，是指在谈判中区分人与问题，把对谈判对手的态度与讨论的问题区分开来，就事论事，不要因人误事。因为谈判的主体是富有理智和情感的人，所以谈判的结果不可避免地受到人为因素的影响。在谈判中要避免因人误事，既不能指望对方谈判队伍里老朋友能够"不忘旧情"，对自己"手下留情"，也不要责怪对方"见利忘义""不够义气"、对自己"手狠"。

商务谈判并不是一场你死我活的人与人之间的斗争，因此商务谈判人员在谈判中应当就事论事，不要让自己对谈判对手主观上的好恶，来妨碍自己解决现实问题。商务谈判中，对"事"要严肃，对"人"要友好；对"事"不可以不争，对"人"不可以不敬。如果谈判者在商务谈判中"小不忍则乱大谋"，那可就怪不得旁人了。在商界，有一句行话，叫作"君子求财不求气"。它再次告诫谈判者：意气用事，在商务交往中的任何场合都是弊大于利的。

⊗ **【资料链接】**

"人事分开原则"案例

A公司派王某向B公司推销管阀件。在此之前，A公司曾有技术人员去B公司做过技术交流。在2015年年底B公司招标中，A公司也中标了其中一台设备。

一开始，在王某与管阀件组的相关人员进行座谈时，就碰了个软钉子。负责管阀件的主要有三个人，其中冯某是海外业务部管阀件的采购员。三人中冯某最能说会道，伶牙俐齿。刚坐下，她就说："王小姐真会做生意，一个过滤器要10万美元。"王某听了一愣，便问她指的是哪个过滤器。冯某说是招标设备中因工程需要又准备增买的过滤器。王某立即明白了，冯某是听错了，A公司报价是4万美元，她听成10万美元了。而且价格不是王某报的，报价也不是报给她的，这里有很大的误会，但在冯某的脑海里已形成了王某是个漫天要价的生意人的形象。王某对她说："冯小姐，你误会了，价格可能是你们听错了。"但冯某并不相信。王某知道，在那种场合下，要让冯某承认自己听错是不可能的。王某便岔开话题，和他们说了一些有关技术上的问题。

第二天，王某找了个机会单独和冯某见面，一见冯某她就说："早就听说过您的大名，说您是业务骨干，直到昨天才有机会见面。"冯某说："你们的过滤器怎么报价那么高？"王某说："冯小姐，价格是我们老板报的，我只是个普通的雇员，没有资格随便报价的，并且在价格上，可能因为台湾同胞普通话说得不是很好，"4"和"10"没说清楚，你们听错了。"冯某想了想说："那也有可能，不过那价格还是偏高。"王某接着说道："是吗？我也不知道底价是多少，老板是不会将底价告诉我的，我只是个打工的，不像你们……"然后冯某便滔滔不绝地跟王某说起了她所在的公司，聊起了她所在的部门。从那儿以后，两人又多次在一起聊天，时间长了，两人竟成了好朋友。有了这层关系以后，王某的工作就进展得顺利多了。

10多天后，王某便和技术人员一起探讨他们技术方面的需求。技术问题确定后，便讨论每一类管阀件价格大约应是多少，向他们咨询，而后将信息反馈给公司，公司知道情况后又与原厂商量，最终达成一致意见，和B公司签订了40万美元的合同。

(资料来源：吴琼，李昌凰，胡萍. 商务谈判[M]. 北京：清华大学出版社，2017)

第四节　商务谈判的程序与管理

一、商务谈判的基本程序

商务谈判是双方为实现某种利益进行交易、沟通、妥协的过程，也是双方心智和实力较量的过程。谈判不仅需要运用多种策略技巧，还需要一定的时间。因此，不论何种类型的谈判都有一个持续发展的阶段，即谈判过程，而人们在谈判过程中如何有计划地安排、组织、实施谈判，就是谈判程序。

由于谈判的类型、内容、复杂程度不同，谈判的持续时间有长有短，而且谈判的程序也有所不同。但不论何种谈判，其程序都包括三个基本环节，即谈判前的准备阶段、正式谈判阶段、谈判的善后(协议的履行)阶段。

(一)谈判前的准备阶段

谈判前的准备工作是谈判策略、战术和技巧灵活运用的基础。俗话说,不打无准备之仗。准备工作做得好,可以增强己方自信,从容应对谈判过程中出现的各种问题,掌握主动权。特别是在缺少经验的情况下,充分的准备能够弥补经验和技巧的不足。谈判的实践证明,谈判成功与否与谈判前的准备工作做得是否充足有着密切的关系。

谈判前的准备阶段是商务谈判过程的初始阶段,主要包括环境的调查、信息的准备以及谈判方案的准备。

1. 环境的调查

谈判所处的环境条件是影响谈判的重要因素,也是谈判中不可缺少的成分,更是组成谈判不可忽视的重要构件。商务谈判是在一定的政治、经济、社会、文化、制度和某一特定的法律环境中进行的,这些社会环境因素无疑会对谈判结果产生直接或间接的影响。

商务谈判的环境因素包括谈判对手国家所有的客观因素。谈判人员必须对此进行全面系统的调研与分析评估,才能制定出相应的谈判方针与策略。英国谈判专家马什在《合同谈判手册》中对谈判环境进行了系统的分析和归类,他认为环境因素主要包括政治状况、宗教信仰、法律制度、商业习惯、社会习俗、财政金融状况、基础设施与后勤供应状况以及气候状况等。

2. 信息的准备

在商务谈判中,全面、准确、及时的信息是谈判的可靠助手,是选择和确定谈判对象的基础及前提,是谈判双方沟通的纽带,是制定谈判战略和策略的依据,是控制谈判过程、掌握主动权和确定报价水准的重要保证。谈判信息对于谈判活动的影响是极其复杂的——有的信息直接决定谈判的成败,有的信息则间接影响谈判的成败。准确的信息能帮助己方在谈判中获得成功,不准确的信息则可能导致己方在谈判中失利。

谈判信息的准备工作主要包括信息的收集、整理与分类、分析与使用。

信息的准备工作在谈判实践中越来越显示出其特定的作用和价值,谈判的各方比以往任何时候都要重视信息的准备工作。随着自我信息保密意识的不断增强,辨别对方信息的真伪等工作的难度也在不断增强,这就对从事信息工作的人员和参加谈判的人员提出了更高的要求。

收集信息的渠道有很多,如报纸和杂志、统计资料、公司内部资料、计算机网络、广播媒介、驻外机构、各种会议以及广告、名片等,都构成了信息源。重点应收集对方信息(对方企业的资信情况、产品质量等级、公司管理状况等)、市场信息(国内外市场分布情况、市场商品供求信息等)、技术信息以及与政治、经济、法律环境相关的信息。除此之外,还应当对己方的相关状况和信息有全面的了解和准确的评估。

3. 谈判方案的准备

为了有效地组织和参与商务谈判活动,使己方在把握谈判方向的同时又能灵活地控制复杂的谈判局势,必须在谈判的准备阶段制定出一套考虑周全的谈判方案。谈判方案是指在正式谈判开始之前对谈判主题、谈判目标、谈判议程、谈判策略等预先所做的安排。谈判方案是在对信息进行全面分析、研究的基础上，根据双方的实力对比，为本次谈判制定的总体设想和具体实施步骤，也是指导谈判人员行为的纲领，在整个谈判中起着非常重要的作用。

谈判方案的准备工作主要包括确定谈判主题、明确谈判目标、制定谈判策略、安排谈判议程、规定谈判期限、组建谈判团队、进行模拟谈判七个方面的内容。

(1) 确定谈判主题。谈判主题是谈判的基本目的，也是谈判活动的中心，整个谈判活动都要围绕这个主题进行。主题应简单明了，最好能用一句话体现出来，如"与北京某公司洽谈购买商务谈判模拟会议室学生电脑项目""以友好方式解决我国出口赤铁矿索赔一案"。

(2) 明确谈判目标。谈判目标的确定是指制定方案时对所要达到结果的设定，是谈判者对本次谈判的期望水平。谈判目标是指导商务谈判的核心。在整个谈判过程中，从策略的选择、策略的准备、策略的实施到贸易谈判的一系列其他工作，都是以谈判目标为依据，都是为总体目标的实现服务的。确定的谈判目标应具有实用性、合法性，同时留有一定的弹性空间，并要注意严格保密。如果因疏忽大意泄露了己方的最低限度目标，就会使己方陷于被动。

谈判目标一般分为最低目标、可接受目标、最高期望目标三个层次。最低目标是谈判者在做出让步后必须保证达到的最基本目标，是谈判成功的最低界限；可接受目标是谈判者经过对各种因素进行全面分析、科学论证后确定的目标，是谈判者期望实现的目标；最高期望目标是对谈判者最有利的理想目标，实现这一目标将最大化地满足己方的利益，这也是最难实现的目标。

(3) 制定谈判策略。明确谈判目标后，就要拟订实现这些目标所采取的基本途径和策略。谈判策略是指谈判者在谈判过程中，为了达到某个预定目标，人为采取的一些行动和方法。从商务谈判过程的运作看，谈判策略有很多，谈判人员要根据谈判目标预测谈判过程中可能出现的情况，事先做出选择，做到心中有数，以便在正式谈判中灵活运用各种策略。

(4) 安排谈判议程。谈判议程的安排对谈判双方非常重要，谈判议程安排的本身就是一种谈判策略的运用，必须高度重视。谈判议程是双方讨论合同条款的时间安排，不能单方面决定，一般是一方提出，对方同意，或者是双方协商确定。需要指出的是，不论是己方提出议程要对方接受，还是对方提出议程要己方接受，都各有利弊。如果对方接受了己方的议程，会使对方陷于自卫的劣势中，己方可以充分考虑自己的要求和条件，使日程的安排有利于己方。但是，这样可能会过早暴露己方的立场和底细，对方可以根据己方提出的讨论要点提出异议，这又是不利的方面。

因此，比较妥当的做法是，己方可准备两种谈判议程：通则议程和细则议程。通则议程是供双方在谈判中讨论采用的，细则议程则是留给自己看的，不能泄露给对方。在拟订议程时，还要注意两个问题：一是互利性，不仅要符合己方的需求，也要兼顾对方的实际利益和习惯做法；二是伸缩性，日程安排不能过于紧凑，如果遇突发情况而不能调整，就会手忙脚乱、陷于被动。

(5) 规定谈判期限。谈判期限关系到谈判的效率，也会影响到谈判的成败，因此谈判方案中应对谈判期限做出规定。一般来说，谈判期限是从确定谈判对手并着手进行各种准备开始，直到谈判结束的日期。谈判期限的长短主要依据谈判双方时间的宽裕程度和正常进行谈判所需要的时间来决定。

(6) 组建谈判团队。在商务谈判准备工作中对谈判团队的组建和谈判人员的分工及配合，做出恰当的安排是十分重要的。一个高效的、强有力的谈判团队，成员之间应该形成各种能力的互补和支撑，以使个人的工作能力和专业素质得到放大，并汇聚成新的集体力量。谈判团队成员的选择，主要应根据谈判的具体内容、所需的知识和信息以及谈判人员的相互补充和配合来确定。

(7) 进行模拟谈判。模拟谈判是商务谈判准备工作的重要组成部分。在实践中，为了保证谈判的成功，常常采取模拟谈判的方法来改进和完善谈判的准备工作，检查谈判方案可能存在的漏洞，特别是对一些重要的、难度较大的谈判来说，进行模拟谈判显得更有必要。模拟谈判是指在正式谈判开始之前组织有关人员对本场谈判进行预演的实践操练。通过模拟谈判可以启发和拓宽谈判者的视野，有可能将预演中的弱项转化为正式谈判中的强项。模拟谈判结束后，要及时进行总结，通过总结，不但可以完善己方的谈判方案，还可以在无敌对心态的条件下，站在对方的角度进行一番思考，从而丰富己方在消除双方分歧方面的建设性思路，有助于找到解决双方所面临难题的途径。

(二)正式谈判阶段

在谈判的双方做好充分准备工作后，谈判的行为主体就可以按双方约定的时间、地点进入正式谈判阶段。正式谈判是双方能否达成协议的重要阶段。商务谈判从开局到签约的整个过程大体可分为开局摸底、磋商阶段、成交阶段三个环节。

1. 开局摸底

开局摸底是指在进行商务谈判开始时，谈判各方之间的寒暄和交流以及对谈判对手的底细进行探测，为控制谈判进程奠定基础。这一阶段的重要工作是建立洽谈气氛、申明己方意图、设法探明对方意图。

俗话说"良好的开端是成功的一半"，因此，营造一种合作的、诚挚的、轻松的、积极解决问题的气氛，对于谈判可以起到积极、有利的推动作用。当然，谈判气氛不仅受开局瞬时的影响，双方谈判之前的事先接触、洽谈中的交流等都会对谈判气氛产生影响，但谈判开局瞬时的影响最为强烈，它奠定了谈判的基础。

为了营造一个有利于合作的良好气氛，谈判人员首先应做到以下两点。

第一，动作自然得体，谈吐轻松自如。由于各民族文化习俗的不同，对各种动作的反应也各有不同或大相径庭。例如，初次见面握手时稍微用力，有的人认为是对方友好的表示，会产生一种亲近感；而有的人则会觉得对方是在故弄玄虚、有意谄媚，会产生厌恶之感。因此，谈判人员事先应充分了解对方的性格、背景及爱好，区别不同情况，采取适当的做法。

第二，开场白的话题要适当，能引起共鸣。有的人将开场白阶段称作"破冰"阶段，"破冰"阶段是良好的谈判气氛形成的重要环节。此时，可以谈论一些轻松的、非业务性的话题，如对方的旅途经历、体育赛事以及以往的共同经历等。这样的开场白可以使双方找到共同语言，为心理沟通做好准备，从而有利于谈判的进行。

在营造了良好的洽谈气氛后，为了了解对方的原则和态度，双方可做开场陈述和倡议。开场陈述是指双方分别阐明自己对有关问题的观点和立场，每一方都要独立地把自己的观点做一个全面的陈述，申明态度和意图，并且要给对方充分搞清楚己方意图的机会。然后听取对方的全面陈述并弄清楚对方的意图。

在陈述己方观点时，应采取横向铺开的方法，而不是深谈某一个问题。开场陈述的内容一般包括己方对问题的理解、己方的利益和首要利益、己方要做出的让步和努力、己方的立场等。对于对方的开场陈述：一要注意倾听；二要搞懂对方所陈述的内容；三要善于归纳，把握对方陈述中的关键问题。

双方分别进行陈述后，需要做出一种能够把双方引向寻求共同利益的陈述(倡议)。倡议是双方提出各种设想和解决的方案，然后在设想与符合彼此商业标准的现实之间搭起一座通向成交的桥梁。

2. 磋商阶段

谈判的磋商阶段是实质性谈判阶段。这一阶段是指谈判开局以后到谈判终局之前，谈判双方就实质性事项进行沟通、协商及妥协的全过程。这是谈判的中心环节，也是谈判中最困难、最紧张的阶段。

谈判的磋商阶段是趋向谈判目标实现的过程。在这一阶段，既是谈判主体间的实力、智力和技术的具体较量过程，也是双方求同存异，合作、谅解、让步、妥协的过程。双方应根据对方在谈判中的行为来调整己方的谈判策略，修改谈判目标，从而逐步确立谈判协议的基本框架。

3. 成交阶段

谈判在经历了上述一系列阶段和环节后，终于进入了成交、签约阶段。谈判的成交阶段也就是正式谈判的收尾阶段。经过一番艰苦卓绝的磋商后，谈判取得了很大的进展，双方意见渐趋一致，但最后阶段也存在着一些问题。在谈判的最后阶段，更需要高度重视、善始善终，稍有松懈，可能就会功亏一篑。为此，这一阶段必须做好以下五个方面的工作。

(1) 适时放出成交信号。一项交易将要明确时，双方会处于一种即将取得胜利的兴奋状态，这种状态的出现往往是一方发出成交信号所致。谈判成交的信号主要表现为谈判者用很少的言辞阐明己方的立场；谈判者所提出的建议是完整的，绝对没有不明确之处；谈判者在阐明己方立场时完全是一种最后决定的口吻，没有回旋的余地；回答对方的问题用词简短，只做肯定或否定的回答，不阐释理由。

发出这些信号的一方是试图表明自己对谈判进程的态度，目的在于推动对方不要犹豫不决，使对方行动起来，最终达成协议。因此，谈判信号发出的时机很重要。

(2) 做好最后一次报价。在一方发出签约意向的信号，而对方又有同感时，谈判双方都需要做最后一次报价。对于最终报价，有经验的谈判者都不会过于匆忙，也不会拖延时间。匆忙报价会被认为是一种无谓的让步，对方会认为还可以再努力争取到另一些让步。如果报价过晚，对已形成的书面协议所起的作用或影响就会很小。因此，最后一次报价通常分两步走：主要的让步部分在最后期限前提出，刚好留给对方一定的思考时间；次要的让步部分留在最后时刻做出，让对方获得最后的满足。当然在做出最后让步的同时，也要让对方予以回应，获取己方最后的利益。

（3）整理谈判记录。每一次洽谈后，最重要的事情是就双方达成共识的议题拟一份简短的报告或纪要，并向双方公布，得到双方认可，以确保已达成的共识不会被推翻。这种文件具有一定的法律效力，在以后的纠纷中尤为重要。在最后成交阶段，双方都要检查记录，如果双方共同确定的记录正确无误，那么所记载的内容便是起草书面协议的主要依据。

（4）做最后的总结。通过最后的总结，可以明确所有谈判议题所取得的结果如何；可以明确哪些问题已达成共识，哪些问题还存在分歧。如果谈判双方针对交易条件在原则上已达成共识，即使对个别问题还存在分歧，此时也标志着谈判进入最后成交阶段。

（5）签订书面协议。谈判双方在交易达成后，一般都会签订书面协议(合同)。协议经双方签字后，就成为约束双方的法律性文件。

(三)谈判的善后阶段

书面协议一旦签订，人们大多认为谈判已圆满结束。虽然协议的签订标志着本次正式谈判暂告一个段落，但作为谈判全过程来说，并没有真正结束。对谈判双方来说，谈判成功后，还应继续做好谈判的善后工作。谈判的善后工作主要包括：谈判资料的整理归档，谈判小组进行经验、教训的总结，做好履约的充分准备，努力维护双方业已形成的良好关系，为可能需要进行的下次合作谈判工作做准备。

二、商务谈判的管理模式——APRAM 模式

APRAM 模式.mov

对商务谈判进行有效的管理，是商务谈判取得成功的有力保证。那么，如何对商务谈判活动进行管理呢？本书介绍一种国际上流行的 APRAM 模式。

APRAM 是由 appraisal、plan、relationship、agreement、maintenance 这五个单词的首字母大写组成的，分别指评估、计划、关系、协议和维持。

1. 进行科学的项目评估

商务谈判是否取得成功，取决于各项准备工作，准备工作主要是指正式谈判之前的项目评估(appraisal)工作。也就是说，如果一项商务谈判要想取得成功，就要在正式谈判之前对这项商务活动做出科学有效的评估。如果没有进行科学评估，或者草率评估、盲目上阵，就不能实现企业的经济效益和社会效益，不能使谈判双方的资源得到充分利用，那么谈判本身就会失败或者存在缺陷。"没有进行科学评估就不要上谈判桌"，应该成为谈判者的一条戒律。尽管不同项目的科学评估，有的可能复杂，有的可能简单，但这在谈判中都是必不可少的环节。

2. 制订谈判计划

制订谈判计划(plan)就是根据谈判前的决策分析，对已方在谈判中的具体行动做出明确的安排。谈判计划的内容包括具体的谈判目标、谈判的期限安排、谈判的议程安排、谈判的人员安排等。谈判计划的形式通常为书面形式，内容可长可短，但应当做到简单扼要、灵活。谈判计划可以使参加谈判的人员做到心中有数、方向明确，打有准备之仗。

3. 建立关系

建立关系(relationship)是指在谈判各方之间建立起一种有意识形成的，使谈判双方的当事者在协商过程中都能感到舒畅、开放、融洽的关系，这种关系有利于谈判各方达成互惠互利的谈判成果。

谈判最重要的特征就是合作。谈判各方彼此间建立起良好的关系，是合作顺利进行的重要保证。人们一般是不会与自己不了解、不信任的人签订合同的。在与一个不熟悉的人进行交易时，我们往往会有较高的警惕性，同时层层设防，在谈判中也不轻易许诺。显然，在这种情况下，双方无法做到坦诚相待，在谈判中要想取得有利于双方的结果也较困难。相反，如果我们与一个已经相互了解、建立了一定信任程度关系的人进行交易，双方都会更坦诚一些，有利于达成互惠互利的协议。

4. 达成协议

达成协议(agreement)就是谈判各方就谈判中各项议题取得一致意见后，以书面的形式进行表述，使谈判的成果现实化。达成谈判协议标志着谈判工作暂告一段落，谈判各方对主要议题已基本达成了一致。需要注意的是，谈判协议的达成并不是整个谈判活动的终结，它是谈判活动的下一个环节——协议履行与关系维持的开始。

5. 协议履行与关系维持

在商务谈判中，人们最容易犯的错误之一就是一旦达成了令自己满意的协议，就鼓掌欢呼庆祝谈判结束，以为对方会毫不犹豫地履行他的义务和责任。其实，协议的达成与协议的履行是两回事。协议只是以书面的形式明确了双方的利益分配，而利益的最终获取需要通过协议的履行来实现。

因此，签订协议很重要，但维持(maintenance)和确保协议的履行更加重要。如果协议不能切实履行，它就成了一张废纸。所以，协议的履行在 APRAM 模式(见图 1-1)中是最重要的一环。作为一个有责任感的谈判者应当充分尊重协议的效力，并在协议签订后切实地执行协议。在自己认真执行协议的同时，要以适当的、友好的方式敦促对方认真履约，确保协议得到贯彻实施。

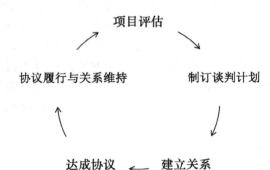

图 1-1　商务谈判管理的 APRAM 模式

通过努力，确保协议能够被认真履行，对于具体的一项交易谈判可以画上一个圆满的句号，但对于双方的长期合作而言，并没有结束。从长远发展的角度考虑，对于在本次交易协商中开发出来的与对方的关系，应该给予保护和维持，以利于今后的继续合作。

维持与对方关系的基本做法是保持与对方的接触和联络，主要是个人之间的接触。APRAM 模式的绝妙之处，不仅在于经过五个步骤取得某个具体交易谈判的成功，而且更重要的是它为今后与对方再次成功地进行交易谈判奠定了基础。因为这五个步骤相互联系、环环相扣，形成了一个连续不断的循环模式。

本 章 小 结

广义的谈判泛指一切为寻求意见协调而进行的思想、意愿交流磋商的全过程。狭义的谈判具有阶段性、程序性、正规性和法律效力性等特征。

商务谈判具有以下几个特点：商务谈判是一个通过不断调整各自需求，最终使谈判各方的需求得以相互调和，互相接近，从而达成意见一致的过程；商务谈判具有"合作"与"冲突"的二重性，是"合作"与"冲突"的对立统一；商务谈判以经济利益为目的，以价格谈判为中心；商务谈判既是一门科学，又是一门艺术，是科学与艺术的有机整体。

商务谈判按照不同分类标准，可以分为以下类型。根据参加商务谈判的人数规模的不同，可以将商务谈判分为谈判双方各只有一人参加的一对一的个体谈判和各方都有多人参加的集体谈判两种。根据参加谈判的利益主体数量的不同，可以将谈判分为双方谈判(两个利益主体)和多方谈判(两个以上的利益主体)两种。根据谈判双方接触方式的不同，可以将谈判分为面对面的口头谈判与间接的书面谈判两种。根据谈判进行的地点不同，可以将谈判分为主场谈判、客场谈判、中立地谈判三种。根据谈判中双方所采取的态度，可以将谈判划分为让步型谈判(软式谈判)、立场型谈判(硬式谈判)、原则型谈判(价值型谈判)三种。根据谈判的地域范围划分，可以将谈判分为国内商务谈判和国际商务谈判两种。

在商务谈判中应遵循双赢原则、随机应变原则、友好协商原则、依法办事原则以及人事分开原则等五项基本原则。

由于谈判的类型、内容、复杂程度不同，谈判的持续时间有长有短，而且谈判的程序也有所不同。但不论何种谈判，其程序都包括三个基本环节，即谈判前的准备阶段、正式谈判阶段、谈判的善后(协议的履行)阶段。

商务谈判的管理模式——APRAM 模式：APRAM 是由 appraisal、plan、relationship、agreement、maintenance 这五个单词的首字母大写组成的。

自 测 题

1. 商务谈判的内涵有哪些?
2. 商务谈判的主要特点有哪些?
3. 商务谈判的基本类型有哪些?
4. 商务谈判的基本原则有哪些?
5. 商务谈判的基本程序是怎样的?
6. 商务谈判的 APRAM 模式是怎样运转的?

案 例 分 析

1995年7月下旬，中外合资重庆某房地产开发有限公司（以下简称"重庆公司"）总经理张先生获悉澳大利亚著名建筑设计师尼克·博榭先生将在上海做短暂的停留。张先生认为，澳大利亚的建筑汇聚了世界建筑的经典，而且尼克·博榭是当代著名的建筑设计师。为了把正在建设中的金盾大厦建设得更豪华、气派，既方便商务办公，又适于家居生活的现代化综合商住楼，必须使它的设计科学合理，不落后于时代新潮。具有长远发展眼光的张先生委派高级工程师丁女士作为全权代表飞赴上海，与尼克·博榭先生洽谈，既向这位澳大利亚著名设计师咨询，又想请他为金盾大厦设计一套最新方案。

丁女士一行肩负重担，风尘仆仆地赶到上海。一下飞机，她便马上与尼克·博榭先生的秘书联系，确定当晚在银星假日酒店的会议室见面会谈。下午5点，双方代表准时赴约并在酒店门口巧遇，双方互致问候后，彬彬有礼地进入21楼会议室。

根据张先生的指示精神，丁女士向尼克·博榭介绍了金盾大厦的现状。她说："金盾大厦的建设方案是在七八年前设计的，其外形、外观及立面等方面有些不合时宜，与跨世纪建筑的设计要求存在很大差距。我们慕名远道而来，希望与贵公司合作。"丁女士一边介绍，一边将准备好的有关材料，如施工现场的照片、图纸，国内有关单位的原设计方案、修正资料等，提供给尼克·博榭一行。

尼克·博榭在上海注册了博榭联合建筑设计有限公司（以下简称"博榭公司"）。该公司多次获得国际大奖，声名显赫。注册后，尼克·博榭很快赢得了上海建筑设计市场。但是，博榭公司还没有进入其他内地市场，所以该公司希望早日在内地的建筑设计市场上占有一席之地。现在有这样一个良好的机会，尼克·博榭一行对重庆公司的这一项目很感兴趣，因此他们同意接受委托，为金盾大厦设计8楼以上的方案。

可以说，双方都愿意合作。然而，根据重庆公司的委托要求，博榭公司报价40万元人民币。但报价令委托方难以接受。博榭公司的理由是：本公司是一家讲求质量、注重信誉，在世界上知名度很高的公司，报价稍高是很正常的。但是，鉴于重庆地区的工程造价以及内地的实际情况，这一价格已是最优惠的报价了。

据重庆方面的谈判代表了解，博榭公司在上海的设计价格为6.5美元/平方米。若按此价格计算，重庆金盾大厦25000平方米的设计费应是16.25万美元，根据当日外汇牌价，应折合人民币136.95万元。的确，40万元人民币的报价算是最优惠的了！"40万元人民币是充分考虑了内地的实际情况，按16元/平方米计算的。"尼克·博榭说道。考虑到公司的利益，丁女士还价："20万元人民币。"对方感到很吃惊。丁女士顺势解释道："在来上海之前，总经理授权我们10万元左右的签约权限。我们出价20万元，已经超出了我们的权力范围……如果再增加，必须请示正在重庆的总经理。"双方僵持不下，谈判暂时结束。

第二天晚上7点，双方重新坐到谈判桌前，探讨对建筑方案的设想、构思，接着又谈到价格。这次博榭公司主动降价，由40万元降到35万元，并一再声称："这是最优惠的价格了。"

重庆公司的代表坚持说："太高了，我们无法接受！经过请示，公司同意支付20万元，不能再高了！请贵公司再考虑考虑。"对方谈判代表商量了一下，说："鉴于你们的实际情况和贵公司的条件，我们再降 5 万元，30 万元。低于这个价格，我们就不接了。"重庆公司的代表分析，对方舍不得放弃这次与重庆公司合作的机会，有可能还会降价，因此重庆公司坚持出价 20 万元。过了一会儿，博榭公司的代表收拾笔记本等用具，根本不说话，准备退场，眼看谈判即将陷入僵局。

此时，重庆公司的蒋工程师急忙说："请贵公司的代小姐与我们公司的总经理通话，待我们公司总经理决定并给我们指示后再谈，贵公司看这样好不好？"由于这一提议，紧张的气氛才缓和了下来。

第二天，代小姐等人多次与重庆公司的张先生进行电话联系。在此之前，丁女士已与张先生通过电话，向张先生汇报了谈判的情况及对谈判的分析和看法。张先生要求丁女士一行"不卑不亢！心理平衡"。因此，当代小姐与张先生通话时，张先生给出了具体要求。

在双方报价与还价的基础上，重庆公司出价 25 万元。博榭公司基本同意这个报价，但提出 8 月中旬才能交图纸，比原计划延期两周左右。经过协商，双方当晚草签了协议，并于 7 月 28 日签订正式协议。

(资料来源：黄卫平，丁凯，宋洋，等. 国际商务谈判[M]. 4 版. 北京：中国人民大学出版社，2023)

思考题：

(1)　在此案例中，谈判第一次陷入僵局时，首先通过探讨对建筑方案的设想等来缓解僵局的一方，是否能够显示出其想达成协议的某种迫切性或渴望？为什么？

(2)　在第二次谈判即将陷入僵局时，蒋工程师提出让对方与己方的总经理通话，这给对方的谈判代表提供了哪些有利于打破僵局的信息？

阅 读 资 料

广东与美国关于玻璃生产线事宜

广东玻璃厂厂长率团与美国欧文斯公司就引进先进的玻璃生产线一事进行谈判。对我方来说，美方就是顾客。双方在部分引进还是全部引进的问题上陷入了僵局，我方的部分引进方案遭到美方拒绝。

这时，我方首席代表虽然心急如焚，但还是冷静分析形势，如果我们继续说下去，就可能会越说越僵。于是他聪明地改变了说话的战术，由直接讨论变成迂回说服。"全世界都知道，欧文斯公司的技术是一流的，设备是一流的，产品是一流的。"我方代表转换了话题，从微笑中开始谈天说地，先来一个"一流"的诚恳而又切实的赞叹，使欧文斯公司由于谈判陷入僵局产生的抵触情绪得以很大程度地消除。"如果欧文斯公司能够帮助我们广东玻璃厂跃居全中国一流，那么全中国人民都会很感谢你们。"我方代表把话题很快又转了回来，但由于前面说的那些话，消除了对方心理上的对抗，因此，对方听了这些话，似乎也顺耳多了。

"美国方面当然知道，现在，意大利、荷兰等几个国家的代表团，正在我国北方省份的玻璃厂谈判引进生产线事宜。如果我们这次的谈判因为一点小事失败，那么不但是我们广东玻璃厂，更重要的是欧文斯公司方面将蒙受重大的损失。"我方代表将谈判中的分歧用"一点小事"来轻描淡写，目的是引起对方对分歧的关注。同时指出，谈判万一破裂将给美国方面带来巨大的损失，完全为对方着想，这一点对方不会拒绝。

"目前，我们的确有资金方面的困难，不能全部引进，这点务必请美国同事们理解和原谅，而且我们希望在我们困难的时候，你们能伸出友谊之手，为我们将来的合作奠定一个良好的基础。"这段话既通情，又达理，不是在做生意，而是朋友间的互相帮助，因此，打破了僵局，问题迎刃而解，双方迅速就签订了协议，为国家节约了大量外汇。

在这里，广东玻璃厂的首席谈判代表在面对美国方面的拒绝时，没有直接地对抗拒绝，而是采用了迂回技巧，从而化解了谈判中产生的矛盾，取得了谈判的成功。

这次谈判对美国方面的拒绝是在广东玻璃厂占有优势的情况下果断地拒绝，在谈判中的拒绝不能武断，需要有一定的语言艺术，让对方觉得这样拒绝很难不接受，从而才能赢得谈判的主动权。

拒绝还可以通过赞赏的方式来提出。赞赏式拒绝法的实质就是从对方的意见中找出双方均不反对的某些非实质性内容，然后加以赞赏，突出双方的共同点，摆出理解对方的姿态，最后对不同的观点加以坦率的拒绝。这是因为一个人在提出自己的意见后，一旦受到某种程度的肯定和重视，人的心理会形成一种兴奋优势，这种兴奋优势能给人带来情感上的亲善体验和理智上的满足体验。这种体验一旦发生，就会促进谈判的顺利进行。

一般来说，拒绝不能使用带教训、嘲弄或挖苦的语气，尽量不用带批判性的词汇，更不要勃然大怒。另外，拒绝在有的时候需要果断，这样更能显示出自己的坚定，但是在运用的时候要把握好时机和尺度。

(资料来源：本书作者整理编写)

第二章　商务谈判理论

【学习要点及目标】

通过本章的学习，使学生能够从经济学、心理学的角度出发，掌握商务谈判的理论基础，掌握博弈论在商务谈判中的应用等，为谈判的正常进行打下基础。

【引导案例】

中美贸易摩擦新进展　商务部：谈判是有原则的

有消息称，中美正在磋商谈判以避免贸易战。2018年3月29日，商务部新闻发言人高峰表示，中方谈判磋商的大门始终是敞开的，但谈判是有原则的。

首先美方必须放弃单边主义、贸易保护主义的做法。谈判必须是平等的，中方不会接受在单方胁迫下展开任何的磋商。谈判也应该是建设性的、平衡的，需要双方共同努力。

问：近日有消息称，美国的贸易代表莱特希泽说，美国对华加征关税产品的清单公示天数将从30天延长到60天，这就意味着在2018年的6月之前不会对中国的相关产品征收关税，对此商务部怎么看？谢谢。

答：我们注意到美方的有关言论，中方的立场没有变化，希望美方认清形势，顺应经济全球化和贸易投资自由化的历史趋势。我们敦促美方摒弃单边主义、贸易保护主义的做法，切实采取措施，通过对话协商的方式解决分歧，真正维护中美经贸合作的良好局面。谢谢！

问：请问在美国总统特朗普此前宣布对华600亿美元商品征收关税和限制中国企业赴美投资，这一举措一旦实施，对于中国外贸，对于中美贸易将产生多大程度、多大范围的影响？

答：我想先说一组数字。2017年中国的对外货物贸易总额超过了4.1万亿美元，其中对美货物进出口超过5800亿美元，占到我国对外货物贸易总额的14.1%；中国的对外非金融类直接投资1200亿美元，其中对美投资78亿美元，占到我国非金融类直接投资总额的6.5%。我想强调的是，中方有底气、有信心应对任何贸易投资保护主义的做法。

问题的关键是，美方的行径开启了非常恶劣的先例，对中国产品征税，这是公然违反世界贸易组织规则，把多边贸易体制完全抛在脑后，是对多边规则的蔑视和践踏。美方的行径，还可能会引发贸易保护主义的连锁反应，使本已复苏的全球经济再次蒙上阴影。同时，美方的征税举措还会使美国国内的原材料和消费品的价格上涨，影响美国的制造业和消费者，最终伤害的是美国人民的福祉。我们也注意到，美国部分业界和民众也表达了反对美方举措的呼声。

我想再次强调，中方将采取一切适当的措施，坚决捍卫国家和人民的利益。希望美方悬崖勒马，否则我们将奉陪到底。谢谢！

(资料来源：崔叶竹，杨尧. 商务谈判与礼仪[M]. 北京：清华大学出版社，2020)

综观中美贸易结构，两国在商品和服务上存在很大的互补性，因此，贸易摩擦的结果一定是两败俱伤，这样的结果是双方都不愿意看到的。回顾过去40多年来的发展历程，中国的开放度已大大提高，故中美之间不大可能出现愈演愈烈的贸易纷争，对话谈判是解决中美贸易摩擦的根本途径。但是在谈判中，应坚持什么样的思想，才能使各方利益共同一致，这才是其中的重点和难点，找对思路，才能有出路，没有理论的指导，谈判实践就容易偏离方向。因此，正确的谈判理论，对谈判实践有着重要的指导作用。

第一节　商务谈判的经济学理论基础

我们在确定贸易价格时，经常用李嘉图的比较优势学说模型和约翰·穆勒的相互需求理论模型进行探讨。在贸易理论模型中，我们主要谈贸易为什么会发生？贸易发生后，利益是如何分配的？在这种分配中，利益是否平衡？在这一交易活动中，贸易参与者的行为可以用很简明的一句话概括："两利相权取其重，两弊相衡取其轻。"换言之，如果一方在劳动生产率上处于绝对劣势，另一方处于绝对优势，只要双方劳动生产率的差距不是在各种产品上都一样，那么处于劣势的一方进入贸易也能有利可图。然而，比较优势学说并未明确价格应该如何确定。

表 2-1 所示为比较优势的例子。在表 2-1 中有两个生产者，即 A 国与 B 国，它们都生产两种产品，即 X 产品、Y 产品。在这个表格中，用单位时间所生产产品的不同数量来表示劳动生产率的不同，即 A 国单位时间如果全部用于 X 产品的生产，能够生产 10 个单位的 X 产品，如果全部用于 Y 产品的生产，则可以生产 15 个单位的 Y 产品；而 B 国单位时间能够生产 10 个单位的 X 产品，或者 20 个单位的 Y 产品。

按照表 2-1 的假设，A 国和 B 国在生产 X 产品上具有相同的劳动生产率；而在 Y 产品的生产上，则是 B 国的劳动生产率比较高。

表 2-1　比较优势

	X	Y
A	10	15
B	10	20

另外，从表 2-1 中数据还可以得出，在 A 国国内，两种产品等价交换的原则为 10 个单位的 X 产品换取 15 个单位的 Y 产品，因为这么多数量的产品在 A 国需要付出相同的劳动，因此它们的价值相同。类似地，在 B 国国内，这两种产品的交换比率为 $10X : 20Y$。

按照比较优势的原理，A 国在生产 X 产品上具有比较优势，而 B 国在生产 Y 产品上具有比较优势。因此，如果两国开放市场进行贸易，则 A 国应该生产并出口 X 产品、进口 Y

产品，而 B 国则应该生产并出口 Y 产品、进口 X 产品。

那么，两国在进行贸易时，X 产品与 Y 产品的交换比例是多少呢？

我们先考虑 A 国，该国国内同样的资源可以生产 10 个单位的 X 产品或者 15 个单位的 Y 产品。如果在与 B 国的贸易中，A 国生产的 10 个单位的 X 产品所换取的 Y 产品少于 15 个单位，则对 A 国来说，选择贸易不如选择自己在国内进行生产。因此，对 A 国来说，最低交换比例是 10X∶15Y。对 A 国而言，只要 10 个单位的 X 产品可以交换的 Y 产品超过 15 个单位，比如 16、17、18、19 个单位的 Y 产品，那么 A 国就有了进入国际市场的动力。

相应地，B 国在贸易中以自己生产的 Y 产品换取 A 国生产的 X 产品，如果要使开展贸易比在本国生产更有利，则最低交换比例为 20Y∶10X。对 B 国来说，它能用少于 20 个单位的 Y 产品换得 10 个单位的 X 产品，比如 18、19 个单位的 Y 产品，或者用 20 个单位的 Y 产品来换取更多的 X 产品，比如 11、12 个单位的 X 产品，它就有兴趣进入国际市场。

因此，A 国的利益是自上而下的，B 国的利益是自下而上的，但它们都有边界。虽然 A 国希望用 10 个单位的 X 产品能换取更多的 Y 产品，但其上限为 10X∶20Y，一旦达到 10X∶20Y，B 国就会退出交易，因为其在国内生产更有利。反过来，B 国也是如此，尽管它希望用更少的 Y 产品来换取同量的 X 产品，但其上限为 10X∶15Y，一旦达到这样的比例，A 国就会退出交易。

图 2-1 所示为国际贸易的比较优势模型，横轴表示 X 产品，纵轴表示 Y 产品，两条射线分别表示 A、B 两国国内的交换比率，贴近 X 轴的是 A 国国内的交换比率 10X∶15Y，贴近 Y 轴的是 B 国国内的交换比率 10X∶20Y。从图 2-1 可以发现，在 A 国国内交换比率线以下部分的区域是 A 国的非贸易区，因为在这个区域内 10 个单位的 X 产品换取的 Y 产品的数量少于 15 个，所以 A 国没有必要进行国际贸易，不如在国内进行生产和交易；同理，在 B 国国内交换比率线的左边，更贴近 Y 轴的区域是 B 国的非贸易区，因为在这个区域里，B 国需要用大于 20 个单位的 Y 产品才能换取 10 个单位的 X 产品，这样还不如在 B 国国内生产和交易。此外，A 国国内交换比率线的上面和 B 国国内交换比率线的右边所在的区域是双方的贸易区，而交易价格就是通过原点 O 引出的一条射线。在这个区域内，可以从原点引出无数条射线。因此，较优势学说能够确定双方的交易界限，但是不能确定这条价格线究竟应落在什么地方。

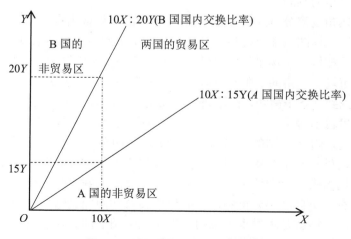

图 2-1　国际贸易的比较优势模型

要确定这条价格线，需要用相互需求理论予以解释。与国内经济活动一样，国际贸易活动中的价格也由供求来决定，但这种供求与国内有很大的区别，如图 2-2 所示。

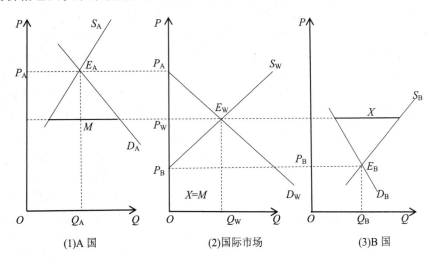

(1)A 国　　　　　　(2)国际市场　　　　　　(3)B 国

图 2-2　国际贸易的相互需求模型

图 2-2 所示的三个坐标系中，图 2-2(1)为 A 国的供求基本情况，图 2-2(3)为 B 国的供求基本情况，图 2-2(2)为国际市场的供求基本情况。图 2-2(1)是一个局部均衡图，横轴是产品数量，纵轴是产品价格，在均衡点 E_A 上可找到相应的均衡数量和均衡价格。

E_A 点是供给曲线 S_A、需求曲线 D_A 的交点。同样地，在图 2-2(3)中，也能找到相应的均衡点。从图 2-2 可以看出，A 国生产这种产品时，其单位产品的价格远高于 B 国。我们假设世界市场由 A、B 两国组成，即 A 国和 B 国要构成整个国际市场。在这种情况下，产品就会从价格低的国家流向价格高的国家，前提是国与国之间没有贸易障碍。这时产品必然从价格低的国家流向价格高的国家，以获取更多的利润，这样的流动过程从图 2-2(2)中可以找到。

从图 2-2 中可以明显看出，A 国制造产品的价格高于 B 国，因而 B 国的产品就会流入A 国，从而获得更多的利润。

下面再从图例角度来分析这个过程。从 A 国产品的价格出发，向国际市场画一条平行虚线，在国际市场坐标图纵轴上找到一点 P_A；同理，从图 2-2(3)中 B 国市场的均衡价格 P_B引一条平行虚线，在国际市场坐标图纵轴上找到一点 P_B，P_A 与 P_B 分别是两个国家的均衡价格，也是国际市场上价格的上限与下限。要找到国际市场中的 P_W，即国际市场价格的均衡点，我们需要找到一条平衡线，在这条平衡线水平上，图 2-2(3)中供给曲线与需求曲线中间的 X 段，其长度恰恰等于 A 国供给曲线与需求曲线之间的长度 M 段。这样，国际市场上B 国的出口供给刚好满足 A 国的进口需求，而 P_W 就是国际市场的均衡价格。

如果两国市场供求发生变化，那么产品价格与均衡数量就会发生变化，此时国际市场上的均衡价格和均衡数量也会发生变化。如果不是需求偏好发生变化，而是产品价格产生波动，那么就会有一个自动调节机制，产品价格会自动回归到这个均衡点。从理论上说，国际市场中的产品价格就是由供求关系的不断变化来调节的。在现实生活中，除了供求关系外，还有许多其他因素也会影响价格，如双方的政治关系、经济实力、国内经济状况等。

因此，A 国、B 国之间存在很大的产品价格差异。

从长远的角度讲，产品价格停留在均衡点是必然的趋势，但由于双方谈判技巧的运用，也有可能使现实的产品价格偏离均衡价格，即谈判双方在交易中获得的利益有大有小，这就是谈判的力量所在。

第二节　商务谈判的心理学理论基础

商务谈判中的心理活动对于谈判有十分重要的影响，当今世人对谈判心理学的探讨研究越来越深入，对于谈判中心理活动的分析，正逐渐发展为一个新的心理学分支学科。

卡耐基曾经说过，要想让别人亲自去试，天下只有一条路，那就是调动他的欲望。因此，他经常用客户的名字命名自己的工厂，然后向客户推销，客户怎么能拒绝与自己同名的工厂呢？

【资料链接】

资料 1：一位年轻的谈判者因为失去了一笔大生意而垂头丧气，在向经理汇报时，经理批评了他。年轻人并不服气，小声嘟囔道："我可以把马牵到河边，但没有办法强迫它喝水。"经理说："你的工作不是强迫它喝水，而是让它感觉到渴！"这就是谈判心理学。

资料 2：有的小动作，我们不以为然，其实不然，这些小动作正是泄露我们心理状态和情绪的透视镜。在商务谈判中，双方面对面，对于谈判对手潜意识里没有意识到的某些小动作，我们可以很好地加以利用。

例如，在日本就有很多企业通过观察这种泄露谈判对手心理的小动作，取得了谈判的压倒性胜利。比如，手不停地摩擦椅子把手，或者不自觉地习惯性碰触水杯，这样的小动作在行为心理学上被认为是一种想要赶快逃离、离开的心理情绪的外在表现，这种迫不及待的情绪往往会被谈判对手利用。在一次谈判中，快到中午用餐的时间，谈判仍在进行，日方谈判人员注意到对方谈判人员表现出手不停地摩擦椅子把手，并且不自觉地习惯性碰触水杯，日方谈判人员立刻明白，对方急于结束谈判并去用餐。此时，尽管午餐已准备好，日方谈判人员却利用对方的急躁感，转而采用消磨时间的谈判方法，不急不躁地慢慢谈，一旦对方不同意自己的条件，便以"那我们就慢慢谈"的话语加剧对方的急躁感，最终对方迫于自身心理情绪而答应本来不愿意答应的条件，日方取得完胜。

可见，心理学中这些潜意识反射在行为上的小动作是完全可以被利用的，我们在商务谈判中，不仅要利用对方的泄密小动作，而且要注意自身的小动作，并利用理智保持克制，不让它泄露我们的心理状态。

(资料来源：黄卫平，丁凯，宋洋，等. 国际商务谈判[M]. 4 版. 北京：中国人民大学出版社，2023)

一、不同需求层次的人有着不同的心理活动

满足各种各样的需求几乎成为人类从事各种活动的动机，对谈判也产生着直接的影响。因此在商务活动中，针对谈判对手所处的需求层次给予相应的满足，就比较容易因势利导，促成交易的达成。

亚伯拉罕·哈罗德·马斯洛(Abraham Harold Maslow)在 1954 年出版的《动机与人格》(*Motivation and Personality*)一书中提出了人类有七种基本的需求,这七种需求为研究与谈判相关的需求提供了一个值得借鉴的理论框架。

(一)生理需求

生理需求人所共有,其目的就是满足生物学上的诸如饥饿、疲劳、性欲等本能欲望和冲动。近年来发展起来的体内平衡这一概念是指人体为保持自身处于正常、平衡状态而做出的自发尝试。毫无疑问,体内平衡需求是所有需求中最重要的。一个人可能缺少许多东西,如爱、安全和自尊,但当他很渴或很饿时,在至少部分满足他的饥渴之前不会关注其他需求。一个饥肠辘辘的人是无心画画或写诗的。对于他而言,除了食物,其他一概不感兴趣。他必须全力以赴获取食物,而在获取食物之前,其他需求事实上并不存在。

应该注意的是,整个机体都参与了对一种需求的满足过程。没有人会说 "我的胃好饿",而是说 "我很饿"。一个人在饥饿时,他的整个身心都会受到影响,他的感知也会改变,记忆力也受到了影响,情绪变得紧张和焦躁。在他满足了饥饿需求之后所有这些变化便会减弱。在一些需求得到适当满足后,另外一些需求又成为他行动的动力。

(二)安全需求

当生理需求得到满足后,机体就将安全需求放在首位,此时人的机体便开始寻求安全了。寻求安全的个体同饥饿的人一样,他的整个生活都受到缺乏安全感的影响。没有什么比成功得到安全更具有吸引力了。我们在儿童身上更容易观察到对安全的需求,因为成人学会了克制对危险做出显性的反应的能力。但是任何突发而有威胁的事情都会使儿童感到焦虑不安,使他们的世界从一个光明稳定的状态变为一个任何事情都会发生的黑暗之地。儿童在一个可以预见的有秩序的世界中才会感到安全,他喜欢不受干扰的常规生活。他在一个有组织、有秩序和可依赖的世界中,也就是在一个有父母保护他免受伤害的世界中感到更安全。

在我们的社会中,成人除了在战争时期外,很少直接面对暴力。人们一般不会遭受诸如野生动物、极端天气、杀戮或大屠杀的危害。然而,人们对安全和稳定的需求通过银行存款、失业保险和退休计划等活动体现出来。尽管人类不再居住在丛林中,但他们需要在险象环生的经济竞争的"丛林"中遭遇危险时得到保护。

(三)爱与归属感的需求

在生理需求和安全需求得到合理满足后,接下来的一个占主导地位的需求便是对爱与归属感的渴望。渴望知己、爱人或亲人会占据一个孤单的人的心灵。

在饥饿或面临危险时,他只会想到食物和安全,但现在这些需求已经得到满足,在这个世界上他最需要的就是别人对他的爱。他渴望与人们建立一般的情感关系,渴望在他的人际圈内得到一席之地。但我们不应将这种对爱的需求等同于对性的需求。虽然我们不得不承认,爱也受性欲的驱动,但性行为体现在多个方面,从根本上说属于生理需求。

(四)得到尊重的需求

在基本需求的阶梯上,下一个便是得到尊重的需求。这一需求其实是多种需求的体现,它们有共同的特点。这些需求可以分成两类：第一类也是最重要的一类，就是渴望自由与独立，与此相伴的还有面对这个世界的毅力、能力和自信。第二类包括对名声的追逐，对地位、权势、他人尊重的渴望。满足得到尊重的需求让一个人感到他在这个世界上的价值和存在的必要性。最健康的自我尊重建立在他人对自己应有的尊敬上，而非毫无根据地一味逢迎。

研究及经验表明获得尊重对人有巨大的激励作用。对商业界不同阶层人士的研究表明，人们对自己的工作最强烈、最持久的良好感觉来自两个方面：在工作中不断学习，不断成长，提高自己的能力；对工作更加精通，最终成为专家而得到别人的认可。

(五)自我实现的需求

假使上述所有需求都得到了充分满足，人们依旧不会满足。那他们又会产生什么需求呢？多数人只有真正从事适合自己的工作时才会感到幸福。音乐家想作曲，艺术家想作画，人人都喜欢做他们能做也乐于做的工作。

然而人们并不能总如愿以偿，但只有当他们实现自己的目标时才会感到平静。这种普遍的需求被马斯洛称为自我实现的需求。从广义上讲，自我实现包括人们力所能及的所有愿望和努力。这些努力形式多样，因人而异。

(六)认知的需求

在正常人身上都具有认知周边环境、探索和理解相关知识的动力。我们都受到活跃的好奇心的驱使，去探索神秘的未知世界。调查并解释未知事物的需求是人类活动的基本元素。满足好奇心的需求是在自由和安全的条件下进行的。

(七)审美的需求

最后，人类的行为又受到审美需求的驱使。这种对美的追求在艺术家中表现得最为强烈，他们中的一些人无法忍受丑陋的事物。但是马斯洛把具有此类行为的人都归入有审美需求的类别中，例如，有人看到墙上挂着歪歪斜斜的画时就有一种强烈的把它摆正的冲动。的确，对于次序和平衡的需求是一切审美行为的基本表现。

以上七大基本需求按其重要性降序排列。这种固定的排列顺序适用于多数人。当然，这种排列不是一成不变的，也并非适用于所有人(所有的归纳模式都有其自身的局限性)。毫无疑问，对于许多人而言，自尊比爱更重要；而对于有创造力的人来说，审美需求的满足与获得更基本的需求同等重要。

总之，人就是要不断地奋斗以满足这些需求，人的行为是机体为降低需求压力而做出的反应，人类行为受需求目标的驱使。我们的目的是将关于人类需求的知识应用于成功的合作谈判中。

【资料链接】

关注谈判对手需求，促使谈判成功

某广告公司急需一名设计人员，登出招聘广告数日后，一名各方面均符合要求的人员前来找人事部门的领导应聘。他提出了年薪 15 万元的要求，但按照公司的工资级别和他人

的工资情况，只能给他 10 万元，而应征人员反复强调 15 万元是最低要求。如果再讨论下去，很显然无法达成协议，谈判不会成功。那么，这个分歧差异就无法解决了吗?

人事部门在讲明了 10 万元无法增加的前提下，又提出可以满足一些其他条件。经过坦率的协商，他们达成了协议，即公司付给他每年 10 万元的年薪，同时为他提供一套住房(仅享有居住权)，并为他解决子女入学问题，让他担任广告总策划的职务，提供公费医疗。

虽然这位应征者最终拿到的年薪只有 10 万元，与他的要求相差 5 万元，也就是说，他的这一需求没有得到满足，但公司给予的其他条件满足了他的住房、安全、社会、自尊及自我实现的需求。对其他需求的满足，在一定程度上弥补了这位应征者提出的工资待遇的不足，使谈判走向了成功。

(资料来源: 陈文汉. 商务谈判实务[M]. 2 版. 北京: 清华大学出版社，2018)

二、贯彻心理原则的措施

商务谈判中，我们要善于利用对方的心理因素，逐步引导并促成交易。因此，心理原则的应用是十分必要的，要使该原则得以顺利实施，可以采取以下若干措施。

贯彻心理原则的措施.mov

(一)从对方的需求入手，为对方的需求着想

如果仅从己方的需求着手考虑，在谈判中会引起对方反感。当你只考虑自己的需求却完全不考虑对方，并在语言中不加任何修饰地把自己的需求赤裸裸地、充分地表现出来时，极易引起对方反感。如果把自己的需求隐藏在照顾对方的旗帜下，则不至于引起对方反感，你就很可能达到目的。

不能否认的是，大多数人比较容易接受看起来符合自己利益的提议，因此在谈判中提出的提议，应该尽可能地考虑到对方的需求，双方才有可能达成一致。

【资料链接】

米开朗基罗的雕塑作品《大卫》举世闻名，这是他花费三年心血，用一块完整的大理石制作的 5.5 米高的男性裸体雕像。雕像中的大卫左手拿着投石带，右手握着石块，注视着前方。其全身健壮有力的肌肉，象征着勇士战斗前的勇气和力量; 炯炯有神的眼睛，闪烁着克敌制胜的决心。这尊雕像是意大利"鲜花之城"佛罗伦萨的标志之一。

关于这尊雕像还有一个故事: 据说雕像完成之日，罗马市政厅长官对雕像的鼻子不满意，要求艺术家进行修改。米开朗基罗答应了长官的要求，爬到雕像的头部，随后石头碎屑纷纷落下，长官终于点头认可。

事实上，米开朗基罗爬上去的时候，手里就握了一把碎屑，他在上面只是做出雕凿的动作，却丝毫没有碰到雕像的鼻子。米开朗基罗这么做是从市政厅长官的需求来考虑的。很显然，市政厅长官的需求层次是面子，是受人尊重。对米开朗基罗来说，必须对长官的意见表现出充分的尊重，才能使自己的雕像得以完整保存，并能屹立在市中心的西尼奥列广场上。

由此可见，从对方的需求出发，最终满足自己的需求，是一种贯彻心理因素很好的措施。

(资料来源：黄卫平，丁凯，宋洋，等. 国际商务谈判[M]. 4 版. 北京：中国人民大学出版社，2023)

(二)引导对方从他的利益出发，最终促成交易，并满足己方的需求

如果从对方的利益出发，满足对方的合理需求，这就有可能达到促成交易的目的。谈判中引导对方从他的利益出发，让他认识到此次交易带来的益处，那么达成一致的可能性会大大提高。

例如，有一位小朋友到一个小男孩家里玩。当天晚上，大人跟他商量能否让这位小朋友在他们家住一个晚上。他非常欢迎这位小朋友，可是他不喜欢别人睡在他的床上，但小男孩没有直接拒绝，却说出了好几个潜在的问题来提醒客人住在他家里的不便之处：你会不会想家啊？睡在这么小的床上，你会不会不舒服？住在这里，明天你上学会不会太远了？后来小朋友一想，他说得还真有道理，就回自己家了。

在商务谈判中，能够从对方的利益出发，对对方的提议多考虑一下，努力探寻其中有没有对己方不利的因素。如果能引导对方提出解决问题的方案，成交的可能性无疑会大大增强。

(三)兼顾自己和对方的需求

在谈判的过程中，既要考虑自己的利益，也要考虑别人的利益，这样对方才愿意与你真诚合作，从而顺利地完成交易过程。既要照顾自己，又要照顾对方，兼顾双方利益就是从自己和对方的需求及利益角度出发，做好双方利益的分割。

【资料链接】

20 世纪 40 年代，美国著名女明星珍·拉塞尔和制片商休斯签订了一部影片的商业合同，片酬约定 100 万美元。影片上映后大获成功，但休斯无力马上兑现 100 万美元的现金片酬。拉塞尔几番交涉后仍然无法拿到片酬，于是决定诉诸法律。当时，一位著名的谈判学家建议拉塞尔：休斯现在的确无力支付 100 万美元的片酬，而他又是一个以诉讼闻名的制片商，因此官司不一定能够打赢；即使打赢了，要真正拿到片酬也很困难。作为演员，很难每年都有 100 万美元的稳定片酬收入。如果最终休斯一次性支付全部片酬，根据美国法律，政府会收取高额的所得税，所以不如再签订一个合约，让休斯分期支付片酬并附带利息。拉塞尔听从了这个建议，与休斯签订了一个 20 年付款的新合约。这样，休斯有了周转的机会，不用一次性支付 100 万美元的片酬，减轻了其巨大的财务负担；而拉塞尔也获得了为期 20 年的稳定收入，同时又避免了一次性向联邦政府缴纳巨额的税款。谈判学家的介入使双方获得了一个双赢的结果。

(资料来源：陈文汉. 商务谈判实务[M]. 2 版. 北京：清华大学出版社，2018)

(四)放弃自己的需求，满足别人的需求

放弃自己的需求，满足别人的需求在商务谈判中时有出现。例如，某工厂为了满足老客户的某个加急订单，不计成本地高价进口原材料、安排工人加班生产、紧急订舱，而且不要求买方在其他方面(价格、数量等)给予相应补偿。从表面上看，这样做是完全不顾己方

的利益，一心满足对方的需求，这很有可能导致自己遭受利益上的损失。但作为卖方，实施此举的目的只有一个，那就是强化双方未来的合作，为今后双方关系的进一步发展奠定坚实基础，这就是所谓的舍眼前小利，顾长远大局。

【资料链接】

阿莉扎·扎伊迪要乘坐全美航空公司从旧金山飞往费城的夜间航班，航程长达 5 小时，她的座位在中间，而且飞机上剩下的全是中间的座位，乘客们正在跟登机口的票务员发牢骚。

当到达机场服务台的时候，阿莉扎注意到一位票务员一边应付乘客们的抱怨一边咳嗽，票务员看上去似乎身体不舒服。阿莉扎带有两瓶水，她把其中一瓶水递给那位票务员，又给了她几片止咳药并送上了几句关切的问候，那位票务员充满感激地接受了她的好意。阿莉扎此举并非在收买人心，她本来就是一个乐于助人的人。现在，阿莉扎在匹兹堡担任顾问，她说："无论如何，我当时都会那样做的。"阿莉扎很客气地问那位票务员，如果靠过道的座位开放，能否为她安排一个。她没有给对方施加任何压力，也没有任何牢骚和抱怨。只是将自己的票交给了票务员，然后坐下来。过了几分钟，票务员叫到她的名字。"她给我安排了一个紧急出口处靠过道的座位，那儿的空间更大一些。"阿莉扎说，"她还给我提供了免费的一餐，她不想让我饿着肚子睡觉。我再次向她表示感谢，她又给了我一副耳机，方便我看电影。与人为善，必得福报啊。"

(资料来源：吴琼，李昌凰，胡萍. 商务谈判[M]. 北京：清华大学出版社，2017)

三、谈判中需要注意的一些心理因素

在谈判过程中，对于谈判双方心理因素的把控也是十分必要的。如果能够认识到人们普遍具有的某些心理因素，并且有意识地进行观察、加以利用，相应地调整己方的谈判策略，这将会给谈判带来诸多的积极推动作用。

(1) 对商品赞不绝口的人未必是真正的买方，而对商品百般挑剔的人倒有可能是潜在的客户，也就是中国人所说的"挑剔是买方"。

(2) 当潜在客户对商品的性能、质量、规格等频频发问并仔细探讨的时候，这往往意味着交易机会的到来。

(3) 如果客户详细询问商品的售前、售后服务，表明他确实有了要购买的打算，这往往意味着交易成功的来临。

(4) 卖方在销售过程中的主要任务是引导买方产生购买欲望，减轻其付款时的心理负效应。而买方应该明确想要购买商品的基本功能，理性对待商品的附加功能，以最小的投入获得最大的效用满足。

(5) 在生活中，有很多商品的购买日期就是其被束之高阁的日期。因此，我们要理性地对待卖家的花言巧语，避免购买自己实际并不需要的商品。

(6) 一旦确定交易达成，买方或者卖方要求减价或加价的最后努力可以不用理会。这只是他们心存侥幸的心理活动而已，对交易本身已经没有实质性的影响。

第三节　商务谈判模式与双赢原则

谈判关系到双方的切身利益，从各自的利益角度出发，双方一定会尽力为自己的利益据理力争。因此，在任何影视和平面媒体的宣传中，谈判的场面总是剑拔弩张或者钩心斗角，给人的印象往往不是很好，最终形成零和博弈。

一、商务谈判模式

(一)商务谈判模式分类

长期以来，西方著作对谈判双方的输赢关系做了非常深入而系统的探讨，将谈判模式分为分配性谈判(distributive approach)与整合性谈判(integrative approach)。简单来说，分配性谈判将冲突视为一场竞赛，双方利益呈现完全负相关关系，也就是说，增加一方的获利必然同时减少另一方的获利，"彼之所得即我之所失"。整合性谈判假设当事者间的冲突经常只是一种认识上的错觉，尽管双方表面上存在冲突，但事实上双方的根本利益是相容或互补的。

1. 分配性谈判

在分配性谈判中，谈判方认为双方的目标和利益彼此相斥，一方想要以另一方付出的代价为己方获得尽量多的利益，也就是说，一方所获得的利益恰恰是对方所失去的，结果必然是一赢一输。美国学者约翰·凯尔特纳(John Keltner)认为，在此类谈判中，双方显然是竞争对手关系，谈判的目标是赢取胜利，一方要求对方必须做出让步才能维持商务关系，他们苛求对方、不信任彼此、坚持己见、使用威胁性的语言，努力隐藏己方底线或者误导对方做出错误的理解。

美国学者马克斯·H.巴泽曼(Max H.Bazerman)和玛格丽特·A.尼尔(Margaret A.Neale)都认为，在这种谈判模式下，谈判方试图分取一个想象中的大小固定的"馅饼"。由于双方都想得到超过一半的份额，因此彼此努力竞争、争取获得自己的那一份。这种谈判模式的最大缺陷，在于争论中失败的那一方将久久不能忘怀此次失利。因此，如果双方必须再次合作，协商将更加困难。

分配性谈判的典型行为包括争吵和辩论、过分的要求、勉强做出的让步、不愿意倾听、立场式声明以及有争议的手段。实践中，人们在国家间谈判、劳资谈判、离婚纠纷、体育谈判中经常使用这一模式。

2. 整合性谈判

整合性谈判建立在对问题的共同理解上，并且试图整合谈判各方的需求，认为各方的目标彼此可以兼容，问题的解决给双方都带来了利益，即所谓的双赢(win-win)。整合性谈判的典型行为包括与对方坦诚相见、分享信息、信任对方、以各自看重的利益进行交换、进行以利益为基础的讨论。整合性谈判能够为各方创造更多的利益，从而把"馅饼"做大。

在整合性谈判模式中，谈判不是零和博弈，它是一种妥协、一种沟通以及双方技巧的对抗和运用。分析可知，谈判关乎双方的利益，因此谈判的最高境界是做到兼顾双方的利益，也就是做到双赢。谈判双方之所以能够坐到谈判桌前，耗费人力、物力探讨可能达成的协议，就是因为基于一种信念，即双方合作达成协议要比达不成协议给合作双方带来的利益更大。

【资料链接】

中国加入世界贸易组织(WTO)这一事件，尽管经历了长达 15 年的唇枪舌剑、锱铢必争，但结果达成后，在美国媒体的报道中，认为中国广阔的市场空间就此向美国产品开放，因此美国赢了；中国从此获得公平的贸易地位，获得对各项规则制定的参与权，因此中国赢了；WTO 作为世界性的贸易管理组织，终于迎来了世界第一大发展中经济体的加入，毫无疑问，这提高了 WTO 在世界贸易中的代表性和影响力，因此 WTO 也赢了。这是一个多赢的结果。

(资料来源：黄卫平，丁凯，宋洋，等. 国际商务谈判[M]. 4 版. 北京：中国人民大学出版社，2023)

(二)分配性谈判与整合性谈判的区别

分配性谈判与整合性谈判的主要区别如表 2-2 所示。

表 2-2　分配性谈判与整合性谈判的主要区别

分配性谈判	整合性谈判
隐藏信息	坦诚相见、分享信息
要求获取利益	以看重的利益进行交换
立场性讨论	以利益为基础的讨论
强迫对方接受方案	协商解决问题
争论	解释
牺牲合作关系	建设合作关系
针对人	只针对问题

分配性谈判只关注自己的目标，冲突当事者的目标是使自己的利益最大化或将损失降至最低。整合性谈判关注共同目标，假定谈判者，同时关注自己的利益和对方的利益。

分配性谈判将可分配的资源视为固定不变。整合性谈判假定可提供给双方进行分配的资源并非固定不变。

在分配性谈判中，冲突的当事者采取竞争战术，追求自己分配到最大的利益。在整合性谈判中，当事者共同探讨彼此可以接受的冲突解决方案，也就是发展足以调和双方冲突的利益，并提供双方高联合利润的整合性协议。

在很多问题中，采取整合性谈判方式就意味着各方在存在差异的基础上进行合作，这有助于发现商务关系中存在的问题，提出解决方案，更深入地了解对方，使问题的解决和转化成为可能。

美国学者理查德•E.沃尔顿(Richard E. Walton)和罗伯特•B.麦克西(Robert B.Mckersie)都指出，实践中双赢和一赢一输两个极端之间存在着很多潜在的可能，通过权衡交易，参与方可能在某些方面获得利益，而在其他一些方面则失去利益。谈判各方的利益在某些方面是一致的，在某些方面相互冲突，而在其他方面则有可能相互补充。这种复杂的情况意味着，一方面，谈判者要合作，以创造共同价值；另一方面，谈判者也要竞争，以获得自己的那一份利益。共同价值可能涉及经济利益与社会心理利益的交换。例如，谈判一方愿意放弃某些有价值的资源而获得对决策过程更大的发言权，另一方可能愿意放弃权利而获得经济利益。事实上，双赢的达成是由于各方对每项利益的看重程度不同。

美国学者莫顿·多伊奇(Morton Deutsch)指出，谈判双方获得利益的多少对他们合作意愿强烈与否有非常大的影响。他解释说，在通常情况下，人们不会为了相对比较低的回报而采取竞争性的行为，相对比较高的回报容易激励竞争性的、侵犯性的行为。这就解释了在汽车购买、房屋购买、劳资谈判、体育谈判以及离婚纠纷中，尽管参与方非常愿意进行合作，但极易发生争论，原因就是事关重大利益的得失。

学者对分配性谈判模式与整合性谈判模式一直有不同的见解，并呈现多元的看法。首先，分配性谈判模式较整合性谈判模式发展得更早，整合性谈判模式的出现主要是因为分配性谈判模式较为简单且不切实际；但学者认为，以上两种模式各有利弊，应该依冲突情境的特性来选择适用的模式。其次，越来越多的学者主张，上述两种模式所探讨的冲突解决过程，其实是冲突解决过程的一体两面，两者之间属于一种互相依存的关系。

比较符合实践的看法是，实际的冲突解决过程应该是两种模式的混合体，冲突当事者一方面必须采取积极的、有创意的合作行为来解决问题，创造尽量多的可供分配的资源；另一方面也必须采取必要的竞争手段，以确保自己最后的获利。

需要强调的是，在争取自己利益的过程中，即使是在实力相差悬殊的谈判中，占优势的一方也不能企图把所有利益都占为己有。俗话说：吃亏上当只有一次。当你取得这次胜利的时候，你的客户和你未来的利益也随之消失。因此，双方在谈判中至少应该是合作的利己主义，双方都获得利益才是谈判所应达到的最高境界。

二、谈判双赢中"赢"的概念

分配性谈判模式注重的竞争手段，正是多数谈判者习惯的思维方式。下面重点讨论商务谈判中兼顾双方利益，也就是整合性谈判所强调的双赢原则的几个问题。

如果谈判者抱着双赢的思路进行谈判，那么在谈判中就会注重合作、互惠，在自己的利益得到满足的同时尽量让对方也有所收获。要使双赢原则在实践中得以体现，谈判者首先应该明了谈判中的成本—效益问题。

(一)谈判的效益

谈判的效益是指谈判中目标实现的程度，或者谈判者预期目标的完成程度。谈判的效益可以从谈判远期目标的实现、商务关系的维系与发展以及眼前财务目标的实现这三个方面加以考虑。

在某些时候，近期的财务利益和远期的商务关系或者长期的目标是吻合的，但在很多情况下，三者之间也会产生矛盾。这就需要在近期的财务目标和远期的商务目标之间达成妥协，寻找一个交叉点。

(二)谈判的成本

(1) 谈判中所做的让步，即预期目标与实际的差距。

(2) 商务谈判中所涉及的人、财、物等资源的耗费。

(3) 谈判中所占用资源的机会成本，即所占用的资源用于其他用途所能创造出的最大收益。这一点在实践中很重要，但往往被人们忽视。

从商务谈判的角度，我们应充分考虑到商务关系的发展与维系对于己方未来利益的重要作用，同时也应该考虑到这种商务关系的维系除了在未来很可能带来直接的利益之外，还可能通过这层商务关系发展出与其他方的商务关系，从而形成一个商业的网络。这种谈判所带来的网络关系在很多情况下比谈判本身还要重要。

在各项成本中，实践中的机会成本不是很明确，因此很多人就认定它比在谈判中所耗费的人、财、物的绝对值要小，甚至忽略其存在，这是十分错误的。在重视人、财、物占用的实际值时，要对机会成本本身进行充分的考虑，要考虑除谈判自身之外，还可能会发生什么情况。

三、寻求兼顾双方利益的做法和策略

寻求兼顾双方利益的
做法和策略.mov

国内外许多谈判专家都认真研究了达到双赢的方法和途径，概括来说，在谈判中要遵循以下几项原则。

(1) 如果无法达成协议，可能的备选方案是什么？会产生什么影响？对此要进行充分的评估。

(2) 将重点放在利益、需求上，而不是过多强调各自的立场。

(3) 就利益背后的信息和逻辑进行充分沟通，以便增进彼此的理解。

(4) 评价利益分配是否合理，协议条款是否可以接受，应采用双方均认可的标准。

(5) 应该建立一个机制，在某些选择方案失败或者情况变化时，双方有机会重新探讨协议。

(一)尽量做大利益，制造多层次需求

谈判的最高境界是"双赢"，即双方均要有利益的获得和满足。我们从分析中发现，对于利益的理解，谈判双方可能是一致的，也可能是不一致的。换句话说，双方在谈判中发自内心的利益追求可能是重合的，也可能是有差异的。进一步分析可知，如果双方所追求的利益目标是重合的，即利益冲突较大，那么谈判很可能会陷入一种竞争状态；如果双方的利益目标本身就有差异，那么彼此竞争的一面就要弱一些，合作求得双方利益最大化的愿望就可能强劲一些。

因此，如何区分谈判双方追求的利益；双方的利益有多大程度的重合，有多大程度的差异；如何制造多层次需求，使利益不相互冲突，就成为追求双赢的一个重要命题。

【资料链接】

1. 在某合资企业的谈判中，合资双方都想要控股新成立的合资企业，从表面上看，双方的矛盾不可调和。事实上，双方进行了深入的沟通后发现，一方希望借助自己对当地市

场的了解和在该行业长期的经营经验进行生产管理；另一方则因为拥有矿山，因此希望确保己方与新建合资企业之间的原料供应关系。至此，双方的利益点出现差异，那么就不难找出令双方满意的解决方案。

2. 一对新婚夫妇买了房子要装修，找到设计师后，两个人却提出了完全不相容的要求：女主人要求墙面必须是红色，而男主人却要求是白色。从表面上看，这两种选择无论如何都不可调和。于是有人建议，交叉使用两种颜色，竖条或横条间隔；或某一面墙用一种颜色，其他墙用另一种颜色。可是，这些方案都无法满足客户要求，遭到了两个人的一致反对。事实上，设计师只问了一个简单的问题就把这个矛盾圆满化解了，而且装修方案让两个人都很满意。

他问了一个很简单的问题："为什么喜欢这种颜色？"经过与两个人的进一步交流发现，男、女主人使用不同的颜色是因为心理上的不同需求。女主人希望有热烈、浪漫的感觉，男主人希望有洁净、广阔的空间感，而这些需求并不一定要用颜色来满足，完全可以通过其他方式得到满足，这对专业设计师来说并不难。

(资料来源：黄卫平，丁凯，宋洋，等. 国际商务谈判[M]. 4 版. 北京：中国人民大学出版社，2023)

以上例子都说明，在现实生活中，利益的差异总是存在的，因此合作的可能也是存在的，关键在于如何去发现和利用。利益有差异，而差异促成合作，合作又产生新的利益，最终达到一个双赢的结果。

(二)为对方着想，从而达到自己的目的

要想追求自己的利益，就必须给他人以利益。如果把他人的利益占为己有，那么当对方被迫退出谈判的时候，自己所应获得的利益也随之全部丧失。站在对方的立场，从对方的角度设身处地地考虑问题，就能充分体现己方谈判的诚意，在十分友好的谈判气氛中己方提出的设想和方案就能比较顺利地予以采纳，从而达到谈判的目的。这一点也是兼顾双方利益，使双方利益共享原则得以贯彻的要求。

(三)消除对立

在谈判中，如果双方情绪对立、语言趋于激烈，此时很难判定双方的利益所在，而面子上的小损失可能导致利益上的大损失。由于合作的利益总是大于对抗的利益，因此双方应该消除对立、寻求合作。

(四)求同存异，缩小不同点

谈判中，在双方利益重合之处容易产生争执，在双方利益差异之处则比较容易达成协议。有差异性的利益使双方从不同的角度获得各自利益的满足，从而产生双方利益的共同之处。需要强调的是，利益的共同之处和利益的重合之处是两个不同的概念。利益的共同之处是指双方均能获得各自不同的利益，双方都满意，从而达到双赢结果的那部分利益；利益的重合之处是指双方都想得到，从而产生争执的那部分利益。

因此，求同存异是指在利益的共同之处求同，在利益的重合之处存异，尽量做大共同的"蛋糕"，这样谈判就能顺利进行，谈判中双赢的局面才有可能产生。

(五)分中求合

分中求合是指为了共同的利益，必须有分有合。在日常的商务谈判中，运用分中求合要注意：不能抱着害人的心态，但也不能丝毫都不提防。这样，就能较好地做到分中求合，有分有合。在此，分是手段，合是目的。从谈判的总体来看，合作就变成了手段，利益才是真正的目的。这是一个层次高低的问题，不同的层次要有不同的做法，遵循不同的原则。

第四节　商务谈判与博弈论

现代经济科学发展的一个最引人注目的特点，就是将博弈论引入其中。从这一角度出发，许多经济现象和经济行为都可以被理解为某种博弈问题，用博弈方法进行分析研究。近年来，随着博弈论运用的领域越来越广泛，博弈论在谈判活动中的应用也越来越受到人们的关注，引起了人们的兴趣。

谈判双方交易的
4 种类型.mov

博弈论的运用就是将复杂的、不确定的谈判行为通过简洁明了的博弈分析使研究进一步科学化、规范化、系统化，寻找某些规律性的东西，建立某种分析模式，从而构建谈判理论分析的基础框架。

一、博弈论的内容

博弈论(Game Theory)，其本义是在下棋等休闲娱乐活动中，双方在遵守游戏规则的基础上，通过分析对方可能采用的方法有针对性地选择相应的策略或计谋，以制胜对方的理论。

博弈论是在研究各方策略相互影响的条件下，理性决策人的决策行为理论。博弈论思想最早产生于古代军事活动和游戏活动中，众所周知的田忌赛马就是典型的博弈论例子。我国古代的《孙子兵法》不仅是一部军事著作，而且是最早的一部博弈论专著。博弈论最初主要研究象棋、桥牌、赌博中的胜负问题，人们对博弈局势的把握只停留在经验上，没有向理论化发展，正式发展成一门学科则是在 20 世纪初。现代经济科学将博弈论引入其中，从这一角度出发，许多经济现象和经济行为都可以理解为某种博弈问题，可以用博弈方法进行分析研究。

谈判是解决问题的一种常见的手段，成功的谈判，双方都是胜利者。谈判是一项合作事业，但合作并不排斥竞争，有竞争就会有博弈。近年来，博弈论在谈判活动中的应用，让复杂的不确定的谈判行为，经过简明的博弈分析，更加科学化。

二、博弈论在商务谈判中的应用

了解博弈论在商务谈判中的具体应用，首先要了解博弈论的基本模型——"囚徒困境"。

(一)囚徒困境

囚徒困境，是指警方对同一案件的两个犯罪嫌疑人进行隔离审讯，每个犯罪嫌疑人都有"坦白"和"抵赖"两种策略。当两个犯罪嫌疑人共同"坦白"时，他们将分别被判处 5

年徒刑；如果一方"坦白"，而另一方"抵赖"，坦白者将被判处 1 年徒刑，而抵赖者将被判处 10 年徒刑；如果双方都"抵赖"，则会因法庭证据不足而被同时判处 2 年徒刑，如表 2-3 所示。表中的数字代表两人的刑期，第一个数字代表甲的刑期，第二个数字代表乙的刑期。

表 2-3　囚徒困境

分类	乙抵赖	乙坦白
甲抵赖	2，2	10，1
甲坦白	1，10	5，5

在这个模型中，最终两人选择的策略都是"坦白"。因为对甲而言，如果乙选择"坦白"，那么当甲选择坦白时将入狱 5 年，当甲选择抵赖时将入狱 10 年，因此甲选择坦白的策略比较好；如果甲选择"抵赖"，那么当乙选择抵赖时将入狱 2 年，当乙选择坦白时将入狱 1 年，因此乙选择坦白的策略比较好。因此，选择"坦白"是甲乙二人的最优策略。两人选择的策略是相同的，所付出的代价也是同等的，即都被判处 5 年徒刑。

但是，我们在表 2-3 中明显能够看到，存在另一种对双方都有利的策略（"抵赖"）和更有利的结局（分别被判处 2 年徒刑）。然而，合作性结果的出现需要谈判双方拥有充分的信息交流，一旦谈判双方不能进行信息交流，就难以实现一个有利于每个当事人的合作利益，这种谈判就称为"囚徒困境"。

"囚徒困境"有着广泛而深刻的意义。个人理性与集体理性的冲突，个人追求利己行为导致的最终结局是一个纳什均衡[这一结果以其研究者数学家纳什(Nash)的名字命名]，也是对所有人都不利的结局。他们两个人都是在"坦白"与"抵赖"的策略上首先想到自己，这样他们必然要服更长的刑期。只有当他们都替对方着想时，才可以获得最短的刑期。

(二)"囚徒困境"模型对商务谈判的启示

在商务谈判中，采取何种谈判策略类似于"囚徒困境"模型中囚徒的选择。谈判双方都存在欺诈和诚信两种策略，当一方欺诈、一方诚信时，能够给欺诈方带来额外的利益，如表 2-4 所示。

表 2-4　诚信困境

分类	乙公司诚信	乙公司欺诈
甲公司诚信	3，3	-3，9
甲公司欺诈	9，-3	-1，-1

表 2-4 中的数字代表两家公司的交易结果，即获得的收益或者遭受的损失，第一个数字是甲公司的交易结果，第二个数字是乙公司的交易结果。例如，当甲公司诚信而乙公司采取欺诈手段时，甲公司将遭受 3 个单位的损失，而乙公司将获得 9 个单位的收益。

依据前文对"囚徒困境"的分析，我们很容易得出，这个模型的纳什均衡是双方都欺诈，结果双方都遭受损失。显然，这不是最有利于双方的结果，也不是我们所提倡的在商务交往中应该遵循的诚信原则。事实上，商务交易与"囚徒困境"最根本的区别在于："囚徒困境"模型对双方来说都是一次性的，而现实中的商务交易则大多不是一次性的。

在纳什之后的美国数学家罗伯特·阿克塞尔罗德对多次博弈进行了研究，根据他的研究成果，我们可以将谈判双方的交易分为以下类型。

1. 双方的合作是一次性的

在双方的合作只有一次的情况下，由于不考虑长期商务关系的维系，理性的谈判者都是从私利的角度出发为自己谋取最大的利益，双方合作的可能性几乎为零。例如，在"囚徒困境"模型中双方都选择"坦白"，但谈判双方所采取的最佳策略是相互欺骗。此时，每一方都会自以为在这种策略下的损失不会比对方大，甚至可以获得额外的利益。

谈判双方在没有建立起相互信任，社会还没有强烈的商业信用观念时，容易出现这种情况。在一次性的商务谈判中，为了谋取自己最大的私利，欺骗就成了最佳的选择，但是这一类商务往来达成交易的可能性非常低。

2. 双方有限次的商务往来

通常来说，在谈判的最初阶段，由于考虑到以后的商务往来，双方都会尽量避免欺骗而寻求合作，但随着双方的往来进入后期，欺骗的可能性逐渐增大。

3. 双方长期无限次的商务往来

谈判双方的商务往来是长期的，因此双方都清楚：如果自己欺骗了对方，那么将来必然会遭到对方同样的欺骗。同样是从自己的私利出发，双方就有可能避免欺骗，而是采取合作的态度以争取最大的谈判利益，此时，类似于"囚徒困境"模型中双方都替对方着想的情况。双方商务往来的时间越长，合作的可能性就越大。

4. 双方的商务往来期限不明确

双方的商务往来期限不明确的情况比较常见。由于不知道合作的期限，因此双方都知道：如果欺诈一次，未来会为此付出代价，所以双方采取合作的态度更符合双方的利益。

由此可见，商务往来的期限和谈判的轮次决定了双方在谈判中所采取的态度。由于多数商务往来的期限是不明确的，因此，诚信是最符合企业自身利益的策略。

香港著名实业家李嘉诚曾经说过："一笔生意，诚信可以赚十万元，欺诈可以赚一百万元。眼前利益看起来似乎是欺诈更有利，事实上，从企业长期经营来看，诚信更有利。""每次欺诈都在自己身边竖起了一面墙，今后再也没有合作的可能性，随着欺诈次数的增多，将在现代商业社会举步维艰。"中国许多民营企业的经营不超过两年，就是因为企业只贪图眼前利益，缺乏诚信经营理念。

第五节　商务谈判的其他理论

商务谈判作为一门综合学科，涉及多个领域，因此各个领域的专家都尝试以自己的研究背景为基础提出对谈判的解释。这些理论虽源于对其他学科的研究，但对于谈判同样具有重要的指导意义。

一、身份理论

身份理论尝试解释社会身份如何影响个人行为。个人从其扮演的社会角色出发形成了个人的身份定位，如父母、配偶、男性、女性、雇员、上司等，还包括资历、归属的群体以及通过生活经历获得的知识。忠诚于自己的社会身份对人们一生的影响可能比其他许多因素都要大。

身份理论在谈判中的应用可以解释为人们需要被认可、需要安全感、需要能够控制局面等。如果一个谈判者具有很强的身份需求，他可能会从以下角度来考虑问题："如果我同意你的建议，别人会怎么看我呢？"

许多谈判从表面上看是有关利益的冲突，实际上可能涉及与谈判者身份相联系的意图、期望、行为。例如，一个雇员要求与上级经理谈谈他的工作职责。经理很有可能会把这一要求看作威胁他在工作分配上的权威，即身份问题。雇员的意图本来是要修改工作职责，但是，除非他能够消除经理的"权威被质疑"这种印象，否则这一要求不会得到解决。在这场谈判中，从表面上看是岗位职责的分歧，而问题的重点根本不在职责的分配是否合理，而在于雇员是否充分尊重经理的身份定位。

反映身份问题的谈话包括："你在质疑我的判断能力吗？""我做这一行 20 年了，我很熟悉这个问题。"谈判一方出现上述谈话时，表示另一方对其身份的认识已经出现问题。要缓解紧张气氛，另一方应该认真倾听对方谈话，要充分肯定谈话者的专业知识水平，并且充分表现出对谈话者所重视的身份的尊重，接着再回到争论的问题本身。

二、社会作用理论

多伊奇为人们熟悉是因为他对冲突管理研究的贡献，他的许多观点在谈判中同样也可以得到非常好的应用。他认为，人们在解决问题中所涉及的一系列理解、预期、技巧与其社会背景紧密联系。如果你的目标是想要改变现实环境，那么首先必须改变人们对于环境的理解。

例如，在谈判中澄清双方对于问题的理解会使谈判更加有效。交流不充分、态度带有敌意或者对差异过于敏感，这些都是竞争的常见现象，会导致观点扭曲，从而强化冲突，甚至导致冲突永久化。相反，如果能够在谈判时澄清己方的期望、相互作用的规则以及与问题有关的价值，将会影响谈判中所传达的信息。

另外，将冲突定义为"需要通过共同努力来解决的共同问题"，将有助于谈判获得成功。谈判各方使用"我们的问题""我们的解决方案"这一类语言，有助于强化对共同利益的追求。虽然各方不太可能达成自己希望的所有成果，但他们可以进行有益的对话，更好地理解双方的需求，这将有助于未来对问题的解决。

如何进行增进理解的沟通呢？方法之一是确立有助于合作关系的规则。对此，多伊奇给出的建议包括以下内容。

(1) 当意见出现不一致时，努力从对方的角度来理解其观点。

(2) 充分肯定对方想法的价值。

(3) 强调对方积极的、正面的因素，尽量少表达消极的、负面的感受。

(4) 对对方的合理要求做出积极响应。

(5) 恳请对方提出看法，同时专心倾听、积极响应和分享信息，从而促进双方合作性的交流。

(6) 表现出诚实、有道德、关注他人、正直的品质。

多伊奇的观点可以总结如下：沟通和语言是协调行动的核心，是一种渠道，连接谈判各方。人们以语言进行谈判，因此我们应该重塑语言，使其减少威胁性，从而变得更有利于合作。

三、场理论

场理论.mov

在物理学中，我们知道原子的运动受到许多更小的颗粒(质子和电子)的影响，质子和电子又受到更小的颗粒(夸克、介子、轻子、重子)的影响。虽然我们看不到这些潜在的力量，但它们影响了生活中的所有运动。正如在物理世界中发挥作用的亚原子力，社会力量在人类交往中也发挥着巨大作用。夫妻会受到亲戚的影响，公司决策会受到市场力量的影响，社团组织会受到亚文化的影响。许多力量是可见的，但有些力量是无形的，像亚原子颗粒一样发挥着作用。

德裔美国学者库尔特·卢因认为，个人行为不能独立于社会背景，每一种组织或社会背景都会形成系统力，构成心理环境，从而影响人们的思维和行动方式。

气氛被用来描述整体的背景特征，经常被定义为"热烈而安全"或者"冷淡而紧张"。在谈判中，气氛可能是合作的或是竞争性的。心理气氛形成谈判的背景，将支持或者阻碍双方形成信任的态度、进行开诚布公的沟通，影响双方以何种方式讨论和解决分歧。美国学者约瑟夫·P.福尔杰、马歇尔·斯科特·普尔和兰德尔·斯图曼都认为：冲突环境的主流气氛会影响各方对彼此的看法，从而激励某种行为方式，并且该种行为方式再反过来强化环境气氛。

例如，最近一位调解员为一家大型金融公司讲授两天的谈判课程，在授课期间，有几名参与者告诉他："这个公司的文化缺乏领导力，多数雇员不信任上级经理。"对气氛的评价在课堂讨论中也得到体现，参与者相互竞争、不信任彼此，在课堂练习和讨论中拒绝分享信息。这些感觉形成了一种气氛，并笼罩了整个团体，它影响各方如何计划他们的行为和猜测对方的反应。心理气氛会影响到冲突的发生、发展和解决。一个具体的事件是否会导致冲突，在很大程度上取决于团体内部的紧张水平和社会气氛。

场理论揭示了在谈判中许多潜在的力量会影响谈判者对措辞、情绪反应、压力以及技巧的选择。我们在谈判中的语言和沟通受到各自所属文化群体的影响。例如，一个工会代表如何理解对方经理所说的话以及在谈判中选择什么样的策略，将受到他所在的工会对他的期望的影响。

谈判者必须对这些潜在的力量保持敏感，并且相应调整谈判策略加以应对，甚至有效利用这些力量的影响。

四、理性选择理论

理性选择理论把人们在冲突中的行为描述为一系列的选择，即冲突各方为了收益最大化或损失最小化而做出的一系列行动和反应行动。该理论认为，人们受自我利益的驱动，因此，在做出选择时所依据的偏好相对比较稳定。从这个角度出发的谈判者通常会从收益、损失或者结果衡量的角度来理解语言和事件，他们经常会考虑："这会给我带来什么？"

理性选择理论表明了认知标准的重要性。该标准确立了参考点，低于该标准，交易不能补偿成本；高于该标准，交易才是值得的。虽然这些标准可能是主观的判断，但它们决定着谈判中什么是重要的，对风险和损失的衡量具有显著影响。2002 年诺贝尔经济学奖得主、心理学家丹尼尔·卡尼曼指出：人们厌恶损失、避免损失的想法对谈判的影响与获得收益至少同样重要，甚至前者更甚。

博弈论是理性选择的一个例子，实验者试图通过模拟来了解行动、反应行动，了解人们为了使自己的利益最大化和达成目标会做出何种选择。阿克塞尔罗德使用"囚徒困境"模型进行研究，总结了实施理性选择理论的四项原则。

(1) 正直待人，不要先于对方采取欺诈行为(试图以他人的损失换取己方的利益)。

(2) 如果对方欺诈，则采取惩罚行动。

(3) 采取惩罚性的欺诈行动后，应该原谅对方，要避免引起进一步的对抗升级。

(4) 不要聪明过头，过分"聪明"的策略会使其他人做出错误的推断。

通过谈判解决冲突就是为问题的解决提供便利的过程。通过谈判，人们做出判断，没有必要再使冲突升级，或者认识到社会体制对利益的分配方式是可以接受的。如果争论各方认为谈判过程是公平的、恰当的，那就更可能找到各方都接受的解决方案。只要游戏规则看起来公平，各方认为交易符合他们的最大利益，就会达成协议。

五、转化理论

美国学者路易·克里斯伯格认为，冲突转化是一个过程，在这一过程中，长久的争斗通过冲突管理和谈判发生了根本性的、持久的变化。冲突各方可能从抗拒到开始认可对方的主张，他们开始认为各自的目标是相容的，他们以新的、不同以往的方式看待彼此的关系，探讨存在的问题，他们对于冲突的看法从只关心自己这一方的问题，转换到把冲突看作更大背景中的一部分。当双方改变自己的行为时，对于彼此的感受、态度和看法，以及冲突问题的本身都会发生变化。谈判能够改变人们看待和谈论问题的方式，从而使冲突发生转化。

路易·克里斯伯格认为，转化需要经历以下四个阶段。

第一个阶段是试探性的。各方发现长久的争斗成本过高，因此会提出建议来缓解冲突、促进和解。也就是说，一方会尝试性地伸出和平的触角，测试一下另一方是否会接受这一建议，并将其作为冲突解决的一部分。

第二个阶段涉及公开的姿态或行动，显示出一方愿意为合作解决冲突而努力。在谈判中，这可能涉及让步、公开声明表示或者暂停敌对行为。

第三个阶段是对某些具体细节达成协议,这为相互理解和更大的进步提供了动力。

第四个阶段包括协议的实施和监督。协议、合同、条约和备忘录是最终协议的主要构成要素。

美国社会学家 L.A.科泽认为,双方进行谈判以弥合差异或管理冲突,能够产生新的规则或者新的制度。在这种情况下,协议可能只是一个副产品,而规则发生的变化更加深入和持久。

对于谈判,我们不需要了解过多的理论观点。但是,深入了解我们为什么要做出某种战略选择,更有利于解决冲突,有利于在谈判中获取最佳利益。

很多理论都解释了谈判成功或者失败的原因,其主要包括以下几个方面。

(1) 对于谈判对手的身份和角色需求应充分理解并且给予足够的尊重,这种需求有可能会使谈判者不能专心于谈判的关键问题。

(2) 意识到社会力量、环境力量对人们的行为产生的影响。

(3) 确认哪些心理、社会、生理基本需求会增加人们达成协议的意愿。

(4) 了解行为选择推动或者抑制力量和结果之间的关系。

(5) 关注谈判过程中彼此关系、角色和意识所发生的变化。

在谈判中对本章提及的理论加以应用,将会有效地提高与对方谈判的成功率,从而改善谈判的结果。

本 章 小 结

商务谈判的经济学理论基础——比较优势理论:"两利相权取其重,两弊相衡取其轻。"换言之,如果一方在劳动生产率上处于绝对劣势,另一方处于绝对优势,只要双方劳动生产率的差距不是在各种产品上都一样,那么处于劣势的一方进入贸易也能有利可图。

商务谈判的心理学理论基础——心理需求理论:不同需求层次的人群要求满足的需求水平也不同,因此在商务活动中,针对谈判对手所处的需求层次给予相应的满足,就比较容易因势利导,促成交易的达成。

商务谈判模式与双赢原则:谈判关系到双方的切身利益,从各自的利益角度出发,双方一定会尽力为自己的利益据理力争,因此在任何影视作品和平面媒体的宣传中,谈判的场面总是剑拔弩张或者钩心斗角,最终形成零和博弈。而整合性谈判模式则不是零和博弈,它是一种妥协、一种沟通以及双方技巧的对抗和运用,最终做到双赢。

随着许多新兴科学的不断出现,有关谈判研究的理论也在不断发展,本章还介绍了博弈论、身份理论、社会作用理论、场理论、理性选择理论、转化理论。

自 测 题

1. 什么是商务谈判的比较优势理论?
2. 商务谈判的基本理论有哪些?
3. 什么是谈判的"囚徒困境"模型?

案 例 分 析

美国钢铁大王戴尔·卡耐基曾经有这样一次经典的谈判。有一段时间，他每个季度都有 10 天租用纽约一家饭店的舞厅举办系列讲座。后来，在某个季度开始时，他突然收到这家饭店经理的一封信，要求租金提高两倍。当时，本季度举办系列讲座的票已经印好并发出去了。收回讲座的票不但会造成一定的经济损失，而且会对商业信誉造成很大的影响，卡耐基当然不愿意看到这样的结果，也不愿意支付多一倍的租金。过了几天，他去饭店找到经理，对他说："我收到你关于提高租金的通知，开始有些震惊，不过我一点也不埋怨你们。如果我处在你们的位置，可能也会写一封类似的通知。作为一个饭店经理，你的责任是尽可能多为饭店谋取利益。如果不这样，你就可能被解雇。如果你提高租金，那么让我们拿一张纸写下将给你带来的好处和坏处。"然后，他在纸中间画了一条线，左边写"利"，右边写"弊"，在"利"的一边写下了"舞厅，供租用"。然后说："如果我租用的这个舞厅空置，就可以出租供舞会或会议使用，这是非常有利的，因为这些活动给你带来的利润远比办系列讲座的利润多。如果我在一个季度中连续 10 个晚上占用你的舞厅，这就意味着你将失去一些非常有利可图的生意。"

"现在让我们考虑一下'弊'。首先，你并不能保证办舞会能在整体意义上获得更高的收入。如果你提高价格，从我这里获得的收入只会更少，因为我付不起你要求的价格，所以我只能被迫改在其他地方办讲座，实际上你是在取消这笔收入。其次，对你来说，还有一弊。这个讲座能吸引知识文化水平较高的人来到你的饭店，无疑对饭店起到了很好的宣传作用。事实上，我的讲座能吸引更多的目标消费者来这个饭店，可能比你花 5000 美元在报纸上登个广告效果要好得多。"

卡耐基把两项"弊"写了下来，交给经理说："我希望你能仔细考虑一下，权衡一下利弊。然后告诉我你的决定。"第二天，卡耐基收到一封信，通知他租金只提高为原来的 1.5 倍。

卡耐基在整个谈话过程中一句也没提到自己的要求和利益，而始终在谈对方的利益以及怎样实现才对对方更有利，但他成功地达到了自己的目的。

(资料来源：刘春生. 国际商务谈判[M]. 北京：电子工业出版社，2016)

思考题：在谈判的过程中，双方的利益不一致时，此案例用了什么方法来解决？

阅 读 资 料

美国商人图德拉巧施连环计

有一个不出名的美国商人图德拉，他巧施连环计，击败了比他强大百倍的竞争对手，获得了成功。在 20 世纪 60 年代中期，图德拉只是一家玻璃制造公司的老板。他喜欢石油行业，自学成才成为石油工程师，希望能做石油生意。

　　偶然的一天，图德拉从朋友那里得知阿根廷即将在市场上购买×××万美元的丁烷气体，他立刻决定去那里看看是否能弄到这份合同。当图德拉到达阿根廷时，他在石油方面既无关系，也无经验可言，只能仗着一股勇气硬问。当时他的竞争对手是非常强大的英国石油公司和壳牌石油公司，在做了一番摸底之后，他发现了一件事，阿根廷牛肉供应过剩，正想不顾一切地卖掉牛肉。单凭知道这一事实，他就已获得了竞争的第一个优势。于是，他告诉阿根廷政府："如果你们向我买×××万美元的丁烷气体，我一定向你们购买×××万美元的牛肉。"阿根廷政府欣然同意，他以买牛肉为条件，争取到了阿根廷政府的合同。图德拉随即飞往西班牙，发现那里有一家主要的造船厂因缺少订单而濒临关闭。他告诉西班牙人："如果你们向我买×××万美元的牛肉，我就在你们造船厂订购一艘造价×××万美元的超级邮轮。"西班牙人不胜欣喜，通过他们的大使传话给阿根廷，要求其将图德拉的×××万美元的牛肉直接运往西班牙。图德拉的最后一站是美国费城的太阳石油公司。他对他们说："如果你们租用我正在西班牙建造的价值×××万美元的超级邮轮，我将向你们购买×××万美元的丁烷气体。"太阳石油公司同意了。就这样，一个玻璃制造商成功地做成了×××万美元的石油交易，他的竞争对手只能自叹不如。图德拉正是凭借掌握对方需求信息，全面、准确、清楚地了解对方的利益需求，击败了比他强大百倍的竞争对手，在竞争中取胜，最终获得成功。

　　可见，谁能更全面、准确、清楚地了解对方的利益需求，谁就有可能在竞争中取胜，参与谈判的各方的利益需求是谈判的基本动因。

(资料来源：姚凤云，刘纯，赵雅坦. 商务谈判与管理沟通[M]. 3版. 北京：清华大学出版社，2021)

第三章　商务谈判准备

【学习要点及目标】

通过本章的学习，使学生了解商务谈判准备工作中调研的作用、渠道、方法及主要内容，了解商务谈判计划的内容、制订计划要考虑的因素，掌握谈判方案的拟订方法，了解谈判构建、人员选择、谈判人员具备的素质与能力、人员的分工与相互支持、对谈判的管理和控制，了解模拟谈判的必要性和过程。

【引导案例】

空客销售总监雷义的销售成功之道

空客销售总监雷义的
成功之道.mov

空中客车集团(以下简称"空客")的销售总监雷义(John Leahy)，平均每天卖出 2 架飞机，销售额为 10 亿美元左右(按当时计算)，更厉害的是，这一数字持续了 23 年，超出了许多人的想象，这意味着他 41 天的销售额相当于腾讯一年的营业收入 416 亿美元，100 天的销售额相当于阿里一年的营业收入 1011 亿美元(按当时计算)。《华尔街日报》称雷义为活着的奇迹，他任职期间个人至少为公司营利 1 万亿美元。初步统计，仅 2017 年，雷义就赢得 875 架飞机的订单，按照价格计算，金额超过了 1000 亿美元。雷义花了 20 多年时间，帮助空客从一个欧洲小飞机制造厂，发展成和波音飞机并驾齐驱的世界最大飞机制造商，把全球市场份额从 13%提高至 50%。

总结雷义的成功之道，我们发现，想成为一名伟大的谈判专家，离不开充分的准备。雷义认为，所有推销在见面之前就已经开始，因此，在知识层面，他不断完善自己。雷义从开出租车起步，攒够钱去考了飞机驾照，成了一名货运驾驶员，一般人到这个时候可能就满足了，但他又去读了 MBA，用今天流行的话说，他是一名终身学习者。雷义认为，卖产品就是卖自己，要永远保持活力，因为最能签单的，一定是精力最饱满、最有感染力的人，没人愿意和一个看起来半死不活、整天像没睡醒的人做生意。为了保持精力充沛，他从不喝酒，吃饭也是以清淡为主，每天坚持健身一小时。每次下飞机后，他不会直接去见客户，而是先做 20 分钟有氧运动。因此，每次雷义出现在客户面前，都非常有精神，举手投足也很有感染力。此外，雷义认为，销售员必须了解产品，他不但对空客的所有机型、所有数据都烂熟于心，连波音公司的机型数据也了如指掌。这些都让雷义在一次次的谈判中取得了非常耀眼的成绩。

(资料来源：本书作者整理编写)

《孙子兵法·谋攻篇》中说："知己知彼，百战不殆。"《礼记·中庸》也谈道："凡事预则立，不预则废。"进行一次商务谈判，前期工作非常关键，谈判的准备工作做得充分可靠，谈判者就会增强自信，从容应对谈判过程中的变化，处理好各种问题。商务谈判前的准备工作是谈判达到预期目的和获得圆满成功的基础，尤其是在缺少谈判经验的情况下，准备工作就显得更为重要。在与经验丰富的对手谈判时，就更要重视谈判前的准备工作。准备工作具体来说是对谈判的信息准备，对对方国家政治、经济、法律和文化的了解，对谈判对手的了解，明确谈判的目的和主题以及谈判的方案等内容。为了确保谈判的圆满成功，也可以做一下模拟训练等准备工作，如此方能在谈判时处于主动地位。

第一节　商务谈判的调研

要想使谈判达到预期的目标，提高谈判的成功率，谈判人员首先必须对客户进行精准定位，明确什么样的客户是能够建立合作关系的客户，因此，前期的调研和分析必不可少。此外，谈判者还要清楚商务谈判是在一定的法律制度和某一特定的政治、经济、文化影响下的社会环境中进行的，这些社会环境会直接或间接地影响谈判，因此对谈判对手的调研与分析就更为重要。同时，谈判者还要正确认识自己，评估自身的实力情况，确定合理的对策。

一、调研的作用

调研的作用：一是可以发现谈判伙伴；二是可以收集情报信息，为正确的评估与判断做准备。

在谈判者准备开展一项交易时，首先要根据标的条件通过各种渠道寻找客户，确定标的交易的对象，这是取得谈判成功的前提条件之一。面对国际市场上众多潜在的交易对象，有经验的商务人员都信守"货比三家"的原则，除非此项交易所涉及的商品、技术是被独家垄断的。

能否在"货比三家"中做出正确的选择，就要看调研的质量。要对市场宏观环境进行可行性论证，从市场宏观环境到谈判标的物的市场销售、行业竞争状况等进行深入分析，再对谈判对象和自身进行研讨，有利于全方位掌控谈判局面。

二、调研的渠道与方法

调研是对情报进行收集整理并得出相应结论的过程。一般来说，可通过以下渠道进行。

调研的渠道与方法.mov

(一)从国内的有关单位或部门收集资料

(1)　中华人民共和国商务部。

(2)　中国国际贸易促进委员会及其各地的分支机构。

(3)　中国银行的咨询机构及有关的其他咨询公司。

(4) 与该谈判对手有过业务往来的国内企业和单位。

(5) 国内有关的报纸、杂志、新闻广播等。

(二)从国内在国外的机构及与本单位有联系的当地单位收集资料

能提供信息资料的单位如下。

(1) 我国驻当地的使馆、领事馆、商务代办处。

(2) 中国银行及国内其他金融机构在当地的分支机构。

(3) 本行业集团或本企业在当地开设的营业分支机构。

(4) 当地的报纸、杂志。国外的许多大银行，比如巴克利银行、劳埃德银行、大通银行等都发行自己的期刊，这些期刊往往有最完善的报道，而且一经获取就可得知许多信息。

(5) 本公司或单位在当地的代理人。

(6) 当地的商会组织等。

(三)从公共机构提供的已出版和未出版的资料中获取信息

公共机构可能是官方的，也可能是私营的，它们提供资料的目的，有的是作为政府的一项工作，有的则是为了营利，也有的是为了自身的长远利益需要。因此，作为企业或单位的业务洽谈人员，应该熟悉一些公共机构，甚至要熟悉这些机构里的工作人员，同时还要熟悉他们提供资料的种类及发行途径。现列举如下几种资料来源。

(1) 国家统计机关公布的统计资料。如工业普查资料、统计资料汇编、商业地图等。

(2) 行业协会发布的行业资料。这些资料是同行企业资料的宝贵来源。

(3) 图书馆里保存的大量商情资料。比如，贸易统计数字、有关市场的基本经济资料、各种产品交易情况统计资料，以及各类买卖机构的翔实资料等。

(4) 出版社提供的书籍、文献、报纸、杂志等。如出版社出版的工商企业名录、商业评论、统计丛书、产业研究等。目前，许多报纸和期刊为了吸引读者，也常常刊登一些市场行情及其分析报道。

(5) 专业组织提供的调查报告。随着经济的发展，出现了许多专业性组织，如消费者组织质量监督机构、股票交易所等，它们也会发表有关统计资料和分析报告。

(6) 研究机构提供的调查报告。许多研究所和从事商业调研的组织，除了为单独委托人完成工作以外，为了提高自身的知名度还经常发表市场报告和行业研究论文等，这些都是收集信息很好的途径。

当然，还可以通过各渠道中相应的网站获取情报信息。

(四)本企业或单位直接派人员到对方国家或地区进行考察，收集资料

如果派人员出国进行考察，在出国之前应尽量地收集对方的有关资料，也可以通过参加对方国家展会的方式收集信息资料，在已有资料中分析出真实、不真实、可能还有新增内容、尚需进一步考察等几部分，以便带着明确的目的和问题去考察。

具体调研过程中，可以对通过以上渠道收集来的资料，如商品目录、报价单、企业情况简介、产品说明书等进行汇总、整理，也可以直接向客户询问，还可以通过先小批量购买的方式直接了解对方产品的情况。整理和分析谈判资料的目的有以下两点。

(1) 鉴别资料的真实性与可靠性，即去伪存真。在实际情况下，由于各种各样的原因，

在所收集的资料中某些资料可能比较片面、不完全，有的甚至是虚假的、伪造的，因此必须进行整理和分析。例如，有些人可能另有所图，提供了大量有利于谈判的信息，而将不利于谈判的信息或是掩盖或是扭曲，以达到吸引对方的目的；有些人可能自己没有识别真伪的能力，而将道听途说的信息十分"真实"地提供出来。只有经过资料的整理与分析，才能做到去粗取精、去伪存真，为己方谈判所用。

(2) 在资料具备真实性、可靠性的基础上，结合谈判项目的具体内容，分析各种因素与该谈判项目的关系，并根据它们对谈判的重要性和影响程度对它们进行排列。通过分析，制定出具体的谈判方案与对策。

三、调研的主要内容

(一)环境

英国谈判专家马什在其所著的《合同谈判手册》一书中将对谈判有关的环境因素概括为以下几类。

其一，政治状况，即国家对企业的管理程度，涉及企业自主权的大小；经济的运行机制；对方当局政府的稳定性；政府与买卖双方之间的政治关系。

【资料链接】

日方在伊朗投资受损

20世纪70年代初期，伊朗希望将大量的天然气利用起来，生产化学制品。伊方选择日本进行开发。日本决定全力投入这项工程，并将其建成中东地区最大的石化生产基地。

1973年3月，日本100多家公司组成"伊朗化学开发股份公司"，与伊朗当地的"伊朗国营石化公司"合资建立了合营企业"伊日石化公司"。公司全部资本为7300亿日元，由日方控股。其中，日方出资4300亿日元，伊方出资3000亿日元，日方向伊方提供近900亿日元贷款。公司预定年产30万吨乙烯等产品。

经过近3年包括勘探、规划、设计在内的准备，1976年1月，工程按预定计划顺利拉开序幕。1978年年末，伊朗突然爆发动乱，工程陷入瘫痪状态，1979年3月，已全面展开的85%的工程被迫全部停止。至此，日方已投入1000多亿日元资产。在伊方政府的请求下，日方同意于1979年11月复工。不巧的是，开工之前，伊朗政局再次陷入混乱，致使工程继续延期。到1980年3月，日方28亿日元贷款到位，5月工程启动，9月全面展开。但是，灾难再次降临。1980年9月末，两伊战争爆发。1个月之内，伊拉克空军5次轰炸该工程。1981年10月，伊拉克对该工程的第六次轰炸使其再无修复可能。该工程涉及日本800多家企业，直接参与建设的日方管理者、技术专家、作业者为3548人，由日方雇用的韩国、菲律宾等外籍施工人员为793人。日方前期为该项目投入3000亿日元资金，主要的加工设备均已制造完毕，除了在轰炸中摧毁的设备外，大批未运出的安装设备也得不到最终赔偿。日伊双方就工程损失问题进行了艰难的谈判。由于伊方处于战争时期，不可能拿出巨额款项补偿日方。而且，因工程损失是战争行为，属于不可抗力的因素，日方作为投资人也要承担风险。工程众多当事人损失惨重。

(资料来源：豆丁网，https://www.docin.com/p-869570485.html)

其二，宗教信仰，即该国占主导地位的宗教信仰是什么。在某些国家宗教影响很大，法律制度是根据宗教教义来制定的，人们行为是否被认可，要看是否符合这个国家的宗教精神。因此在谈判中，要了解该国占主导地位的宗教信仰。

其三，法律制度，即法律制度是什么，法律的执行程度，法院受理案件的时间长短，等等。要了解双方国家与本次谈判内容有关的法律规定。例如，对谈判标的就税收、进口配额、最低限价、许可证管理等方面的法律规定，都会对合同产生法律约束力。

📎 【资料链接】

中国公司赔偿加蓬工人失业补贴

中国某工程承包公司在加蓬承包了一项工程任务。当工程的主体建筑完工之后，中方由于不需要大量的劳动力，便将从当地雇用的大批临时工解雇。谁知此举导致了被解雇工人持续 40 天的大罢工。中方不得不同当地工人进行了艰苦的谈判，被解雇的工人代表让中方按照当地的法律赔偿被解雇工人一大笔损失费。

此时，中方人员才意识到他们对加蓬的法律太无知了。根据加蓬的劳动法：一个临时工持续工作一周以上未被解雇则自动转成长期工，有权获得足够维持两个妻子和三个孩子生活的工资。此外，还有交通费和失业补贴等费用。一个非熟练工连续工作一个月以上则自动转成熟练工，如果连续工作三个月以上则提升为技术工人。工人的工资应随着技术的提升而提高。我国的管理人员按照国内形成的对临时工、长期工、非熟练工、熟练工以及技工的理解来处理加蓬的情况，谈判结果可想而知：公司不得不向被解雇的工人支付一大笔失业补贴，由公司自行支付。

(资料来源：卞桂英，刘金波. 国际商务谈判[M]. 北京：北京大学出版社，中国农业大学出版社，2008)

其四，商业习惯因素，即企业决策的程序如何，是否做任何事情都见诸文字；律师的作用如何；有没有工业间谍活动；在工作中是否有贿赂现象，如有，方式如何；谈判的常用语言是什么，如使用当地的语言，有没有可靠的翻译；合同文件是否可以用两种语言来表示，两种语言是否具有同等的法律效力；等等。

其五，社会习俗，即衣着、称呼方面合乎规范的标准是什么；是否只能在工作时间谈业务；社交场合中是否应该带妻子；是不是所有的款待、娱乐活动都在饭店、俱乐部等地进行；送礼的方式、礼品的内容有什么习俗；人们是如何看待荣誉、名声等问题的；妇女是否参与经营业务，如参与，是否与男子享有同等的权利；等等。

其六，财政金融因素，即该国的外汇储备情况、外债情况、该国货币是否可以自由兑换，有何限制；该国在国际支付信誉如何，取得外汇付款是否方便；该国适用的税法；公司在当地赚取的利润是否可汇出境外，有什么规定；等等。

其七，基础设施与后勤情况，如该国的劳动力数量、质量、邮电通信、交通运输状况。

其八，气候因素，如该国的季节特点、雨季长短等情况。

📎 【资料链接】

中石油竞购尤甘斯克股份遭遇"滑铁卢"

2004 年某俄罗斯媒体报道，俄总统府一位消息人士称，中国石油天然气总公司(以下简称"中石油")竞购尤甘斯克石油天然气公司76.79%的股份。该消息人士同时表示，虽然俄方不会要求中石油放弃竞购，但俄政府一直想通过利益集团控制本国的石油资源，如果国有石油公司得到尤甘斯克，俄政府的控制力将提高到15%～17%。

关于中石油竞拍失败的原因，分析人士认为，石油资源是俄罗斯的禁域，外国人将很难闯入这个禁域从而获得尤甘斯克这块肥肉，也难以排除在精心策划下拍卖行动完全失败的可能性。

(资料来源：本书作者整理编写)

(二)谈判对手

了解谈判对手是谈判准备工作最为关键的一环，如果和一个事先毫无任何了解的对手谈判，会带来极大的困难，甚至会冒很大的风险。谈判对手的情况是复杂多样的，主要了解对手的身份，资信情况，即对手的资本、信用及履约能力，以及对手的权限、谈判时限、谈判作风等情况。

1. 对手的身份

对谈判对手属于哪一类，客商要了解清楚，避免错误估计对方，造成自己失误甚至受骗上当。目前，贸易界的客商基本上可以归纳为以下几种情况。

(1) 对待在世界上享有一定声望和信誉的公司。这类公司资本比较雄厚，往往有财团作为后台力量。它们的机构十分健全，通常都有自己的技术咨询机构，并聘请法律顾问。一般情况下对方要求我方提供准确、完整的各种数据，令人信服的信誉证明。谈判前要对对手进行研究，谈判中要求有较高超的谈判技巧，要有充足的自信心，不能一味为迎合对方的条件而损害自己的根本利益。这类公司是很好的合作对象。

(2) 对待享有一定知名度的公司。对方资本雄厚、比较讲信誉，技术服务和培训工作做得比较好，对我方在技术和合作生产方面的条件比较易于接受，可采取合作式的谈判策略。这样的对手是较好的合作对象。

(3) 对待没有任何知名度的对手。只要确认其身份地位，深入了解其资产、技术、产品服务等方面的情况，也可以是我们很好的合作伙伴。因为其知名度不高，谈判条件不会太苛刻，他们也希望多与我方合作，不断扩大合作范围。

(4) 对待专门从事交易中介的客商(对手)。这类客商俗称"中间商"，要认清他们介绍的小客商的资信地位，防止他们打着中介的旗号进行欺骗。

【资料链接】

中间商骗取信用证周转资金

内地某公司拟从香港特别行政区一家贸易公司购买商品冷轧钢板，给香港公司开立信用证以后，迟迟不见香港公司发货，内地公司数次催办，港方以各种理由搪塞，直至过了信用证有效期也未见港方交单。后经核实，港方是一家只有两名工作人员的贸易公司，同几十家公司共同租用一间办公室，平时只做中介业务，见钢材市场火爆，内地市场需求强劲，于是用一些货物照片骗取内地公司的信任，实际并不是货主。之后香港公司利用信用证做抵押，套取银行贷款进行资金周转，而内地公司并没有对香港公司进行详细调查了解，反因开立信用证占压资金，损失了利息和手续费用及与其他客商交易的机会。

（资料来源：本书作者整理编写）

（5）对待挂靠的公司（对手）。不要被其母公司的光环迷惑，对其应持慎重态度。如果是子公司，要求其出示其母公司的授权，并提交承担子公司一切风险的授权书。母公司拥有的资产、商誉并不意味着子公司也如此，要警惕这样的公司打着母公司的招牌，虚报资产的现象。如果是分公司，它不具备独立的法人资格，公司资产属于母公司，它无权独自签约。

（6）对待各种骗子型和有劣迹的客商（对手）。这类客商往往在某公司任职，但他往往是以个人身份进行活动，关键时刻打出其所在公司的招牌，干着纯属自己额外收入的买卖，以谋求暴利或巨额佣金。我们一定要调查清楚其真实面目，谨防上当。尤其不要被对方虚假的招牌、优惠的条件和所获得的巨大利益、送给个人的好处迷惑，使自己上当受骗。

【资料链接】

假冒知名公司职员诈骗案

黑龙江某公司（简称"A公司"）业务员王某经国内某大型企业（简称"B公司"）员工张某介绍，与美国某公司（简称"C公司"）签订合同，给国内一家企业（简称"D公司"）代理进口混合废五金，结算方式为信用证结算。因B公司在国内该行业信誉卓著，张某又确实在B公司担任过中层领导职务，因此A公司业务员王某对此交易深信不疑，美国C公司则根据张某的"自我介绍"认定张某是A公司业务人员。C公司第一批发货后，实际用货单位D公司发现货物质量与合同不符，鉴于损失不大，不予追究，但通过A公司向美国C公司口头表示终止合同，美国C公司之后将货物直接发给张某，张某将货物卖出后卷款潜逃。C公司无法联系张某，于是将货运单据副本向A公司提交，并坚称A公司涉嫌诈骗。后经核实，张某曾供职多家该行业内公司，但均已离职。该笔交易中，张某打着B公司的招牌与各公司谈判，实际是想浑水摸鱼，而A公司与C公司均未对张某身份进行详细考察，后A公司虽通过银行拒付信用证成功，但C公司损失惨重，迁怒于A公司，A公司也为此付出大量人力、物力成本与C公司进行解释、沟通、协商。

（资料来源：本书作者整理编写）

（7）实属骗子的"客商"。目前这类"客商"为数不少，他们自己私刻公章，搞假证明、假名片、假地址，从事欺骗活动。这类人往往无固定职业，专门利用关系，采取交友、行贿、请客送礼等手段，先给受骗者一个"好感"，然后骗取其利益。他们的活动范围往往是我国经济发展较缓慢的偏远地区。对于这类客商，我们应保持冷静的头脑，辨别其本来面目。

2. 对手的资信

了解谈判对手的资信情况，一是要了解对方是否具有签订合同的合法资格；二是要了解对方的资本、信用和履约能力，具体包括如下内容。

（1）对对方合法资格的调查。首先，在对对方的合法资格进行调查时，我们可以要求对方提供有关的证明文件。如法人成立地注册登记证明、法人所属资格证明、营业执照，详细掌握对方企业名称、法定地址、成立时间、注册资本、经营范围等。还要弄清对方法人的组织性质，是有限公司还是无限责任公司，是母公司还是子公司或分公司。因为公司组织性质不同，其承担的责任是不一样的。同时，对于对方提供的证明文件要通过一定的手段和途径进行验证。其次，对对方合法资格的调查还应包括对前来谈判的谈判者的代表资格或签约资格进行审查；在对方当事人找到保证人时，还应对保证人进行调查，了解其是否具有担保资格和能力；在对方委托第三者谈判或签约时，应对代理人的情况加以了解，了解其是否有足够权力和资格代表委托人参加谈判。

(2) 对谈判对手资本、信用及履约能力的调查。首先，对谈判对手资本调查主要是调查对方的注册资本、资产负债表、收支状况、销售状况、资金状况等。其次，对谈判对手商业信誉及履约能力的调查，主要是调查该公司的经营历史、经营作风、产品的市场声誉与金融机构的财务状况，以及在以往的商务活动中是否具有良好的商业信誉等。对对方的资本、信用和履约能力的调查，资料来源可以是公共会计组织对该企业的年度审计报告，也可以是银行、资信征询机构出具的证明文件或其他渠道提供的资料。

3. 对手的权限

谈判的一个重要原则是不与没有决策权的人谈判。一般来说，对方参加谈判人员的规格较高，权限也就越大；对方参加谈判的人员规格越低，权限也就越小。我们需要了解对方参与谈判的人员在多大程度上能独立做出决定。

4. 对手的谈判时限

谈判时限与谈判内容、谈判策略、谈判目标都有重要关系。时间越短，对谈判者而言，用以完成谈判任务的选择机会就越少，他就比较被动；时间越长，他就比较主动。了解对方谈判时限，就可以了解对方在谈判中会采取何种态度、何种策略，己方就可制定相应的策略。因此，要注意收集对方的谈判时限信息，做到心中有数。

同时应注意以下问题。

(1) 对方可能会千方百计地保守谈判时限的秘密。

(2) 在谈判时注意察言观色，摸清时限。

(3) 谨防对方提供假信息。

(4) 己方谈判时限要有弹性。

(5) 针对对方的时限压力提出对策。

5. 对手的谈判作风

谈判作风因人而异，千差万别。我们可以通过对谈判对手的年龄、职务、性格特征、谈判双方的实力对比等方面进行分析，通过在谈判中的观察或侧面了解等途径，对对手的谈判作风进行分析。通过了解谈判对手的谈判作风，可预测谈判的发展趋势和对方可能采取的策略。

6. 对手对己方的信任程度

对手对己方的信任程度主要是了解对方对己方的经营能力、财务状况、付款能力、谈判能力、商业信誉等方面的评价和信任程度等。

7. 对手的其他情况

要从多方面收集对方信息，以便全面了解谈判对手。比如，谈判对手的谈判目标，所追求的核心利益；谈判对手人员的构成情况，即谈判成员内部的相互关系；谈判成员特别是主谈人的个人情况，包括谈判成员的资历、能力、信念、性格、心理类型、爱好与禁忌等。通过对这些情况的了解，可以更好地设计谈判方案，争取主动。

(三)对谈判人员自身的了解

古人云："欲胜人者，必先自胜；欲论人者，必先自论；欲知人者，必先自知。"没有对自身的客观评估，就不会客观地认定对方的实力。谈判者一定要有自知之明。但是自我评估很容易出现两种偏向：一是过高估计自己的实力，看不到自身的弱点；二是过低评估自己的实力，看不到自己的优势。因此，谈判者要对交易中己方的各项条件进行客观的分析。例如，本次交易对己方的重要性，己方在竞争中所处的地位，己方对有关商业行情的了解程度，己方谈判人员的经验，等等。通过对己方的各方面条件进行客观的分析，帮助我们弄清己方在谈判中的优势和劣势，以便有针对性地制定谈判策略。

(四)竞争情况

了解竞争对手的数目、生产规模、产品性能、产品策略、竞争产品的市场占有率等；竞争对手所使用的销售组织形式、分销渠道等；竞争对手的定价方法和策略；竞争对手所提供的售后服务、促销策略；等等。通过调查，使谈判者能够掌握竞争对手的基本情况，寻找他们的弱点，预测己方产品的竞争能力，在谈判中灵活掌握价格水平。

在商务谈判准备过程中要保证信息资料收集的准确性、全面性、适用性、及时性。在此前提下通过媒介、计算机网络、电波媒介、统计资料、知情人员、会议、公共场所、函电、名片、广告、驻外机构等渠道进行信息的收集。

在收集完信息后要注意信息资料的整理与分类，做好信息资料的传递与保密工作。

第二节 谈判人员的准备

选择谈判人员，组织好谈判队伍，是商务谈判准备阶段不容忽视的工作，谈判人员是谈判的一个重要构成要素，一名优秀的谈判人员，一支优秀的谈判队伍，是取得谈判胜利的最重要的保证。要根据谈判的议题、标的的重要程度、技术的复杂状况、谈判内容的多寡、谈判规格的高低、规模的大小，选择适合的谈判人员，建立一个人员齐备、

谈判人员的选择.mov

相互协调、适应各种谈判的团队。同时，通过有效的管理使谈判组织提高谈判力，调动其积极性，提高谈判效率，把握每个可能的商机，使整个队伍朝着正确的方向进行有效的工作，满足谈判的最终目标需要。

为了使谈判小组高效地工作，谈判人员之间应该紧密配合，精诚合作。谈判人员的选择应十分慎重，他们不仅要符合一定的素质要求，而且要形成各方面互补的结构，达到最优组合，尤其是组长应该心胸开阔、知识广博、经验丰富、善于随机应变、富有创造能力

和组织能力。其他代表则原则上应根据各自的专长，能够互相配合。

(一)谈判小组的规模

谈判小组人数的多少，应根据谈判项目的实际需要和谈判性质来确定，不宜过多，一般情况下，可以是一个人也可以是多人，应该根据实际业务的需要而定。小金额、老客户、内容简单一般可以是一个人；大金额、新客户、内容复杂就需要多人参与。

从规模上划分，谈判可分为一对一谈判和有多人参加的团体谈判。

一对一谈判的好处是在授权范围内，谈判者可随时根据情况变化做出自己的判断，不失时机地做出决策以捕获稍纵即逝的机遇。而不必像团体谈判那样，对某一问题的处理首先要在内部取得一致意见，然后再做出反应，以致延误时机。也不必担心对方向自己一方较弱的成员发动攻势，以求个别突破。此外，一个人参加谈判独担责任，无所依赖与推诿，必然会一丝不苟、兢兢业业。但是一个人谈判只适用于谈判内容比较简单的情况，面对复杂情况时，对个人能力素质要求很高；谈判中个人决定权较大，容易有暗箱操作，或者出现问题难以解释清楚。涉及较复杂的商务谈判往往以小组方式进行。

团体谈判的优点在于能够满足谈判中多学科、多专业知识的需要，取得知识结构上的互补与综合的整体优势。此外，多人参加谈判可以形成群策群力、集思广益的集体进取心与对抗力。但是组织谈判小组并不等于参加谈判人员越多越好，人员过多也会形成不好管理、容易出现漏洞、被对方钻空子的局面。因此，综合各方面的因素来看，谈判小组保持在4～5人效果最佳。

(二)谈判小组的人员配备

1. 谈判人员的构成

按照人员的专业特长分工：工程技术人员负责技术性条款的谈判；商务人员负责价格、交货、风险划分、支付条件等条款的谈判；法律人员负责合同条款的法律界定，草拟合同文本；语言翻译人员负责翻译工作。谈判小组内部成员的分工与配合工作的关键就是要确定主谈人与辅谈人各自的责任以及他们之间的配合关系。

2. 谈判人员的选择

谈判人员应具有"T"字形知识结构，"T"字形知识结构是指谈判人员不仅在横向方面有广博的知识面，而且在纵向方面也要有较深的专门学问，两者构成了一个"T"字形的知识结构。此外还应具备敏锐的洞察力、巧妙运用谋略能力、较强的心理控制能力、角色扮演能力、"倾听"能力，有自觉遵守行为规范的意识。

选择谈判人员必须遵守三个原则：一是以德才兼备为标准，选择有较高的政治觉悟、较好的业务水平并掌握必要的谈判技巧的人作为小组成员；二是要扬长避短，选择在此次谈判中能够较好地发挥优点和长处的人参加谈判；三是发现、培养优秀的人才，优秀的谈判人才是在实践中锻炼出来的。由于谈判工作的复杂性，选择谈判人员要非常重视被选人员的整体素质。具体而言，合格的谈判人员应具备如下素质。

(1) 在思想品德上，遵纪守法，忠于职守。

(2) 在作风上，有强烈的事业心、进取精神和高度的责任感，既能坚持原则，又有必要的灵活性和弹性，具有创新精神。

（3）在业务上，有良好的专业基础知识，特别是熟悉本次谈判所涉及的有关专业方面的内容，熟练掌握谈判技巧，能灵活有效地把自己的知识发挥出来。

（4）能分清主次，抓住重点；思维敏捷，思路开阔，决策果断。因为在谈判中对方也许会用许多细枝末节的问题纠缠己方，以掩盖主要问题，所以作为谈判人员要善于抓住主要矛盾，果断决策。

（5）善于倾听对方意见并把握对方意图。有些人"思维敏捷"，往往对方的话刚说到一半，他就自以为领会了对方意图而迫不及待地发表自己的意见，这是不可取的。只有在全部理解和把握对方意图之后才可采取行动。

（6）有丰富的学识和较高的外语水平，语言表达能力强。

（7）善于与不同国籍、不同信仰、不同等级的人相处共事。

（8）既有独当一面、独立作战的能力，又善于与他人配合，一致对外。

（9）言行风趣幽默，体魄健全。

🔖 【资料链接】

选人用人之道

司马光在《资治通鉴》里对人有过这样的论述：夫聪察强毅之谓才，正直中和之谓德。才者，德之资也；德者，才之帅也。……是故才德全尽谓之圣人，才德兼亡谓之愚人，德胜才谓之君子，才胜德谓之小人。凡取人之术，苟不得圣人、君子而与之，与其得小人，不若得愚人。(德是第一位。德是人之根本，有德无才，谓之缺才，如若用此人不会毁你大业，无大的建树，那叫缺才，你只能量其才而用之，况且才干，可以通过后天的培养、积累逐步提高；有才无德，谓之缺德。如若用此人，即使小用，也犹如堤坝之蚁穴，危险啊。你给以多大的权力就能够铸就多大的错误。德的培养不易，它受内外因影响，比如自小家庭教育、环境熏陶等。所以，缺才之人可以量才使用，并且有可塑性；缺德之人不可取，给多大的权犯多大的罪。)

司马光还在《资治通鉴》中记载过这样一件事。晋国的智宣子决定立智瑶为继承人，智果说，智瑶有超越他人的五项长处，才艺双全，能言善辩，坚毅果敢。虽然如此但很不仁厚。如果他以五项长处来制服别人长处而行不义之事，谁能和他相处？立智瑶，晋氏宗族一定灭亡。智宣子去世，智瑶当政，在兰台宴饮，席间戏弄侮辱韩康子，之后无缘无故强索韩、魏、赵领地，最后，三国联军，将智家族人全部诛灭。

从上面的案例中我们可以看出，如果用错了人，就会引致恶果。同样地，谈判中如果选错了谈判人员，就会造成不良后果。因此，我们一定要引以为鉴，慎重选择谈判人员。

（资料来源：本书作者整理编写）

3. 配备谈判人员时应注意三个方面的问题

（1）应尽量选择"全能型的专家"。所谓"全能"是指通晓技术、商务、法律、金融和语言知识的人员。作为谈判人员，特别是经常参与重大项目谈判的人员，应努力将自己培养成具备这几个方面知识的全才，同时又特别精通其中的某一个方面。如果一个谈判人员，只知道商务和法律方面的知识，而对技术方面一窍不通，在谈判时涉及技术条款方面就会显得很被动，己方谈判人员之间的配合也就比较困难，无疑降低了己方的谈判实力。如果己方技术人员、商务人员、法律人员各持己见，谈判工作就更加难以协调，对谈判工作极为不利。

(2) 谈判小组中配备一个懂业务和技术术语的翻译也十分重要。即使己方其他人员精通对方语言，最好也配备一名专职译员。因为谈判是一项十分紧张，耗费大量脑力的活动。谈判的整个过程是不断根据临场的信息组织调整思路的过程，尽管谈判人员通晓外语且在谈判前有较充分的准备，但仍会在谈判中遇到一些语言问题。配备翻译使谈判人员得到改正失误的机会或借口。另外，谈判人员可以利用译员复述的这段时间观察对方的反应，决定下一段的措辞和验证己方运用策略的效果。有经验的谈判专家认为，译员复述这段时间，正是主谈进行观察思考的有利时机。

(3) 在配备人员时，还应从业务洽谈实际情况出发，配备一名领导人员负责协调整个谈判工作。一般此人往往是在公司的业务经理中产生的。他应具备两个条件：一是应有的专业技术知识，而且他的领导能力要强；二是对谈判出现的利害得失具有高度责任心。谈判小组的负责人并不一定是所谈业务的技术专家，但他必须尽可能全面掌握谈判所涉及的各方面的知识。这样才能有自己独到的见解，并采取更有效的工作方法。

4. 谈判人员的分工与支持

1) 主谈人

主谈人负责组织召集会议，确定谈判目标；控制谈判进程；做出开场陈述；进行议程谈判；听取专业人员建议，保证谈判的合理性；协调谈判班子意见；决定重要事项；代表己方在合同上签字；就谈判结果向上级汇报。

对主谈人的要求有：思维敏捷、口齿伶俐，知识、经验丰富；能从复杂的谈判信息中抓住重点，掌握主动权；能运用科学的逻辑和推理与对方交流，并说服对方接受己方方案；能统率全军，团结大家。

2) 辅谈人

辅谈人是除主谈人外的谈判人员，包括：技术人员，职责是阐明己方参加谈判的技术条件，弄清对方条件，找出双方的分歧与差距，向主谈人提出解决问题的建议；财务人员，职责是掌握项目总的财务情况，了解对方在项目上的利益期望值，分析计算谈判方案变动所带来的收益变动，为主谈人提供建议，在正式签约前对合同提出财务分析。

3) 谈判人员的相互支持

谈判人员的相互支持是指谈判人员之间思路、语言、策略的互相协调，行为步调一致。要明确各类人员之间的主从关系、呼应关系和配合关系。

(1) 在谈判时主谈人与其他人员(辅谈人)的配合。

主谈人是谈判工作能否达到预期目标的关键性人物，其主要职责是将已确定的谈判目标和谈判策略在谈判中得以实现。主谈人必须与辅谈人密切配合才能真正发挥其作用。

① 在谈判中，己方一切重要的观点和意见都应主要由主谈人表达，尤其是一些关键的评价和结论更得由主谈人表述。辅谈人不能随意谈个人观点或说与主谈人不一致的结论，要配合主谈人，起到参谋和支持作用。

② 在主谈人发言时，辅谈人自始至终都应支持。可以通过口头语言或肢体语言做出

赞同的表示，并随时拿出相关证据证明主谈人观点的正确性。

③ 当对方集中火力，多人多角度攻击主谈人时，辅谈人要善于使主谈人摆脱困境，从不同角度反驳对方的攻击，加强主谈人的谈判地位。

④ 辅谈人充当"黑脸者"的角色。"黑脸者"的主要任务是在谈判过程中，根据不同的情况，采取强硬的态度，有意去激怒对方，使对方怒中失态，怒中出错。特别是当有些问题不便由主谈人或负责人出面拒绝或否定时，"黑脸者"就应挺身而出，毫不留情地加以拒绝或否定。尤其是当己方主谈人处于被动或困境时，"黑脸者"要采取强硬立场，"引火烧身"，转移对方的视线，以解脱主谈人的困境。

⑤ 辅谈人充当调和者的角色。调和者就应把握时机和分寸，为防止僵局扩大，以调和的姿态，缓和的口气，再借助"诚恳"的态度，温和的言辞，提出似乎"合情合理"的条件，这种做法是很明智和策略性的。要知道在商务谈判中如果在出现僵局之前能及时采取措施挽救，不但可以避免不愉快事情的出现，有时还可"因祸得福"，获取对方以让步或优惠条件作为报答。因为双方都不希望出现僵局，如果能采取措施避免对方的不快，对方当然会表示感谢。

⑥ 当主谈人提到辅谈人所熟知的专业问题时，辅谈人应给予主谈人更详尽、更充足的证据支持。如在进行合作商务谈判时，专业技术人员和法律人员应从技术的角度与法律的角度对谈判问题进行论证并提供依据，给予主谈人有力的支持。主谈人与辅谈人的身份、地位、职能不能发生角色越位，辅谈人不可以因为自己在某一方面的特长而喧宾夺主，否则谈判就会因为己方乱了阵脚而陷于被动。

⑦ 可以运用"游击战"的策略进行人员间的配合。在谈判中各个角色应有意识地调换，使对方捉摸不透，也免于己方某一角色成为对方的众矢之的。在谈判中如果一个人的长处被对方设法避开了，弱点却被对方死死抓住，即使是一个天才也容易冲动，防线一旦被攻破，要么冲动、愤怒而失态，要么气缓而消沉。因此在对方尚未攻破己方组员前及时调换其所充任的角色是十分必要的。

(2) "台上"和"台下"的配合。

在比较复杂的谈判中，为了提高谈判的效果，可组织"台上"和"台下"两套班子，台上人员是直接在谈判桌上谈判的人员，台下人员是不直接与对方面对面地谈判，而是为台上谈判人员出谋划策或准备各种必需的资料和证据的人员。主要有以下几种情况。

① 台下人员是负责该项谈判的主管领导，可以指导和控制台上人按既定目标和准则行事，也可以是台上人员的幕后操纵者。台上人员在大的原则和总体目标上接受台下班子的指挥，敲定谈判成交时也必须得到台下人员认可，但是台上人员在谈判过程中仍然具有随机应变的战术权力。

② 台下人员是各种专业参谋，如法律专家、贸易专家和技术专家等，他们主要向台上人员提供专业方面的参谋建议，台上人员有权对其意见进行取舍或选择。当然，台下人员数量不能过多，更不能过多地干预台上人员，要充分发挥台上人员的职责权力和主观能动性，争取实现谈判目标。

(3) 谈判小组成员相互支持经常采用以下方法。

① 夸大地介绍本组成员，但要注意分寸。

② 必须肯定本组成员提出的问题。

③ 对主谈人表示尊重和支持，如不断地点头、目光注视、不时传递信息等。

④ 组内互相通气。

⑤ 己方成员出现错误时想办法为其开脱。

(三)谈判小组的其他配备原则

1. 根据项目的大小和难易程度来确定谈判小组的阵容

在确定谈判小组阵容时，应着重考虑谈判主题的大小、难易程度和重要性等因素，以决定选派的人数。如果是一对一谈判，那么对于参与谈判的人来讲要求很高。谈判人员应将自己训练成为多方面的专家，一旦谈判项目需一人上阵，就可发挥作用。但是当项目很大时，应考虑选派一个小组来参与谈判。至于谈判阵容及参加人员的多少及成分，可因项目不同而定。通常情况下，有关商品交易的谈判，可由主管该项目的业务人员参加。如果是重要的交易则应由总经理作为主谈人。对于技术引进的谈判，可由业务人员、技术人员、法律工作者共同组成谈判小组，在统一领导下，分工负责，协同工作，最终完成任务。

2. 依据项目的重要程度组织谈判小组

一些内容复杂的大型交易，如技术引进项目、合资经营项目、在外地投资项目等，必须组织一个坚强有力的谈判小组。

3. 依据对手的特点配备谈判人员

一般对手的谈判成员是由雇主聘请技术咨询顾问，负责审查欲购商品的质量、技术性能指标，并提出修改意见，以满足其特殊要求。同时聘请法律顾问洽谈商务条件，然后运筹出最佳方案提交雇主裁定。因此己方配备的谈判人员必须与之匹配，聘请精通技术的工程技术人员和精通各种贸易和商务条款的专业人员，负责运筹技术、商务和法律方面的业务。对于专业化谈判小组的人员来讲，必须懂技术、精通国际贸易，并能用外语直接与客商谈判。

4. 依据谈判的分工特点配备谈判人员

通常情况下，参加谈判小组中的人数不宜过多。作为高效的谈判集体，其内部必须进行适当而严密的分工协作，内部的意见交流必须畅通无阻。

要达到这种有效工作要求，谈判小组的规模过大是不行的。从管理幅度来看，一个领导者能有效地管理其下属人员的数量是有限的。在谈判中，既需要充分发挥个人的独创性和独立应变能力，又需要内部协调统一，一致对外。此外，谈判经验告诉我们，即使是大型项目的谈判，其所涉及的专业知识很广，但在谈判的不同阶段，牵涉到的主要知识种类也是有限的，这意味着谈判并不需配备具有各种专业知识的人同时参加，只要对谈判小组成员进行调整，就可以完成任务。有时也可以请某方面的专家、学者作为谈判小组的顾问，这样更能提高谈判的效率。

第三节　对谈判的管理和控制

一、对谈判人员的管理和控制

谈判是一个复杂的过程，要使谈判成功，需要对谈判的计划执行情况进行管理和控制，才能不偏离方向。对谈判的管理和控制就是对谈判人员的管理和控制，因此需要对谈判人员的心理和行为有充分的了解。

(一)满足谈判人员的心理需要

谈判人员的行为是由其心理决定的，其行为表现的类型主要有进取型(以取得成功为满足)、关系型(以与别人保持良好关系为满足)、权力型(以对别人和谈判局势施加影响为满足)。因此可以把谈判人员分为以下三类，并在谈判中给他们安排不同的角色，满足他们的需要，更有利于谈判的成功。

1. 对成功期望很高、对关系期望很低、对权力期望很高的人员的使用

在谈判中，这种谈判人员，凡是他认为重要的东西，都无所顾忌地争取，对他所代表的企业有时却不以为然。由于他在人事关系上不寄予高的期望，所以他不十分在乎领导和同事的看法，有功则沾沾自喜。此外，他还采取强权的办法求得利益，极力地向对方施加压力。对这种人可以让他负责控制谈判的进程，让他第一个陈述，以满足他对权力的需求，从而使他觉得自己获得了一种特权。但同时还必须有策略地控制住谈判进程，坚持有一个明确的计划，并使这个计划贯彻始终。所以管理者要注意把目标定得相对合理，此类人员受成功欲望的驱使，就可以让其经过艰苦努力后，达到这一有限的目标，从而使他得到获胜心理的满足。

2. 对成功期望很高、对关系期望很高、对权力期望很低的人员的使用

这种类型的谈判人员也渴望获得成功，希望与领导和同事共同分享成功的快乐，他不仅求得与领导和同事友好相处，也较多地注重与对方人员保持友好关系。他热衷于关系而不追求权力，这就意味着他在谈判过程中更容易处于被动地位，与这种人谈判成功的概率极大。如果他与一个权力型的人谈判，他极可能被操纵。如果他受过极为良好的训练，或许会取得令人满意的成果，因此此类人员可以做调和人员。

3. 对成功期望一般、对关系期望一般、对权力期望一般的人员的使用

此类谈判人员的特点是，他对关系和对权力的要求相同。他认为，对权力要求过高可能使对方产生敌对情绪，所以只希望能够影响对方而不是支配对方。一般来说，这种人能够与对方建立友好关系，能够满足公司及同事的要求。他能够有力控制谈判过程，能把自己的意志体现在谈判内容和谈判过程中，他的成功只要人们满意而不期望特别的赞赏。他随时有可能在高压下做出让步，他愿意有个较为满意的结果而不愿意使谈判破裂。在谈判领域，这种人被认为是最为理想和具有潜力的。但其必须是在受过良好的训练和他本人有足够的智慧的前提下，才可以作为谈判的负责人。

(二)对谈判人员的激励

对商务谈判的管理应该以激励谈判人员为主，对谈判人员的激励有物质和精神两种。物质方面是指外在报酬，如奖金或实物等；精神方面是指内在报酬，如表扬、提升。管理理论认为，应该根据不同人员的需求特点采用不同的激励因素，而且要注意物质激励与精神激励相结合。

对谈判人员的激励方法有下列几种。

(1) 对取得的成果进行肯定和鼓励，如对谈判人员给予表扬、公布成绩、授予荣誉称号等。

(2) 对其工作的信任。

(3) 安排更重要的工作。

(4) 提升、学习。

(5) 物质上的奖励。

(6) 提高福利、增加假期等。

(三)对谈判人员的监督

为了使谈判能够向成功的方向发展，需要对商务谈判的过程和人员进行监督和控制。监督和控制的手段很多，常见的有下列几种。

(1) 对现场的直接监督与控制。

(2) 对通信的监督与控制。

(3) 通过完善的制度进行自动监督与控制，如报酬制度、地域分派制度、销售配额制度和费用控制制度等。

(4) 通过商务谈判人员的工作报告来控制。

(5) 通过定期集会来控制。

(6) 通过内部舆论进行监督与控制。

(四)提高谈判队伍的团队意识的管理

实践告诉我们，在实际谈判工作中，商务谈判人员由于目的不同、需求不同、经历不同及观察事物的方法不同，因而会常常产生矛盾和冲突。为了使谈判团队能够顺利地完成谈判任务，需要提高谈判队伍的团队意识，以保证谈判组织团结和协调，使谈判人员能很好地合作。

具体应该做好以下几个方面的工作。

(1) 使谈判人员认识到共同的职责和职权。

(2) 树立企业精神。要信任谈判人员，给予其较大的自主权与灵活性，让谈判人员掌握谈判中的问题、机会和目标，这样会使谈判人员更具有责任感。

(3) 尊重所有的谈判参与人员。辅助性人员应同一线谈判者共同制订谈判计划，使谈判计划更周密，使所有参与谈判的人员得到尊重。

(4) 加强信息交流。保持辅助人员与一线谈判人员之间的联系，使他们在谈判过程中相互支持，彼此监督，协调相互间的利益问题，并根据谈判形势的变化而修订计划。

(五)在谈判过程中对谈判人员进行指导和调控

高层领导应与谈判人员保持密切联系,随时给予谈判人员指导和支持。谈判内外的情况在不断发展变化,谈判桌上有些重要决策需要高层领导批准。有时谈判外部形势发生变化,企业决策有重大调整,高层领导要给予谈判者及时指导或建议,对谈判队伍进行指挥。一般在遇到下述情况时,高层领导对谈判人员必须进行指导和调控。

(1) 谈判桌上出现重大变化,与预料的情况差异很大,交易条件变化已超出授权界限,需要高层领导做出策略调整,重新确定目标和策略。

(2) 企业本部或谈判班子获得某些重要的新信息,需要对谈判目标、策略做重大调整时,高层领导应及时根据新信息做出决定,授权给谈判班子执行。

(3) 谈判人员发生变动时,尤其是主谈人发生变动时,要任命新的主谈人,并明确调整后的分工职责。

(4) 谈判的关键时刻,高层领导应该适当干预谈判。

(5) 当谈判陷入僵局时,高层领导可以主动出面干预,可以会见谈判对方高层领导或谈判班子,表达友好合作意愿,调解矛盾,创造条件使谈判走出僵局,顺利实现理想目标。

总之,对商务谈判的管理,需要考虑的因素很多,包括谈判人员的选择与配置、队伍的规模、内部的分工与合作、激励与控制等,只有对这些问题进行全面的分析研究,才能针对实际情况采用合理的管理方式,使谈判向有利于成功的方向发展。

二、对谈判地点的选择

谈判地点的选择,对谈判人的心理、谈判形势的控制都有不小的影响。一般来说,谈判双方都愿意在自己的国家谈判。在本国谈判,有关的一切行政事务乃至食宿款待都将由本国安排,这就会给己方带来心理上的优势。常言道:"被求者身价贵。"此外,还能节省一笔出国的差旅费。但在国内谈判也有缺点:易受许多无关杂事的干扰;要花费一定时间照顾对方;在遇到不易决定的事情时,无法寻找借口拖延时间。

在对方国谈判的优势在于:首先,谈判人员可以全心全意地参加谈判而没有任何外界干扰;其次,对方无法借口无权决定问题而故意拖延时间;最后,由于谈判小组在国外,领导无法直接干涉其工作,反而给谈判负责人以更多的灵活性。

三、信息传递工作的准备

信息传递是特指在国外的谈判小组如何与国内进行联系。这种联系的需求是双向的:一方面是在国外的谈判小组需要征求总部的意见,另一方面是国内的管理部门需要及时了解国外的谈判进度。原则上讲,这种信息传递越少越好,原因如下。

(1) 与国内联系以后才做出决定往往会延误签约的最佳时机,尤其是当这笔交易具有一定的竞争性时,如果其他竞争者能当场拍板,那么这将对本企业产生不利影响。

(2) 在国外的谈判小组向国内总部汇报时,经常会受到通信设备的限制,因此往往无法用简短的电文将谈判所遇到的各种问题及产生这些问题的特殊气氛表达清楚。

(3) 如果通信设备不可靠,保密性差,一旦秘密泄露,后果将不堪设想。

(4) 如果一遇到问题就向国内汇报,既会影响谈判人员的士气,也有损于谈判人员在国外谈判人员眼中的形象。

因此,在准备谈判方案时,应尽量把一些能确定的事项由谈判负责人与总部事先确定下来,以便把谈判中的不必要联系减少到最低限度。

(一)如何向国内汇报

向国内的领导者做汇报不是一件容易的事,要使信息传递做到准确而不使人误解就更难了。例如,某个谈判负责人由于特殊原因在一项问题上做出让步而达成一项交易,并向国内经理汇报,国内经理可能会因为成交条件与原定条件相差较大而不理解谈判小组的行动。

"没有消息就是好消息",这句话也适用于谈判中的信息传递。如果谈判在预定范围内进展良好,谈判小组也就没什么可汇报的了。然而如果没有消息,人们对所关心的事物会本能地产生一种不安全感,并希望通过掌握各种信息来消除这种不安全感,这时只要有"进展顺利"这四个字即可解决问题,而冗长繁复的电文则易引起误解。在联系方式上应采取谈判小组负责人与上级领导之间的单线联系,即使是谈判小组内某些谈判成员需要就有关问题与国内相应的职能部门领导进行联系,也应先通过谈判小组负责人进行联系,然后再找到有关人员。这一过程看上去似乎费时、费力,但有利于谈判小组负责人真正掌握谈判全过程,而且也有利于其审核这种联系的必要性及安全性。应当说明的是,谈判小组成员不可以向领导越级汇报并用领导的意见同谈判小组负责人抗衡。

(二)联系的保密工作

在国外谈判小组的行动常常会受到谈判对手的监视,信息也容易被窃取。因此,在谈判小组与国内联系时一定要小心谨慎。这里最有效的办法便是密码与暗语的运用。在谈判的准备阶段就应该明确是否采取这种方式进行联络,在谈判前就使联络双方明确密码或暗语的代号及翻译方法。

谈判的安全
保密工作.mov

四、其他行政事务的准备

在谈判的准备工作中,谈判人员不能忽视的一项工作,就是对有关的行政管理事务做好周密的安排。

(一)在国内谈判

如果谈判在国内举行,东道主一方就要多费点心,既要安排好谈判又要照顾好对方。因此谈判人员应力求把各项事情安排得有条不紊,以保证谈判能取得圆满成功。

(1) 谈判间的选择。选择谈判间时,首先要注意其周围环境要幽静,不易受外界干扰。其次,房间面积要大小适中,能够容纳双方谈判人员且不显得拥挤;房间布置要温馨,灯光明亮,色彩明快。另外,最好在谈判间准备好投影仪、摄像机等设备,但不要装电话,以防干扰谈判正常进行。

(2) 谈判桌的选择。谈判桌有两种:一种是方形谈判桌,另一种是圆形谈判桌。使用方形桌,双方人员对面而坐,容易给人对立和严肃的感觉。而使用圆形谈判桌,则容易使大家感受到一种和谐一致的气氛，交谈也比较方便。此外，也可不设谈判桌，大家随便坐在沙发上，轻松会谈，增加友好气氛。

(3) 谈判座位的安排。座位安排通常是各自分开而坐，使用方形谈判桌时会使用这种坐法，这样从心理上会产生一种安全感，而且便于查阅一些不便让对方知道的资料。双方座位距离的远近安排上要把握以下原则：既不要排得太紧，这样双方会感到拘束、不舒服；也不要离得太远，这样双方交谈不方便，也会产生一种疏远的感觉。因此，一定要把握适当的距离。

(4) 在谈判间旁边应有 1～2 间的休息室，以备休会时使用，休息室里应装有电话。

(5) 应安排 1～2 名秘书在附近的办公室里值班，以便传递信息、复印或缮印文件。

(6) 谈判中间的茶点招待要安排得恰到好处，以营造成一种自然的会间小憩，比较理想的场所是在休息室里。这样可以使双方借机会再磋商一下会上不方便提出的问题，同时可以缓和一下谈判的气氛。

(7) 作为东道主的谈判人员还应为对手做好妥善的生活安排，考虑他们的生活习俗，在食宿安排上尽量让对方感到舒适，这有利于营造良好的谈判气氛。

(二)在国外谈判

如果在国外谈判，除非本公司在当地已有分支机构来安排一些事务，多数情况下，出国谈判者须提前做好安排。

(1) 准备好印有本企业抬头的信笺和名片，特别是名片，一定要专门印制，要有东道国的文字，使对方一看就懂，还要把小组中高级职员的重要头衔都写上去，以吸引对方的注意力，因为在许多国家，经理一类的头衔已经显得很普通了。

(2) 带好与谈判有关的各种数据资料，尤其是下列资料：①该国的经济情况；②该国金融情况及其他项目的投资情况；③通货膨胀情况；④当地工人和职员工资级别情况；⑤工会活动的情况；⑥谈判所涉及的行业情况；⑦对方谈判者对本企业的兴趣如何；⑧法律、保险条例、工人福利等方面的变动情况。

(3) 带好其他一些常用的办公用品，如计算机、打印机等。如果想使用国外的办公用具，但又担心信息泄密，那么还是自己身边有一个办公用品箱比较方便。

(三)谈判的安全保密工作

谈判的安全保密工作往往会被人们忽视，而一旦出事就会给己方利益造成严重损失。因此，在谈判准备期间就应对安全保密工作做好详细计划，在任何时候都不能放松。

一个人对待安全保密工作的态度，往往取决于他是如何看待泄密起因的。有的人认为，只有遇到那些故意窃取情报的人才会造成泄密；有的人则意识到，自己的疏忽也会给对方以窃取情报的机会。即使谈判人员有第二种想法，也难以保证不出问题，因此，谈判人员最好在谈判前就能养成良好的安全保密习惯。

(1) 不要在公共场所，如机舱内、车厢里、出租汽车内及旅馆过道等处谈论业务问题。因为在这种地方谈话容易被人偷听，不要相信外国人只懂本国语言。

(2) 不要给对方留下窃密的机会。一是在谈判间隙，不要将谈判文件留在洽谈室，如果无法带走的话，就要保证自己第一个再度进入洽谈室；二是不要把自己的谈判方案暴露于谈判桌上，特别是印有数字的文件；三是如果自己能解决的话，尽量不要让对方复印文件等，如果不得不这样做的话，要在自己一方人员的监督下，请对方协助做好这项工作。

（3）不要轻信旅馆的服务员、电话总机员，让其去发送信息，这样往往会给服务员造成出卖情报的机会。在某些国家，这还是一种职业。

（4）不要过分地信任本公司在当地聘用的代理人或服务人员。如果他们一旦认为你给的报酬较低，就可能会背叛你。

（5）务必把所有的文件都锁在一个安全可靠的地方，千万不要随意乱放。

第四节　谈判计划的拟订

谈判计划是谈判人员在谈判前预先对谈判目标的具体内容和步骤所做的安排，是谈判人员行动的指针和方向，也是整个谈判活动的行动纲领。因此谈判计划历来深受商务谈判人员的重视。谈判计划有狭义和广义之分。狭义的计划又称"静态计划"，就是谈判前制订的计划；广义的计划又称"动态计划"，就是在狭义基础上根据实际的谈判过程，不断修订和调整的计划。我们分析的是狭义的计划制订。

谈判计划的拟订-
谈判计划的要求.mov

谈判计划的制订是建立在对谈判环境因素的分析，对谈判对手情况的了解和对谈判双方实力的正确评估的基础上的。其主要内容是确定谈判的主题、目标、议程以及基本战略。

一、谈判计划的要求

(一)简明扼要

谈判计划要做到简单明了，重点突出，使谈判人员对主要问题留下深刻的印象，能够对其加以准确把握。

(二)具体可行

虽然谈判计划要做到简明扼要，但也要同具体内容相联系，并且具有一定的可行性，这样才会起到指导行动的作用。另外，应避免面面俱到。

(三)灵活可变

谈判计划只是谈判前己方的主观设想，不可能把影响谈判过程的各种随机因素都估计在内，因此谈判计划应具有灵活性。对于一些无规律可循又不可控的因素只制订大体的计划，以便在谈判中随时根据形势的变化做出调整。

二、确定谈判的主题和目标

(一)建立谈判目标体系

谈判的主题就是参加谈判要解决的主要问题，而谈判目标则是谈判主题的具体化。整

66

个谈判都要围绕主题和目标进行，比如，一次谈判的主题是"以最优惠的条件引进某项技术"，而谈判目标则是"要争取到什么样的条件"。因此，在谈判计划中，谈判主题是一句话即可解决的问题，而目标则需要具体制定。没有目标就不知道自己到底想要什么，没有目标的谈判可能会造成己方让步太大而无回旋的余地，还会造成谈判人员内部意见的不统一。

谈判目标因谈判的具体内容和各方的要求不同，而有明显的区别。按谈判目标的性质分，有挑衅性、竞争性、合作性、保护性目标和综合性目标。谈判性质不同，谈判人员的目标也不同。许多情况下谈判目标是以上几种目标的制衡结果。

按谈判议题不同，目标可分为最佳期望目标、实际目标、交易目标和最低目标。

1. 最佳期望目标

最佳期望目标是指对谈判方来说最有利的一种目标，也可以说是一种最优期望目标，是以最好的结果来设定的目标，它一般是可望而不可及的，因此很少有实现的可能性。尽管如此，这并不意味着最佳期望目标在谈判中没有作用。最佳期望目标是谈判开始的话题。如果一个谈判人员一开始就讲出他实际想达到的目标，由于谈判心理作用和对手的实际利益，他可能永远达不到这个目标。以货物买卖为例，卖方实际只想以 50 万元成交，但谈判一开始，他可能报价 80 万元，这 80 万元就是最佳期望目标，这个数字比他的实际目标多30 万元。显然，除非卖方具有绝对的优势，否则买方绝不可能完全接受这 80 万元的报价。买方完全可能根据了解的信息或者明知对方的底价是 50 万元，为了使谈判进行下去，使主动权掌握在自己手里，就故意压低价格，只同意出 30 万元。如此这般，几经交锋，双方列举各种理由予以论证，谈判结果可能既不是 80 万元，也不是 30 万元，而是 50 万元左右。

如果一开始卖方不报出 80 万元，或买方不还价 30 万元，谈判有可能就谈不起来。在谈判中形成这种习惯的原因极为复杂，涉及心理、信誉、利益，乃至历史成见等因素。因此在谈判中，为了取得更好的谈判结果，谈判一方必须要有自己的最佳期望目标。需要说明的是，最佳期望目标也不是绝对达不到的。当一方处于绝对有利位置时，就可能达成，只是这种情况很少。

2. 实际目标

实际目标是谈判各方根据主客观因素，考虑到各方面情况，经过科学论证、测算后所确立的谈判目标。这是谈判者努力要达到的目标。实际目标也可以说是谈判一方的底牌。如上例中，以 50 万元成交就是卖方所要达到的实际目标。这个层次的目标有以下特点。

(1) 它是秘而不宣的内部机密，一般只在谈判过程中的某个微妙阶段才提出。

(2) 它是谈判人员"坚守的最后底线"，如果达不到，谈判可能陷入僵局。

(3) 这一目标一般是由谈判对手挑明，己方则"见好就收"。

(4) 该目标关系到谈判方要达成的全部经济利益，对谈判人员有强烈的驱动力。

3. 交易目标

交易目标是一种虚拟目标，既可努力争取，也可在必要时放弃。因此这类目标在谈判时有较大的谈判余地。它虽不是硬性目标，但非常重要。谈判能力的高低在很大程度上体现在交易目标的使用上。建立交易目标的用意在于以下两个方面。

（1）在谈判中起到交易作用。也就是说，这类目标的提出和放弃，是为了换取更高级目标的实现，谈判人员扔掉它不会带来任何实质性的经济损失。

（2）在谈判中具有迷惑对手的作用。有时它使对手产生错觉，以为它是主要目标，但实际要达到的是其他目标。

对己方来讲，交易目标绝对不是反映你所要追求的主要目标。交易目标的确定是非常不容易的，定位不准，就可能鸡飞蛋打，结果没有迷惑对手，反倒把自己给迷惑了。对此，应慎而又慎。

4. 最低目标

最低目标是谈判方必须要达到的目标。最低目标和最佳期望目标存在必然的内在联系。在商务谈判中，一开始要价很高，往往提出的是最佳期望目标，这是一种策略，目的是保护谈判人员的最低目标。如果没有一个最低目标作为心理安慰，一味追求最高目标，往往会使谈判僵化，不利于谈判的进程，也不利于己方谈判小组人员心理、行为的稳定。

以上几个层次的目标是一个整体，各有各的作用。最低目标是谈判人员为所要达到的最低利益而明确划定的限值。实际目标是依据实力做出的"预算"，它介于最高目标和最低目标之间。交易目标在目标值上可能与其他目标没有很大的可比性，但存在一定的互补性。因此，企业在确立谈判目标时，一定要在谈判前进行认真的规划。

(二)确立目标的程序

谈判目标的确立一般要经过以下几个阶段。

1. 收集信息并分析谈判形势

要确立有针对性的谈判目标，必须对谈判双方的实力关系进行充分的分析判断。对谈判形势的判断可从以下几个方面进行。①知识。实力来源于知识，谈判人员掌握的知识越多，他的力量就越大。②声誉。实力来源于谈判者的声誉。一个声誉好、交易公正、关心他人的谈判人员形象本身就是一种力量，就是成功的象征。③支付能力。实力与货币支付能力大小最为密切。如果买方身无分文，就根本无实力可言。④利益对比。实力存在于双方利益的动态对比之中。是否具有实力，要看他能否构成对另一方的利益威胁。一方能否打动另一方，尤其要依赖于一方对另一方真正利益所存在的认识、理解和兼顾。⑤价值观念。实力受到社会价值观念的制约。每个社会都有其法律体系、文明习惯和道德风俗等，一个人若拥有这种价值观念，其实力就会增强。⑥实力受市场环境和竞争条件的影响。市场竞争使买卖双方力量的对比发生变化。卖方之间的竞争使买方实力增强，买方之间的竞争使卖方实力有所增强。⑦安全感。实力与安全感相关联。只有使一方感到与对方成交是可靠的和确定的时候，另一方才有实力可言。如果一方总给人不确定的感觉，他就显示不出自己的力量。⑧谈判能力。实力来源于双方谈判能力的对比，如果双方谈判能力相差很大，一方的能力和实力都会成倍增加或减少。⑨地位。实力也可能来源于谈判人员的地位和级别。在关键的谈判中，由级别较高的谈判人员出面会起到较好的作用。⑩关系。实力同样与双方关系和义务有联系。如果双方存在长久友好关系的话，谈判者则不必为琐事而争论。

最后要强调一点，由于环境的不断变化，实力评价和形势判断必须采用动态方法，必须不断地对实力和形势进行再评价和再判断，只有这样，才能确立真正具有针对性的谈判目标。

2. 制定初步可行性目标

在广泛收集各种谈判信息并对谈判双方的实力进行科学分析的基础上，可先由企业领导提出一个主观色彩较浓的目标；接着，谈判人员对此目标进行可行性分析，结合实际情况，提出可能造成影响的诸因素，提出存在的困难和问题，对领导提出的主观目标进行修订、补充，制定初步可行性目标。

3. 确立最终谈判目标

在可行性分析的基础上，由谈判人员对可行性目标进行讨论、研究和修改，最终制定出谈判目标。对于较为复杂的谈判项目，在讨论确定最终目标之后，往往还需要与对方进行探索性的会谈，在取得信息反馈之后，再做进一步的修改，形成正式的谈判目标。当然，这里所谓的最终谈判目标应该是一个目标体系。

三、拟订谈判的议程

谈判议程就是议事日程，它的确定和安排本身就是一种谈判战术，因而对双方都有十分重要的意义。谈判议程包括两个方面的内容：一是谈判议题，即双方在各个阶段将就哪些问题展开讨论；二是谈判日程，即议题的先后顺序与讨论的时间。

(一)确定议题

确定议题的第一步便是将与本次谈判有关的所有问题罗列出来，尽量不要遗漏。因为每一个问题都有双方潜在利益的冲突，而且问题之间都是互相联系的。

然后将列出的问题进行分类，分类依据可以是对己方有利还是不利这一标准，最后努力把对己方有利的问题列入谈判的议题，而把对己方不利的问题尽量排除在外。或者也可将那些对己方不利但危害还不大的问题列入。这样做的目的是使谈判的议题安排有利于己方，进而使整个谈判都有利于己方。例如，在技术转让谈判中，有时转让方把接受方在技术使用、产品的销售与技术转让费和支付等方面的问题一一列入谈判议题，这些方面显然都属于接受方的责任与义务，将它们列入议题自然对转让方有利，但与此同时，转让方却避免将其应承担的责任，像技术保证条款等列入议题，目的是逃避责任。

(二)谈判议题时间安排

谈判议题时间安排的几种情况。第一种情况是先易后难，即先安排对双方都无妨碍，比较容易取得共识的题目，以便为整个谈判营造友好的气氛。第二种情况是先难后易，即先讨论复杂而重要的问题，使双方集中精力解决重点和难点问题，以主带次。第三种情况是混合型，不管重点非重点、难点非难点，一揽子解决，经过一段时间后将已达成共识的挑选出来，继续讨论未解决的问题，最终达成一致。无论采取哪种方式，谈判者都要牢记一个原则：将对己方有利、己方想要得到而对方又可能做出让步的议题放到后面讨论，并尽量少安排一点时间。这样做的目的是以对方的让步作为己方让步的前提与条件，使自己处于主动地位。

当然，谈判的议程绝不会由谈判中的某一方单方面确定下来，往往由双方协商而定。但是，如果一方事先有一个全面的议程安排，并争取以己方拟订的议程为基础进行协商，这无疑会为己方带来较大利益。

除了安排议题的先后顺序外，谈判议程还会决定整个谈判时间的长短。有时这也是一种谈判战术，在时间安排上可以速战速决，以免长而生变；也可以故意拖延时间，尤其是当谈判对手急于成交、表现急躁时，故意放慢谈判节奏，往往会收到好的效果。

【资料链接】

休会战术的作用

山东某大型煤炭集团中心医院，想要利用贷款购买一套日方医疗设备。其故意与以前合作的欧美医疗设备谈判对手在北京见面了。这次谈判和以往不同的是，医院的谈判代表在谈判议程安排上，给自己留出了充足的时间。在北京谈判一周后，就回到集团总部进行休会。结果对该谈判议程的安排起到了意想不到的效果。欧美谈判对手怕丢客户，纷纷主动找上门来。医院代表充分利用了竞争的关系，为自己争取到了好的谈判结果。

(资料来源：袁其刚. 国际商务谈判[M]. 北京：高等教育出版社，2014)

四、制定谈判的基本战略

(一)制定谈判的基本战略的步骤

制定谈判的基本战略，就是要选择能够达到实现己方谈判目标的基本途径和方法。谈判人员要想选择出正确而有效的基本战略，就必须对谈判双方的实力及其影响因素做出细致的分析研究。

选定基本战略的第一步，就是要分析确定对方在本次谈判中的目标是什么，最想得到的是什么，可以做出让步的是什么，什么是其实现目标最有利和最不利的因素。如果谈判人员能够正确地判断出对方的谈判目标，便可在谈判中有针对性地把握谈判的"度"，即利益界限。如果谈判人员知道了对方最想得到的利益，而这些利益对于己方又无关紧要，谈判人员就可让对方得到这些利益。但是在满足对方这一需要的同时，要使他们在其他方面做出让步。

选定基本战略的第二步是确定当己方争取最大利益时，将会遇到哪些阻碍，对方会提出什么样的交换条件，并确定己方的战略：是否接受对方的条件，将在多大程度上接受，如果不接受又如何清除上述障碍。

选定基本战略的第三步是要求在谈判中对对方可能提出的问题和要求有所准备。

谈判中任何战术的实施都应服从整体战略，也就是说，在谈判全过程中是采取说服的姿态还是强制的手段，是采取进攻策略还是慢慢施加压力都应服从整体战略。只有在通盘战略指导下实施灵活的战术，才能取得最佳效果。

(二)赢得个人信誉是谈判战略实施的关键

1. 确立个人信誉

个人信誉是取得谈判成功的最重要的品质。通常，可信的谈判人员的一般品质表现为：

充满信心，表情轻松；做事不浮躁，不傲慢无理；事先进行充分的准备与组织，精明干练而不自以为是；见多识广；做人、做事诚实、认真，言行一致。

2. 信用产生与保持

当出现下列情况时，谈判人员往往会对对方产生信任：对方为自己熟悉；对方依赖己方；对方在过去的交往中表现出合作与信任；对方能用果断明确的行为与己方交往；对方在谈判议题上有一定的灵活性，愿意为共同解决问题做出努力。

谈判人员可通过发展人际关系来建立信誉。人际关系可以产生信任，当经谈判人员尊重的第三人推荐时，往往能帮助建立信任。

谈判人员可通过使对方与自己产生认同而赢得信誉。认同是指按其他组织或个人的举止与规范调整自己的行为。人们一般总是希望做出内行的行为，然而同情和理解或许更有助于产生认同。从同情中培养认同的原则是：①关心对方切身利益胜过关心其所持观点；②按客观的价值标准或公平的尺度考虑对方的利益；③不要卷入私人问题中。

消极认同会导致失信。不注意公平的人很难得到别人信赖。

3. 针对"信任我"的谈判者的对策

在初次交往中，有的谈判人员用口头表示自己是诚实的，对方应当信任自己。对此口头承诺是需要通过时间来进行验证的。如果碰到这样的谈判人员，首先，应指出书面协议的必要性，并说明书面协议的成立不应附带任何独立的、无论其源于何处的口头条件；其次，指出核查对方信息来源的必要性；最后，把人与事分开，以减少冲突，并举出国际上的常规做法。

(三)选择成功的谈判战略

关于是否让步、如何让步、怎样让步，在今后谈判磋商过程中还要根据具体情况予以实施。在谈判之前，应就现有的信息预先进行谈判战略的安排。

1. 不让步

谈判人员通常总是期待对方让步，因而不让步战略是强硬和危险的。商务谈判中，不让步战略只要一经宣布，就变成一个单向程序，可能达成的协议只能由最初提出方案的那一方决定。除了在不允许做重大让步的前提下对条款稍有调整外，最初提案方就没有考虑其他条款的余地了。

不让步战略的使用时机是：当己方在力量对比中明显占上风的时候；或者恰恰相反，当己方处于一个弱者地位时；当己方有多种可能选择时；当谈判中涉及的合同金额太少或时间有限时。最后，在招标业务的谈判时，招标谈判人员往往采取不让步的战略。

偶尔，谈判人员也可放弃不让步战略。如果是这种情况，可能是谈判人员将不让步战略作为威胁对方企图的破产，也可以看作原来立场的转变。当面对的谈判人员采用不让步战略时，可选择的对策如下。尝试与对方谈判代表的上级谋求协商，以此来迫使谈判对手改变态度。或者不理会对方的要求，把谈判看作在进行可让步的交涉。提出双赢方案，以此来证明让步的合理性。如果己方是提供产品和服务的卖方，就减少提供内容；如果是买方，就多提要求。调整谈判方案，增加新的信息作为对策来使用，如披露最新信息、创造事实、加入新议题、造成僵局、设置意外情况等。而最后一种选择就是终止谈判。

2．不再让步

不再让步战略只有在情况发生变化，或者有可能强制对方做出最后让步时才是可行的。不让步战略一般用于谈判开场时，而不再让步战略是在经过几次妥协后才开始实施的。不再让步战略一般指谈判人员采用时并非已经触及己方的谈判底线，而是因为这样可以迫使对方接受其条件。与那种接近谈判底线，拒绝再做退步的行为完全不同。

与不让步战略相比，除应用的时机不同外，凡不让步战略应考虑的问题也适用于不再让步战略。

3．仅为打破僵局而让步

在不惧怕协议失败时，采用为打破僵局而让步的战略是有效的。然而，仅为打破僵局而让步往往被对方视为软弱。

4．以一系列小的让步实现高的现实性期望

以一系列小的让步实现高的现实性期望是指把高的现实性期望与一系列小的让步结合在一起的战略。一般而言，谈判人员先对自己的谈判目标制定一个足够高、成功概率较大的期望，通过一系列事先安排好的措施，做出以合理、正当为基础的小的、可交换的让步，从而取得最佳效果。

针对这种战略的对策是"以其人之道，还治其人之身"，实施不让步、不再让步、仅为打破僵局的让步和解决问题等战略。

5．让步在先

如果己方在谈判时不愿意让步太多，先让步是一个可取的战略。这样，在不暴露自己弱点的同时，还可以为己方在以后的谈判中向对方提出互相让步的要求创造契机。这种战略的使用能消除对方的紧张和疑虑，产生善意并营造出活跃、和谐的气氛。让步在先的策略通常用于谈判开场时。

一经采用让步在先战略，所做让步对接受一方而言必须具有某种意义上的价值。然而从让步方的角度看，出让的价值绝不能太大，否则可能严重损害随后谈判的议价地位。因此，在决定采用实施让步在先的战略前，应仔细斟酌，谨慎行事。

当己方确实处于较弱的位置上进行谈判时，不应该选用此战略。实施让步在先战略的关键是观察对方的谈判人员。因为该战略的使用效果依赖于他们对此战略的反应。只有当出现某种特殊的谈判局面，让步在先战略的使用才可缓和紧张的气氛，营造出一种有利于达成协议的气氛；或使用后能使对方以为自己处在一个能进一步、更强硬地提出要求的地位。

针对让步在先战略的对策，是在不影响谈判最终结果的条件下，拒绝相互让步。

6．解决问题战略

解决问题是一种通过订立一项程序性协议，双方就谈判议题各自阐述对议题的定义和理解，然后就双方存在的问题进行倡议、提出设想，并就所提的设想进行选择的过程。目的在于解决已被确认的共同问题。

解决问题战略的四个步骤：达成一项用于解决问题的程序性协议；找出双方问题症结所在；明确共同利益和限定各自需求范围；为解决问题而公平地讨论。

解决问题战略实施的基础是：双方有合作讨论解决问题的意向；确保相互信任，双方应该对使用同一方式解决问题有共同兴趣；能找出共同问题，找出存在问题的原因，并就这些问题的解释取得一致意见；努力寻求双赢结局。解决问题焦点集中于谈判双方的需求，把目光放在共同利益上，而非谈判地位方面。从某种意义上讲，解决问题战略始于确定各方实际需求的共同尝试。

当一方实施解决问题战略时，另一方可采取的应对对策是：拒绝参与其中；或悄悄继续使用胜负解决法，但需要通过陈述可信的理由，使其表现为互利的双赢。

7．达成协议以外的其他目标

达成协议并不是一切谈判目标与战略的最终目的。例如，把谈判看作收集信息的拖延战，或把谈判作为发表见解的论坛，等等。

第五节　模　拟　谈　判

一项完整的谈判计划，除了确定谈判目标、安排谈判地点和谈判议程以外，还应该包括谈判的模拟。也就是在谈判正式开始前，根据具体情况提出各种假设，进行有针对性的谈判演习，从中找出计划存在的问题，进行有针对性的改进。

一、模拟谈判的必要性

在谈判方案确定之后和正式谈判之前，之所以要进行模拟谈判，主要的原因有以下两种。

(1) 谈判方案是谈判人员在谈判前根据主观经验所规划的。尽管在这之前人们广泛地收集了各方信息，对影响谈判的各种因素进行了详细的分析研究，对环境未来的发展也做了预测，但影响商务谈判的客观因素总是在发生变化。这种变化可能会产生一些新问题，引发一些新的情况。只有通过模拟谈判，才能使谈判人员及早地发现问题，提出对策，提高谈判的主动性。

(2) 根据心理学原理，正确的想象练习有时甚至比实际行动更有效。人的深层心理或神经系统，根本无法区分实际行动所获得的经验和想象获得的经验有何区别。正确地进行想象练习和实际演习，能提高实际谈判能力。商务谈判是一项即兴表演成分很浓的社会活动，作为这样一项活动，"纸上谈兵"是提高不了水平的。模拟谈判，就是实战演习，它不仅能够检验谈判计划制订得是否科学合理，而且有助于锻炼谈判人员的应变能力，培养并提高谈判人员的素质。在模拟谈判中，人们可以从各个角度提问题，这样就有可能较好地预测对方的各种反应并采取相应的对策。

二、模拟谈判过程

模拟谈判是一个完整的过程，包括拟订模拟假设、实施模拟谈判和模拟谈判总结三个阶段。

拟定模拟假设.mov

(一)拟订模拟假设

进行科学的模拟谈判，首先要拟订正确的模拟假设或臆测。拟订假设是根据某些既定的事实或常识将某些事物承认为事实。社会学研究表明，人际交往的许多行为都是建立在这种假设基础上的。当我们到商店去买东西时，假设把钱给售货员，他肯定会给我们所需要的商品。如果人类交往缺乏这种假设，很难想象社会将会是什么样子。因此模拟谈判完全可以建立在各种科学假设的基础上，而这也是模拟谈判是否有效的关键。

根据假设的内容，可以把假设划分为以下三个方面。

1. 对外界客观事物的假设

对外界客观事物的假设，包括对环境、时间、空间的假设。在这方面，通常我们可以假设外界环境出现了对己方不利的因素时应该怎么办，谈判时间对己方不利时应该怎么办，谈判场所对己方不利时应该怎么办，等等。也就是要多考虑外界客观事物可能对己方谈判造成的不良影响，以便使谈判人员心中有数，遇事不慌。

2. 对对方的假设

对对方的准确假设，常常是商务谈判的制胜法宝。对对方的假设，主要包括谈判对手在谈判的具体内容上可能持有的态度，如对方对商品质量、品种、价格、运输方式等方面的可能要求，对方在谈判中愿意冒险的程度，对方的合作意愿，等等。通过对对方的假设，目的是要搞清楚对方的真实意图，并使己方对以下几个问题心中有数：对方坚决不肯让步怎么办，对方轻易让步怎么办，对方要求加快谈判进度怎么办，对方故意拖延谈判进度怎么办，等等。

3. 对己方的假设

对己方的假设包括谈判者对自身心理素质、谈判能力的自测与自我评价，以及对自身谈判能力、谈判策略、谈判准备等方面的评价。对己方的假设是在对对方的假设基础上所采取的对策。这种对策应建立在谈判双方力量对比和己方谈判目标的基础上，只有这样，才能在客观情况发生变化时相应地采取对策。因此，在处理上述谈判假设三个方面的关系时，应最终落实到对己方的假设上。通过对外界事物和对方的假设，在全面评价自身的同时，提出相应的对策，以便在实战中应用。

无论是哪种假设，都有可能是错误的，不能把假设等同于事实，要对假设产生的意外结果有充分的心理准备。对于假设的结果要小心求证，不能轻易地以假设为根据采取武断的做法，否则，会使己方误入谈判歧途，带来重大损失。例如，当我们假设只要花钱就可买到东西时，如果对方无货，或者对方展示的是样品，或者对方产品质量、规格不合格，那么上述假设就不合理了。

提高假设的精确度，必须区分哪些是事实本身，哪些是自己的主观臆测。从语义学的观点看，"事实"有四种：①能够验证的东西，如物品有重量、光泽，食品可以吃等；②能够共同感受到的东西，如商品要经过生产才能制造出来；③人们共同信仰的理论、真理，如某些科学知识等；④根据真理能够加以推论和验证的东西。

人们经过长期的生活实践，总结出了许多经验，经过反复论证证明了这些经验是事实。因此，人们就往往在大脑中形成了固定的看法，把这些经验和事实等同起来，这就难免犯经验主义的错误。因为事实上，这些经验仍然是假设，而不是事实。例如，经过多次验证，证明了铅笔是木头制作的，面包是面粉制作的……但面对未加证明的铅笔、面包等，上述结论仍是假设。在商务谈判中，心理学家利用人们这种错误认识，诱使对方失利的案例比比皆是。因此，必须谨慎地调查了解，验证假设，不要相信任何一个未加验证的事情或结论。

提高假设的精确度，还要以事实为基准拟订假设。所根据的事实越多，假设的精确度就越高。假如有一家外商企业打算与我们合作，我方做出与对方进行洽谈的准备。通过了解得知，外商的主要情况是：其收益已连续3年呈下降趋势，或其销售额近3年没有变化，企业3年来一直没有开发新产品，开拓新市场等。立足于这几点，在与对方正式洽谈前，我们可以做如下假设。

第一，如果对方的管理体制依然不变，而且不打算开发新产品、开拓新市场，那么该厂明年的效益仍可能降低。

第二，为扭转目前这种不利局面，该厂可能迫切需要技术、人才、资金等，需要转产或开拓新的市场。

第三，在以上这些方面我们与对方合作，即使我方提高要价，采取强硬立场，也可能会取得成功。

应当注意的是，假设是不能建立在假设上的。如上述例子，这家经营不善的企业可能明年收益会继续降低，立足于这个假设还可以拟订以下假设。

第一，明年经营恶化，可能付不清债务。

第二，因为付不清债务，可能无法履行合同。

第三，企业可能会破产，从而使债权人蒙受很大损失。

第四，根据上述假设，我方的结论是不能和这家企业合作，应取消谈判。

可见，面对同样的现实，假设不一样，结论也就不一样。这说明，根据假设拟订出来的假设是十分靠不住的，相信这种假设会使谈判人员失去许多交易机会。

(二)实施模拟谈判

实施模拟谈判就是按照谈判计划的要求，在拟订的各项假设的基础上，演习谈判过程。实施模拟谈判通常可以采取以下两种不同的方式。

1. 会议式模拟

会议式模拟是把谈判人员聚集在一起，以会议的形式，充分讨论，自由发表意见，共同想象谈判全过程。这种模拟谈判的优点是利用人们的竞争心理，使谈判人员充分发表意见，互相启发，共同提高谈判水平。当谈判人员的才干有了表现的机会，人人开动脑筋，积极进行创造性思维，在集体思考的强制刺激及压力下，就能产生高水平的策略、方法及谈判技巧。

2. 戏剧性模拟

戏剧性模拟是指在谈判前进行实战演习，根据拟订的不同假设，安排各种谈判场面，以丰富每个谈判人员的实战经验。每个谈判人员都在模拟谈判中扮演特定的角色，随着剧情发展，谈判全过程会一一展现在每个谈判人员面前。通过戏剧性模拟，能使谈判的准备更充分、更准确，能使每个谈判人员找到自己在谈判中的最佳位置，能够为分析己方谈判动机、思考问题的方法等提供一次机会，最终将有助于商务谈判的成功。

最后应该提出的是，无论是进行会议式模拟，还是进行戏剧性模拟，都应该从始至终按照谈判顺序进行，演习自己和对手面对面谈判的一切情形，包括谈判时的现场气氛、对方的面部表情、谈判中可能涉及的问题、对方会提出的各种反对意见、己方的各种答复以及各种谈判方案的选择、各种谈判技巧的运用等想象谈判中涉及的各种要素。只有这样，才可能真正做到集思广益，使模拟谈判更具针对性和实战性，以确保谈判计划的顺利实施。

(三)模拟谈判总结

前文讲过，进行模拟谈判的目的是及早地发现谈判计划中的问题，找出解决问题的对策，掌握谈判的主动权。因此，在实施了模拟谈判之后，就必须及时地总结、分析，找出谈判计划的各项内容(谈判目标、谈判场所、谈判议程和谈判策略等)中所存在的问题，有针对性地进行改进，从而在正式谈判前尽可能地制订出一项完善的谈判计划。

本 章 小 结

商务谈判前的准备工作是谈判达到预期目的和获得圆满成功的基础，商务谈判的准备包括对谈判环境、对手的调研，对自身的评估，以及物质与其他方面的准备。

准备工作还包括组建谈判小组，它包括谈判小组的规模、谈判小组人员的配备、合格谈判小组的标准及人员的选定、谈判小组成员的分工与合作、谈判小组负责人(首席代表)对谈判小组的管理和控制等内容。优秀的谈判人员应具有坚定的政治思想素质、健全的心理素质、合理的学识结构、良好的综合素质、优雅的礼仪素质及健康的身体素质。根据谈判对知识的要求，谈判小组应配备相应的人员，包括专业熟练的经济人员、技术精湛的专业人员、精通经济法的法律人员、熟悉业务的翻译人员。

谈判之前要拟订谈判计划，进行模拟谈判，以更好地预测对手的反应，更好地做出事前安排。

自 测 题

1. 商务谈判中调研的作用是什么？
2. 了解谈判对手的资信包括哪些方面？
3. 选择谈判人员应该注意哪些问题？
4. 如何做好谈判之前的准备工作？

5. 谈判计划的内容有哪些？

6. 简述模拟谈判的过程。

案 例 分 析

　　全球性质的商务谈判的谈判人员在文化、信仰、习俗和商业行为等方面各不相同。如果对这些差异一无所知，就会导致谈判以失败告终。1986年摩托罗拉打算进一步打开日本市场。公司决定，最好的战略是收购一家日本公司，或与某家日本公司形成一种合作关系。摩托罗拉把它的目标限定在三家公司，其中的两家是摩托罗拉的贸易伙伴，另一家就是它的竞争对手东芝。摩托罗拉情报部负责人赫林和他的工作人员立即开始准备工作，研究日本的销售体系。赫林详细研究了三家日本公司的运作情况，得出了如下结论：60%的合并或收购，特别是不同国别的公司之间的并购效果都不好。这并不是因为营业状况不佳，而是由于一些非商业因素在作怪，而且往往只是因为个人性格差异或是公司文化不同造成的。这些非商业因素会造成极大的麻烦。

　　摩托罗拉的首席执行官、董事长及其他一些经理才是将来与日本的这三家公司直接打交道的人。问题是，他们能合得来吗？日本人主要信仰神道教和佛教，信仰问题会不会引起冲突？日本人会不会保护摩托罗拉的知识产权？赫林认为应该先和摩托罗拉在日本分公司的经理汤姆·艾力联系一下。此人曾是NEC的一名主管经理。赫林请艾力谨慎地打听每一家公司的情况，公司是否易于合作？是否值得信任？公司内部有没有强烈的反美情绪？他们先前与外国公司的合作结果怎样？赫林还与美国驻日大使馆的商务专员和科技专员联系，同时也通过其他美国企业了解有关情况。

　　经过一段时间的调查，情况慢慢明朗了。那两家与摩托罗拉有贸易往来的日本公司保持着传统的日本商业文化。企业主都信仰神道教，对美国人爱好交际的特点不屑一顾。这两家公司只扎根于自己的信仰和文化，形成了很强硬的文化障碍，不容易打破，因此它们和西方国家的公司之间根本没有良性的互动关系。有一些西方国家的公司甚至抱怨这两家公司不能信守承诺，总是把自己藏在假面具后面。赫林认为，这两家公司的价值标准是把自己和国家放在首位的。

　　与此同时，日本东芝的消息则给人以希望。这家日本电子产品制造商渴望得到半导体技术，而摩托罗拉在半导体生产方面则是行家里手，因此摩托罗拉如果与东芝谈判，可以提高要价。仅有东芝所需要半导体技术这个消息还是不够的，赫林觉得自己需要更多地了解东芝，特别是这家公司与其他一些美国企业的合作情况。他找到了录像带生产和资料储存行业的先锋 Ampex 公司。东芝曾与这家公司合资办企业，但最终还是失败了。令人惊讶的是，Ampex 公司的经理说，失败的原因并不在东芝。事实上，Ampex 在有关条款的履行中没有做出任何积极贡献，东芝就取而代之，替 Ampex 来完成承诺。东芝之所以做了超出自己承诺范围的事，是因为它认为协议必须得到遵守。但赫林的情报工作仍没有就此停住。

　　在摩托罗拉向东芝提出了一些友好的条件，表示愿意与它做一笔生意的同时，赫林对东芝的每一位谈判人员都做了性格分析。赫林不仅关注设计问题，而且他要通过精心安排的调查研究设计出各种答案。

　　对赫林这样一个曾在中央情报局综合处理过大量情报的资深分析员而言，他清楚地知道自己不用与对方说一句话，就能对他做出准确的评估。赫林要求摩托罗拉日本分公司的汤姆·艾力聘请一家日本法律公司对东芝做一些调查。这家总部在东京的法律公司找了一个熟人，此人认识东芝的某位经理。法律公司出钱让他请那位经理吃饭、喝酒，在饭桌上问东芝经理工作怎么样，并向他了解他对东芝董事长、副董事长以及其他一些谈判代表的看法。这名经理还透露了东芝的企业文化、商业运营、成功和失败的例子，主要职员的教育背景以及是否有职员在美国学习生活过。整个谈话过程就像是好朋友之间的闲聊。东芝的这名经理完全不知摩托罗拉的动机。他不知道，事实上正是摩托罗拉在认真记录他所说的一切。

　　与此同时，在美国，赫林与公司的一些熟人也保持着密切的联系。他的一名助手找到通用电气的一位经理了解情况，因为此人曾与东芝的一位经理一起出海航行过。赫林还找到了东芝的经理或者他们的家人、朋友。赫林说："此时我们已经对对方的历史有了一个完全的了解。与东芝合作有许多诱人之处。其中之一是东芝的一名高级经理是基督教徒。这令我们很吃惊。但同时它也意味着，东芝是一家开放型的公司，处事不僵硬，更愿意接受一些西方的观念。"大多数日本公司很在意雇员的家庭背景。如果某位职员的出身不好，那么他的事业发展也不会太好。个人表现仅处于次要地位。这使公司制定行为准则本身变得很可笑。如果你的身份不高贵，那就拿出你的忠诚，下班后就无休止地和你所在部门的同事去拉关系吧！只有这样，你才能保住饭碗。否则，你就会被你的同事看不起。在一个注重群体的文化中，这就无异于在炼狱里生活。但既然东芝接受了一个有着不同信仰的人参与其高层管理，那就说明谈判代表会感到与东芝有着某种文化上的相通性，这也有利于谈判的顺利进行。

　　赫林向他的同事提供了大量信息和故事性很强的人物分析，如此摩托罗拉的谈判代表对桌子另一端的日本同行们的情况一清二楚，知道他们的好恶、兴趣、教育背景、业余爱好、家庭背景及在以往谈判中所采取的策略。因此谈判非常愉快，每个人都很放松。双方很快达成协议。

　　　　　　　　　　　(资料来源：袁其刚. 国际商务谈判[M]. 北京：高等教育出版社，2007)

　　思考题：赫林为协议的达成做了哪些工作？你认为他成功的原因是什么？

阅 读 资 料

【阅读资料1】

寻找国外客户的 N 个方法

第一类　搜索引擎

　　方法1：Importers 方法。【操作方法：在搜索引擎中输入产品名称+importers】如 MP3 player+importers。【小技巧：可以用 importer 替代 importers】还可以用搜索引擎在不同的国家搜索。

　　方法2：关键词上加引号。【操作方法：搜索"产品名称 importer"或者"产品名

称 importers"，在输入时将引号一起输入】

方法 3：Distributor 方法。【操作方法：搜索产品名称+ Distributor 】

方法 4：其他类型目标客户搜索。【操作方法：产品名称+其他类型目标客户(相关目标客户的词语除了 importer、distributor，还包括 buyer、company、wholesaler、retailer、supplier、vendor 及其复数形式)】

方法 5：Price 方法。【操作方法：搜索 Price+产品名称】

方法 6：buy 方法。【操作方法：搜索 buy+产品名称】

方法 7：国家名称限制方法。【操作方法：在前面 6 种方法的基础上加入国家名称限制】

方法 8：关联产品名称法。【操作方法：产品名称+关联产品名称】

方法 9：market research 方法。【操作方法：产品名称+market research】

方法 10：著名买家法。【操作方法：产品名称+你的行业里面著名买家的公司简称或者全称】

方法 11：观察搜索引擎右侧广告。【操作方法：搜索产品名称后，查看搜索结果右侧广告】

方法 12：寻找行业展览网站。

第二类　高级搜索引擎

方法 13：寻找有链接到大客户网站的网页。【操作方法：使用搜索引擎查找大客户网站的链接】这种方法查找出来的连入网页主要有如下情况：该页面有该客户的广告、该页面推荐了该客户、该页面谈论到了该客户。

方法 14：寻找有引用大客户网址的网页。【操作方法：同上述方法，只是查找的是引用客户网址的页面，而不是连入页面】

方法 15：所搜索的网址包括大客户公司名。

方法 16：多种语言方法。【操作方法：搜索关键词的其他语言书写】

方法 17：专业文档方法。【搜索引擎还提供类似 PPT、PDF、Word、Excel 文档的高级搜索功能】

第三类　专业网站类

方法 18：网址目录方法。【注重在网络上宣传自己的公司往往会将自己登录到 DMOZ.org 这个世界有名的网址目录中】

方法 19：企业名录网站方法。【全球有一些专门提供买家名录的公司和网站，其中以 www.Kompass.com 最为有名和受市场好评】

方法 20：进口商与分销商名录网站方法。【一方面可以请同事、业内朋友推荐，另一方面也可以通过互联网查询。这里推荐的方法是：搜索 importers directory 和 distributors directory】

方法 21：行业网站方法。

方法 22：综合商贸网站方法。

方法 23：黄页网站查找方法。

第四类　政府与机构类网站

方法 24：商务部世界买家网。

方法 25：商务部驻外机构。

方法26：进出口协会或者商会。

方法27：各国行业协会。

第五类　其他方法

方法28：行业巨头渠道。

方法29：海关数据。比较昂贵，是出口营销各种数据名录的首选资料。

方法30：外汇、交单的银行记录，以及报关公司的记录、购货的单据、海关数据及提单等资料中存在的大量进口商信息。

事实上，大家可以从下面渠道找到资料：①国际性的物流公司；②船运公司；③快递公司(UPS，TNT 等)。

方法31：国际招标投标信息。

国内涵盖国际招标信息的网站有中国政府采购：http://www.ccgp.gov.cn/。

国外机构有澳大利亚政府招标系统：https://www.tenders.gov.au/。

方法32：第三方机构提供的数据、名录。

专业的信息公司、经贸咨询机构、国际性的行业信息情报机构、市场研究机构等提供的行业公司目录、区域公司目录、进口商数据库等以光盘、书籍、在线购买使用等形式出售。

方法33：网站推广。

(1) 新建一个网站，或者更新已有网站，增加常见问题问答、与客户合作照片，以及推出新品、参加展览等公司新闻，体现公司的专业性、成熟性，从而增加公司网站的吸引力。

(2) 实行会员制，当浏览者注册会员后，可以给他们发布最新产品信息。

方法34：邮件群发专家。

可以使用一些邮件地址抓取器从一些专业的论坛上抓取一些 E-mail 地址，然后再利用邮件群发地址发送邮件。

方法35：论坛法。

去国外的专业论坛把自己包装成专家，积极发帖(非广告)，签名档使用有关自己业务的地址。这种方法可能有奇效。

方法36：换位思考法。

买家买完东西，往往是要再次销售，你把自己想象成该国的下一层经销商，你怎么找到第一手卖家。这同时也是你需要的买家。

方法37：撒网法。

到若干个国际 B2B 网站上发布信息。而且需要特别指出的是，每一个帖子都要做记录。另外，每隔两三天就要更新一次，使买家有机会可以看到你的信息。

方法38：特殊证书法。

进口某类产品需要特别的证书，比如进口药品。

方法39：网页实时交流法。

外贸公司的主页设一个小窗口，浏览者可以和管理员在线上实时交流。

方法40：询价帖法。

把从 A 网站看到的询价帖(看不到买家，只能看到询价内容，或者只能看到买家的名字)

中的一些关键字抓出来在搜索引擎上找，找到 B 网站或 C 网站或 D 网站上完整的内容。这种成功率约 50%。

(资料来源：本书作者整理编写)

【阅读资料 2】

谈判风格的类型

1. 合作型

合作型风格的人，对待冲突的方法是：维持人际关系，确保双方都能够达到个人目标。他们对待冲突的态度是：一个人的行为不仅代表自身利益，而且代表对方的利益。当遇到冲突时，他们尽可能地运用适当的方式来处理冲突、控制局面，力求实现"双赢"的目标。

2. 妥协型

妥协型的特点不是双赢，而是或者赢一点，或者输一点。妥协型风格的人在处理冲突时，既注重考虑谈判目标，又珍视双方关系。其特点是说服和运用技巧，目的是寻找某种权宜性的、双方都可以接受的方案，使双方的利益都得到不同程度的满足。妥协型风格意味着双方都采取"微输微赢"的立场。

3. 顺从型

顺从型风格的人，对待冲突的态度是不惜一切代价维持人际关系，很少或不关心双方的个人目标。他们把退让、抚慰和避免冲突看作维护这种关系的方法。这是一种退让或"非输即赢"的立场，其特点是，对冲突采取退让—输掉的风格，容忍对方获胜。

4. 控制型

控制型风格的人对待冲突的方法是，不考虑双方的关系，采取必要的措施，确保自身目标得到实现。他们认为，冲突的结果是非赢即输，谈得赢才能体现出地位和能力。这是一种支配导向型的方式，即可以使用任何支配力来维护一种自认为是正确的立场，或仅仅自己获胜。

(资料来源：本书作者整理编写)

第四章　商务谈判开局阶段

【学习要点及目标】

通过本章的学习，使学生明确商务谈判环节、商务谈判开局的方式、商务谈判开局气氛的营造以及商务谈判开局阶段的策略。培养学生掌握并学会运用开局方式，营造谈判气氛，为具体的商务谈判确定相应的开局策略，提高商务谈判开局的能力。

【引导案例】

洒脱自如的开局

A 公司是一家实力雄厚的房地产开发公司，在投资的过程中，相中了 B 公司所拥有的一块极具升值潜力的地皮。而 B 公司正想通过出售这块地皮获得新资金，以便将其经营范围扩展到国外。于是双方精选了久经沙场的谈判干将，对土地转让问题展开磋商。

A 公司代表："我公司的情况你们可能有所了解。我公司是由两家公司(均为著名的大公司)合作创办的，经济实力雄厚，近年来在房地产开发方面成绩显著。我公司去年开发的花园房产很不错，听说你们的周总也是我们的买方啊。你们市的几家公司都在谋求与我们合作，想把他们手里的地皮转让给我们，但我们不会轻易表态。你们这块地皮对我们很有吸引力，我们准备拆迁原有住户，开发一片居民小区。前几天我们公司的业务人员对该地区的住户、企业进行了广泛的调查，基本上没有什么拆迁阻力。时间就是金钱，我们希望以最快的速度就这个问题达成协议，不知你们的想法如何？"

B 公司代表："很高兴能有机会与你们合作。我们之间以前虽然没有合作过，但对你们的情况还是有所了解的。我们遍布全国的办事处的办公场所也有很多使用你们建的房子，这可能也是一种缘分吧。我们确实有出卖这块地皮的意愿，但我们并不急于脱手，因为除了你们公司之外，兴华、兴运等一些公司也对这块地皮表现出了浓厚的兴趣，正在积极地与我们接洽。当然，如果你们的条件比较合理，价钱比较理想，我们还是愿意与你们优先合作的。我们可以帮助你们简化有关手续，使你们的工程能早日开工。"

思考题：双方在开场中营造了怎样的气氛？双方的介绍暗藏何种玄机？

(资料来源：甄珍. 商务谈判[M]. 北京：首都师范大学出版社，2009)

第一节 开局阶段概述

一、开局阶段的含义

商务谈判是贸易的起点，而开局阶段是商务谈判的前奏，起着引导谈判的作用。开局阶段是整个商务谈判的开端，具体是指谈判双方刚一见面，寒暄介绍和交流的过程。一个良好的开局将为谈判成功奠定坚实基础。开局阶段是谈判双方的第一次亮相，积极有诚意的开局将引导谈判顺利进入正题，关系到整个谈判的走向和发展趋势。开局阶段是在实质性谈判之前，因此其谈话一般不涉及谈判具体内容。

二、开局阶段的基本任务

谈判双方在开局阶段刚开始第一次正面接触，互相之间并不了解，信任度不高，为了解对方的真实需求和判断推测其谈判风格和谈判策略等，常常需要在这一阶段观察对方的言行举止。

俗话说："良好的开端是成功的一半。"为了让谈判双方尽快达成交易，又能让其愉快地合作，就必须营造一个良好的气氛。轻松愉快的气氛就像给机器涂上润滑剂让它更好地运转一样，能缓解谈判中的紧张情绪。随着谈判不断向前推进，在谈判早期所营造的气氛左右着你在谈判过程中所取得的每一步进展，开局策略基本上可以决定一场谈判的成败。

开局阶段主要有三项基本任务：营造良好的开局气氛、开场陈述、交换意见。

(一)营造良好的开局气氛

谈判的开局气氛是指，商务谈判一经开始，所有谈判人员的态度、情绪、行为与风格所形成的整个谈判环境。

营造良好的开局气氛.mov

开局气氛在商务谈判对象一见面时就开始形成，它会随着双方接触的深入、态度的改变而发生变化。因此，谈判人员要时刻注意气氛的变化。虽然谈判气氛在谈判的不同阶段会呈现不同的状态，但通常在开局阶段形成的谈判气氛最为关键，它往往贯穿始终，所以在开局阶段应尽可能地营造有利于谈判的环境气氛。同时，谈判气氛本身又会影响谈判人员的心理感受和情绪，进而反映到相应的行为过程中，影响谈判进程和结果。可以说，在一定程度上要想掌握谈判的主动权，就要营造一种有利于己方的开局气氛，控制谈判开局。

1. 谈判开局气氛的分类

根据谈判内容、形式和地点不同，大致可以将商务谈判实践中开局阶段的气氛分为以下四类。

(1) 平静自然、谨慎认真的谈判气氛。在这种谈判气氛中，谈判双方讲话、提议十分有序，谈判人员情绪比较平静、自然，谈判态度严肃，讲话表达极为严谨，谈判工作效率比较高。

（2）积极友好、和谐融洽的谈判气氛。在这种谈判气氛中，谈判双方互相信任、互相谅解、精诚合作，谈判人员心情愉快，谈判态度真诚、语气热情、交谈融洽，有助于快速将谈判双方的目标推向一致。

（3）消极冷淡、紧张对立的谈判气氛。在这种谈判气氛中，谈判双方相互质疑、毫无信任感，谈判人员态度强硬，情绪化明显，讲话语气、语调咄咄逼人，谈判僵局一触即发。

（4）松散缓慢、旷日持久的谈判气氛。在这种谈判气氛中，谈判人员漫不经心、没有纪律性、态度敷衍、谈判进展缓慢，工作不讲求效率。

2. 营造谈判开局气氛的作用

在商务谈判过程中存在首因效应，就像两个人初次接触时留给双方的印象往往更加深刻，谈判双方人员在开局时形成的谈判气氛将为谈判定下一个基调，影响整个谈判的进程。事实证明，良好的谈判氛围将会促成许多良性结果。轻松、和谐、融洽的气氛可以有效促进会谈，同时展现出谈判人员的谈判诚意和综合素质，进而减少对方的防范情绪，增加双方之间的信任度，为即将开始的谈判奠定良好基础。

3. 影响谈判开局气氛的主要因素

影响谈判开局气氛的因素有很多，环境因素如政治状况、社会习俗、经济及天气状况等；法律因素如国际法律及国内法律环境；心理因素（情绪）、个人素质、个人印象等都会影响谈判的进行。每一次谈判气氛都不相同，同一次谈判的不同阶段，谈判气氛也会随着谈判的深入而发生变化，尤其是谈判双方针对某个方案出现分歧时。因此，在商务谈判的实践中，高明的谈判人员要营造良好的开局气氛，这能够有效地促进谈判的结果。一般而言，影响谈判开局气氛的因素主要有以下三个方面。

1）谈判人员举止行为

谈判人员是谈判的主体，其个人的语言和行为等会对整个谈判气氛产生影响。具体可以细分为以下四个因素。

（1）着装。在人际交往过程中，第一印象的 80%来自着装，一个人得体的着装，不仅体现着他的教养和品位，而且也是对其他谈判人员的尊重。在正式的谈判场合，一定要规范着装，符合特定场合的着装礼仪，同时要注意细节，选择适合自己的服饰，做到简洁得体又不失大方美观。

（2）动作手势。谈判过程中，谈判人员的不同行为举止往往能传递出不同的信息，一个眼神、一个手势等肢体语言都可能泄露其内心的真实想法。为了营造良好的谈判气氛，谈判人员要了解不同的动作手势所释放的信息；在谈判过程中要有意识地控制肢体语言，做到举止得体，充分体现出对对方的尊重。

（3）中性话题的选择。初次见面时，谈判双方一般不会立即进入谈判正题。通常是双方相互介绍、彼此寒暄、交流感情等。在实际案例中，为了营造出亲切、融洽的谈判气氛，经验丰富的谈判人员会选择一些中性的话题，如当前社会文体新闻、个人兴趣爱好、旅途趣事等寻求共同语言，以此来拉近双方的社交距离。

（4）气质风度。言谈举止、仪态着装是一个人内在品质的外在表现，同时也是谈判双方对彼此初次见面时的考查。塞缪尔·斯迈尔斯曾说过，"友善的行为、得体的举止、优雅的风度，这些都是走进他人心灵的通行证"。良好的气质风度，既是己方精神面貌和综合素质的体现，又会使对方感觉受到了重视，从而拉近双方距离。

2）谈判双方之间的关系

根据谈判双方之间业务往来的历史和合作经历，可以把谈判双方的关系分为以下四种。

（1）双方没有业务往来，是第一次接触。在此情况下，谈判人员应力争营造一个和谐的气氛，通过谦卑的态度和礼貌的行为减少或消除双方的陌生感和防备感，尽快提高双方的信任度。同时，谈判人员可选择相对直接的方式将谈话话题引入实质性谈判内容，如谈判人员可以通过展望合作前景等方式引入。

（2）双方曾经有过业务往来，且关系很好。在此情况下，双方开始谈判的氛围较轻松，可以将友好的合作关系和良好的信任感作为谈判基础。同时，谈判人员可以以相互问候、称赞对方企业的发展与进步、畅谈双方友好关系等话题奠定良好的开局，引导进入实质谈判阶段的过程自然高效。

（3）双方曾经有过业务往来，但关系一般。在此情况下，谈判人员应当争取营造友好、和谐的气氛。谈判人员可以借鉴已有的成功合作经验，交流日常生活兴趣爱好等方式让对方感受到己方的热情。在适当时机，自然地把话题引入实质性谈判，对整个气氛要有所掌控，避免过犹不及。

（4）双方曾经有过业务往来，且印象较差。在此情况下，谈判开局的气氛一般是严肃、凝重的。谈判人员要注意与对方保持适当距离，在严谨的同时要保持礼貌周全。谈判人员想将话题引入实质性谈判，可以通过分析过去合作失败的原因，以此表达遗憾并希望通过磋商来改善双方的关系。

3）谈判双方的实力对比

谈判双方的实力对比，有以下三种情况。

（1）己方实力明显强于对方实力。开局阶段，既要显示出己方的自信，又要礼貌友好，营造平等坦诚的气氛。

（2）双方实力相当。开局阶段，要做到礼貌不失自信、热情不失沉稳，营造友好、轻松、和谐的气氛。

（3）对方实力明显强于己方实力。开局阶段，要不卑不亢、举止沉稳、谈吐大方，使对方不敢小觑己方，营造友好、积极的气氛。

4．营造谈判开局气氛应注意的事项

1）有底线、有原则

在谈判的开局阶段，谈判人员要尽力争取营造和谐、相互尊重、互利共赢的开局氛围，但这并不意味着要一味迁就、刻意奉承，否则可能会引起对方的反感，有时甚至会助长另一方的嚣张气焰，破坏谈判的气氛。在谈判过程中，谈判人员要有自己的底线，该争取则争取，该让步则让步。如果对方毫无谈判诚意，见利忘义，就必须据理力争，尤其是在原则性的问题上，更要慎重，必要时考虑退出谈判。这样才能真正做到相互信任，赢得对方的尊重。

2）控制好开场白的节奏

开局阶段意味着正式的谈判即将到来，谈判双方都难免紧张，容易出现冷场与尴尬，一段轻松适宜的开场白，可以舒缓谈判人员的神经，营造出融洽和谐的气氛，为谈判正题的提出做好铺垫。在开场白阶段，谈判人员要从两个方面控制节奏。一是在内容上，选择的话题应该是积极向上的，谈判人员在开场白过程中要自然大方，语速适中，切忌慌慌张张、滔滔不绝，破坏对方对己方的印象。二是在时间上，开场白的时间要有所控制，根据谈判总时间做出相适应的安排。一般来说，如果谈判时间比较长，甚至持续多天，双方可以专门组织一个接风宴会，充分了解对方并交流感情；如果谈判总体时间不超过一天，那么开场白的时间最好不要超过总时间的5%。

3) 观察谈判对手的谈判风格

国际商务谈判的特点在于谈判参与人员的多国性、多民族性，谈判人员在文化背景、价值观念、风俗习惯等方面存在较大的差异。同时，由于个人的谈判经验、性格特点上的迥异，每个谈判人员的谈判风格都各具特色。开局阶段，要想赢得对方的尊重，营造轻松、和谐的气氛，高明的谈判者会在开局阶段观察、分析谈判对手的行为举止，如态度、表情、性格等，结合对方的谈判风格，因势利导，化解矛盾。

4) 注意方法技巧的运用

谈判过程也是情感与思想碰撞的过程，一定的方法和技巧的运用往往会起到事半功倍的效果，常用的方法有以下三种。

(1) 称赞法。自然、适时地称赞对方的优点，可以削弱双方的戒备心理，从而调动对方的情绪，营造热烈的谈判气氛。

(2) 幽默法。幽默是一门高超的语言艺术，在紧锣密鼓的商务谈判中，若能把幽默运用得当，则可以增进双方之间的感情，强化信任感，消除对方的戒备心理，从而建立良好的谈判开局气氛。

(3) 情感投资法。这是指以某些特定的话题为媒介来激发谈判双方的情感，从而达到营造良好气氛的目的。运用情感投资法需要尽可能提前了解对手的兴趣爱好、个性特点、生活阅历等信息，才能选择对方在意的、感兴趣的事件，从而投其所好，吸引对方的注意力，引起共鸣，促使对方与己方达到思想、感情上的默契，营造和谐、友好的气氛。

(二)开场陈述

开场陈述，也称"开局陈述"，是谈判双方在开局阶段就谈判内容分别阐明各自的观点、立场、原则和建议。由于是在报价和实质性的磋商之前，开局陈述应强调己方利益，简明扼要地谈出所涉及的议题即可。

1. 开场陈述的主要内容

开场陈述的主要内容一般包括以下几个方面。

(1) 己方的原则，即己方为实现双方共同的利益可向对方做出的最大让步，是己方在谈判过程中始终要坚持的底线。

(2) 己方的立场，即表明己方在未来合作中出现机会或阻挠时，对待问题的态度和方式。

(3) 己方的利益，即己方以明确的态度表明希望通过本次谈判获得的利益，特别是对于至关重要的首要利益，要重点阐明其不可更改性。

(4) 己方对问题的理解，即己方认为本次谈判可能涉及的所有问题。

(5) 己方对对方陈述的建议，若对方陈述完自身立场和原则等内容后，部分观点已经触及己方的原则底线，对此己方要提出自己的疑问和看法。

【资料链接】

一次关于设备转卖谈判的开局陈述

买家：“大家上午好！再次见到各位非常高兴。经过上一次的参观交流，我方感觉赛维干洗这套新设备对我们很有吸引力。我方准备把这批设备引入西南地区，全面拓宽西南地区的干洗市场。我方已经向相关部门提出了申请并得到了批准。目前关键问题是时间——我方要以最快的速度在引进设备的问题上达成协议，所以，我方打算简化手续和调查程序。虽然我们以前没有过业务来往，不过业内朋友都知道贵公司一向重合同、守信誉，所以我方期待与贵公司取得良好的合作。”

卖家：“谢谢！听了贵方的陈述，我方很愿意积极配合，也非常愿意转卖赛维干洗新推出的这套设备。然而，有一点我方打算提醒一下贵方，这套设备绿色环保，处于世界领先水平，所以技术含量很高，安装调试也比较麻烦，不过，我方可以派技术骨干做培训，并上门安装调试。我方关心的是合理的价格水平，因为还有很多其他区域的客户也想订购这种产品，这是我方目前所面临的情况。”

(资料来源：高琳. 国际商务谈判与沟通[M]. 大连：东北财经大学出版社，2016)

2. 开场陈述的作用

开场陈述有两个作用：一是清晰地陈述己方的立场和基本原则，明确己方的利益，提出本次谈判所涉及的全部问题；二是倾听对方观点，研究对方的谈判目的，就对方的陈述尤其是涉及己方原则的问题，提出一些疑问、看法和建议。

3. 开场陈述应注意的问题

开场陈述应注意以下几点。

(1) 态度友好礼貌，表达严谨，给对方信任感和尊重感，营造良好的氛围，避免以势压人，更不能故意挑衅。

(2) 专心倾听对方陈述，以便清楚无误地了解对方观点。遇到不明白的地方，要及时提问，并且随时纠正对方的概念性错误，尤其要注意在对方的陈述中，是否有触及己方底线的问题，若有，要及时提出，并要求给予合理的解释和答复。

(3) 表达观点要重点突出、简明扼要、紧扣主题，明确无误地向对方阐述己方的立场和观点，避免没有重点的长篇大论。

(4) 合理安排陈述时间，避免出现独霸会场的局面。尽量使谈判双方的陈述时间相当，维持双方平衡。

(三)交换意见

在良好的谈判气氛中，谈判人员在本次谈判中要交换意见，以增加彼此间的了解和信任，并对问题达成初步共识。在进入实质性谈判前交换意见，一方面可以提高谈判效率；另一方面可以防止谈判在开局阶段出现僵局。相互交换意见主要包含以下 4 个方面。

相互交换意见包含的
4 个方面.mov

1. 人员

谈判双方之间相互介绍，不仅可以增加谈判人员之间的了解，增进双方的友谊，而且使双方更清晰地明白双方的人员构成和安排，有利于后期更精准地运用相关策略。

2. 目标

谈判双方往往对谈判总体上的目标规划明确。在开局阶段，就需要将谈判目标分阶段实施的过程具体化，形成相应的议题，并按时间顺序将议题分出主次，明确谈判的方向。

3. 计划

谈判计划主要是指谈判日程上的安排，另外，谈判双方应该需要遵守的原则、亟待解决的问题等都应包含在内。

4. 进度

进度是指对谈判进展的程度，也是预估谈判中每个阶段所占用的时间，使谈判双方更准确地把握谈判速度的依据。

第二节　开局阶段的常见策略

谈判开局的策略是谈判人员谋求谈判开局中有利的地位，进而实现对谈判开局的控制所采取的行动方式或手段。正常情况下，谈判双方都是抱着能够合理地实现己方利益的目的进行谈判。因此，在一个轻松、愉快的气氛中进行谈判能够有效促成谈判，并形成一个双赢的局面。

商务谈判的全过程，无时无刻不体现着对策略的运用。有经验的谈判人员常常用热情的方式，在谈判双方刚刚正式接触时就从相对熟悉的对方成员作为切入点，并主动为双方初次见面的成员做一番简单的介绍，谈论一些令双方都高兴的话题，以活跃谈判气氛。

谈判过程中虽然每一次谈判的目标、对手不同，但彼此相互寒暄的流程是必不可少的。实际上，在双方的彼此寒暄表情和言谈话语中，就已展开了策略的较量。谈判开局关系到整个谈判的方向和进程，因此，谈判开局的策略在商务谈判中显得尤为重要。哪一方能率先掌握准确而又详尽的信息，就能轻松地施展自己的谋略，从而掌握谈判的主动权，控制谈判的方向、节奏，更好地为己方谋取更大的利益。

良好的谈判气氛促进谈判双方和谐沟通，促成谈判。首先，良好的谈判气氛会让谈判双方心情愉悦，如沐春风，会积极地进行双方的沟通交流，也会尽双方的最大可能来达成交易。其次，良好的谈判气氛使谈判双方互相信任。商务谈判的开局阶段是谈判双方给对方留下一个好的第一印象的关键时期。对谈判人员而言，想方设法地把这种良好印象保持下去至关重要，良好的第一印象是谈判成功的基础，它能引导对方去积极合作。否则，对方会时刻提防，提醒自己要多长心眼，小心陷阱，这样会使谈判变成钩心斗角的"宫斗剧"。

因此，良好的谈判气氛对于谈判的开局乃至谈判的结果都有着深远的影响。对于谈判人员来说，采用什么样的谈判开局策略来影响或改变谈判气氛是至关重要的。

一、商务谈判的开局策略

在商务谈判策略体系中，涉及谈判开局的具体策略有很多。谈判人员为了促使谈判成功，形成一个良好的谈判气氛，在开局阶段应该做到：态度诚恳、真挚友好、务实灵活、求大同存小异、不纠缠细枝末节问题、努力适应双方的利益需要。下面结合谈判实例，介绍几种经典的谈判开局策略。

(一)一致式开局策略

所谓一致式开局策略，是指在谈判开始时，为使对方对己方产生好感，以"协商""肯定"的方式，创造谈判双方观点"一致"性的感觉，从而使谈判双方在愉快、友好的气氛中不断把谈判引入深度话题的一种开局策略。

现代心理学研究表明，人们通常会对那些与自身想法一致的人产生好感，并愿意将自己的想法按照那些人的观点进行调整。这一研究结论正是一致式开局策略的心理学基础。

一致式开局策略的目的在于创造取得谈判胜利的条件。运用一致式开局策略的具体方式还有很多，例如，在谈判开始时，以一种协商的口吻来征求谈判对手的意见，然后对其意见表示赞同或认可，并遵循对方的建议进行下去。运用此策略时需要注意，征求对方意见的问题是对己方无关紧要的内容，即对方在该问题上的看法不会影响到己方的根本利益。另外，在赞成对方的意见时态度不要过于献媚，要让对方感觉到己方是出于尊重，而不是奉承。

一致式开局策略的运用还有一个重要途径，就是在谈判开始时以问询或补充方式诱使谈判对手走入己方的既定安排，从而在双方之间达成一致性共识。所谓问询方式，是指将答案设计成问题来询问对方，例如，"你看我们把价格及付款方式问题放到后面讨论怎么样？"所谓补充方式，是以补充对方意见的方式，使己方的意见变成对方的意见。采用问询方式或补充方式可以使谈判逐步进入开局。

一致式开局策略可以在高调气氛或自然气氛中运用，但尽量不要在低调气氛中使用。因为在低调气氛中使用这种策略容易使自己陷入被动。一致式开局策略如果运用得好，可以将自然气氛转变为高调气氛。

(二)保留式开局策略

保留式开局策略是指在谈判开局时，针对对方提出的关键性问题不做确切的回答，对于己方观点有所保留，从而给对手造成神秘感，以吸引对手步入谈判。

【资料链接】

江西省××工艺雕刻厂原是一家濒临破产的小厂，经过几年努力，已发展成为年产值200多万元的大厂，其产品打入日本市场，战胜了其他国家在日本经营多年的8家厂商，被誉为"天下第一雕刻"。有一年，日本3家株式会社的老板同一天接踵而来，到该厂订货。其中，一家资本雄厚的大商社要原价包销该厂的佛坛产品。这应该说是好消息，但该厂人员想到，这几家原来都是经销韩国、中国台湾地区产品的商社，为什么不约而同、争先恐后地到本厂来订货？他们翻阅了日本市场的资料，得出的结论是本厂的木材质量上乘、技艺高超是吸引外商订货的主要原因。于是该厂采取了"待价而沽""欲擒故纵"的谈判谋略。先不理那家大商社，而是积极抓住另两家小客商求货急切的心理，把佛坛的梁、榴、橡、柱，分别与其他国家产品做比较：不怕不识货，只怕货比货，该厂的产品确实技高一筹。在此基础上，该厂将产品当金条似的争价钱、论成色，使其价格达到理想的高度。于是，该厂先与小客商拍板成交，使那家大商社产生失去货源的危机感。结果那家客商不仅要急于订货，而且想垄断货源，于是大批订货，以致订货数量超过该厂现有生产能力的好几倍。

该厂谋略成功的关键在于其策略不是盲目的、消极的。首先，该厂产品确实好，而几家客商求货心切，在货比货后让客商折服；其次，该厂巧于审时度势，先和小客商洽谈，并非疏远大客商，而是以此牵制大客商，使其产生失去货源的危机感。这样订货数量和价格就有了大幅增加。

(资料来源: 本书作者整理编写)

使用保留式开局策略时不要违反商务谈判的道德原则，即以诚信为本。向对方传递的信息可以是模糊信息，但不能是虚假信息。否则，将会使自己陷入非常难堪的局面之中。

保留式开局策略适用于低调气氛和自然气氛，而不适用于高调气氛。保留式开局策略还可以将其他谈判气氛转为低调气氛。

【资料链接】

有一家日本公司与我国福建省一家公司进行了接触，双方互派代表就投资问题进行谈判。谈判一开始，日方代表就问道: "贵公司的实力到底如何我们还不是十分了解，能否请您向我们介绍一下，以增加我方进行合作的信心。"中方代表回答说: "不知贵方所指的实力包括哪几个方面，但有一点我可以明确地告诉您，制茶我们是内行，我们的制茶技术是世界一流的。福建有着丰富的茶叶资源，我们公司可以说是'近水楼台'。贵公司如果与我们合作，肯定比与其他公司合作满意。"

(资料来源: 本书作者整理编写)

(三)坦诚式开局策略

坦诚式开局策略是指以开诚布公的方式向谈判对手陈述自己的观点或想法，从而为谈判打开局面。

通常，在谈判中谈判双方不可能做到完全的相互信任，难免会有猜忌。如何利用这种共有的心理，使对方往好的方面进行猜测，创造感情上的相互接近，从而获得对方的理解和尊重，也是一门重要的谈判艺术。对于那些长期合作的谈判双方，一方敢于向对方表露出自己的希望和担心，公开自己的立场和目标，用行动来表明自己是诚实可靠的。同样地，对方也会坦诚。这不仅为商务谈判的开局阶段营造了良好的气氛，而且还形成了一种强大的心理瓦解力。

坦诚式开局策略比较适合于有长期业务合作关系，以往的合作双方都比较满意，彼此间比较了解，不需要过多的客套话，可以减少很多外交辞令，节省了时间。直接坦率地提出自己一方的观点、要求，反而更能使对方对己方产生信任感。

采用坦诚式开局策略时，要综合考虑多种因素，如自己的身份、与对方的关系、当时的谈判形势等。坦诚式开局策略有时也可用于谈判实力较弱一方的谈判者。当己方的谈判实力明显不如谈判对手，并为双方所共知时，坦率地表明己方的弱点，更能显示出己方对谈判的诚意，同时也表明己方对谈判的信心。

坦诚式开局策略可以在各种谈判气氛中应用。这种开局策略通常可以把低调气氛和自然气氛引向高调气氛。

(四)进攻式开局策略

进攻式开局策略是指通过语言或行为来表达己方强硬的姿态，从而获得谈判对手的尊重，并借以制造心理优势，使谈判顺利进行下去。采用进攻式开局策略一定要谨慎，因为在谈判开局阶段就设法显示自己的实力，使谈判一开局就处于剑拔弩张的气氛中，对谈判的下一步发展极为不利。

进攻式开局策略通常只在下列情况下使用，即发现谈判对手在刻意制造低调气氛，这种气氛对己方的讨价还价十分不利，如果不把这种气氛扭转过来，将损害己方的切身利益。

进攻式开局策略可以扭转不利于己方的低调气氛，使谈判走向自然气氛或高调气氛。但是，进攻式开局策略也可能使谈判陷入僵局。

(五)挑剔式开局策略

挑剔式开局策略是指开局时对对方的某项错误或礼仪失误严加指责，使其感到内疚，从而达到营造低调气氛，迫使对手让步的目的。

二、策划开局策略时应考虑的因素

策划开局策略
应考虑的因素.mov

不同内容和类型的谈判，需要有不同的开局策略与之对应。谈判开局策略的选择受谈判双方实力对比、谈判形势、谈判气氛等一系列因素的制约和影响，选择谈判开局策略，必须全面考虑这些因素，另外，在实施时还要依据谈判经验对其进行调整。

一般来说，确定恰当的开局策略需要考虑以下几个因素。

(一)谈判双方之间的关系

谈判双方之间的关系，主要有以下几种情况。

(1) 如果双方过去有过业务往来，且关系很好。那么在双方友好关系的基础上，开局阶段的气氛应是热烈、真诚、友好和轻松愉快的。开局阶段，己方谈判人员要展现出热情洋溢的态度；内容上可以畅谈双方过去友好的合作关系或两家企业之间的人员交往，也可适当地称赞对方企业的进步与发展；谈话的语气上应该比较自由、放松、亲切。结束寒暄后，己方可以直接将话题切入实质性谈判，如"过去我们双方一直合作得很愉快，我想，这次我们仍然会合作愉快的。"

(2) 如果双方过去有过业务往来，但关系一般。那么开局的目标就要争取创造一个相对和谐的气氛。开局阶段，己方谈判人员的热情程度要有所控制，己方在谈判内容上可以简单聊一聊双方过去的业务往来、人员交往情况、谈判人员的日常生活、谈判人员的兴趣和爱好；在谈话语态上可以展现随和自然的状态。寒暄结束后，己方相对直接地将话题切入实质性谈判，如"过去我们双方一直保持着业务往来关系，我们希望通过这一次的交易磋商，将我们双方的关系推进到一个新的高度。"

（3）如果双方过去有过业务往来，但己方对对方的印象不佳。开局阶段谈判的气氛通常会是严肃、凝重的。因此，在开局阶段，己方谈判人员在语言上要注意礼貌且相对严谨；内容上可以就双方过去的合作表示遗憾，并希望通过磋商来改变这种状况；在态度上应该不卑不亢，与对方保持一定距离。寒暄结束后，己方可以相对委婉地将话题引入实质性谈判："过去我们双方有过一段合作关系，但遗憾的是，那次合作并不那么令人愉快，我们希望这一次能成为令人愉快的合作。千里之行，始于足下。让我们从这里开始吧。"

（4）如果双方过去没有业务往来，属于首次合作。在开局阶段，己方应力争营造一个真诚、友好的气氛，淡化双方因陌生感所带来的防备，为下一阶段谈判奠定良好的基础。在语言上，己方谈判人员应该表现得礼貌友好、落落大方；在内容上，应多以天气情况、途中见闻、个人爱好等轻松话题为主，也可以对双方在公司的任职时间、职责范围、专业经历进行简单的交谈；在态度上，应做到不卑不亢，沉稳中又不失热情，自信但不傲气。寒暄结束后，可以委婉地开始实质性谈判："这笔交易是我们双方的第一次业务交往，希望它能够成为我们双方发展长期友好合作关系的一个良好开端。我们都是带着希望而来的，我想，只要我们共同努力，就一定会带着满意而归。"

(二)谈判双方的实力

谈判双方的实力对比是影响开局气氛营造的重要因素。无论哪一方在实力上占优势，该方肯定会不遗余力地营造对己方有利的谈判气氛，试图掌握谈判的主动权，让己方的利益得以实现。一般来说，谈判双方的实力对比有以下三种情况。

（1）双方谈判实力相当，防止造成对方的戒备心理和对立情绪，从而影响实质性谈判。己方谈判人员在开局阶段要力争创造一个友好、轻松、和谐的气氛，在语言和姿态上要做到轻松而不失严谨、礼貌而不失自信、热情而不失沉稳。

（2）如果己方谈判实力明显强于对方，己方要建立和强化对方实力不足的自我意识，并采用相对强势的态度降低对方的期望值。同时，己方要注意分寸和尺度，避免把对方吓怕，导致谈判失败。因此，在开局阶段，己方既要表现出礼貌友好的态度，又要充分展现出己方的自信和气势。

（3）如果己方谈判实力弱于对方，己方要力保不让对方气势处于上风，进而影响下一阶段的谈判。开局阶段，己方在语言和姿态上一方面要表示出友好、积极合作的态度；另一方面要充分展现自信、沉稳，使对方不至于轻视己方，为己方争取最大利益。

本 章 小 结

开局阶段是整个商务谈判的开端，具体是指谈判双方刚一见面，寒暄介绍和交流的过程。一个良好的开局将为谈判成功奠定坚实基础；营造良好的气氛是造就良好开局的必要条件。因此，本章深入阐述了商务谈判开局阶段的重要性、开局阶段的基本任务以及开局阶段的常见策略等内容。其中，开局阶段主要有三项基本任务：营造良好的开局气氛、开场陈述、交换意见。同时，谈判人员为了促使谈判成功，形成一个良好的谈判气氛，在开局阶段应该做到：态度诚恳、真挚友好、务实灵活、求大同存小异、不纠缠细枝末节问题、努力适应双方的利益需要。此外，己方谈判人员还要选择适宜的开局策略。

自　测　题

1. 商务谈判开局阶段有哪些基本任务？
2. 营造良好的开局气氛要从哪几个方面去做？
3. 商务谈判开局应注意哪些事项？
4. 商务谈判开局有哪些方式？每种方式应注意哪些问题？
5. 商务谈判开局有哪些策略？如何使用？
6. 假如你是一位小企业的业主，刚签订了一个大的加工合同，需要你的所有员工加班才可以在合同约定的时间内完成任务。但是你的工人和技术人员知道后，要求你立即给他们的工资加倍，而你不同意，但不能立即找到替换他们的人，你将如何处理？

案　例　分　析

　　1994 年，美国全年贸易逆差居高不下，约 1800 亿美元，其中，对日本的逆差居首位，达 660 亿美元，而这中间 60%的逆差生成于进口的日本汽车中，日本汽车大量进入美国市场，1 年约 400 万辆。于是就有了 1995 年美日汽车贸易谈判，美国谈判方认为，日本汽车市场不开放；而日方却认为，本国政府未采取任何限制措施。为了谈判顺利进行，日本在谈判正式开始前就致力于改善谈判气氛，日本汽车制造业协会出钱在华尔街报纸做广告，广告标题是："我们能多么开放呢？"接着文字说明："请看以下事实：一、对进口汽车，零件无关税；二、对美国汽车实行简便的进口手续；三、美国汽车免费上展台；四、销售商根据市场需求决定卖什么车。"之后，又总结出美国汽车在日本销售不好的原因：日本汽油昂贵，所以日本人只能买省油的小汽车，而美国出口的是大型车。广告最后得出结论："自由贸易才是成功之路。"此后日本汽车制造业协会做过市场调查，看过报纸的人都认为，日本讲得有道理，形成了谈判的良好气氛。

(资料来源：本书作者整理编写)

思考题：

(1) 商务谈判开始时，营造谈判气氛的时机，有哪些方法？
(2) 日本的谈判代表在谈判开局时有什么值得借鉴的经验？

阅　读　资　料

一、外联与商家谈判时开场怎么说

(1) 确定自己拉赞助的档次。比如，A 档，市主办校承办的晚会，需赞助 10 万元，那么你显然就得盯着一些规模稍大的企业跑，那些小企业 1 年的广告费不过 10 万元，不可能全部投给你。B 档，校文艺部主办的文艺晚会，需赞助 5000 元，很简单，找一些小企业就可以了,这样小规模的晚会大企业是不会关注的。

(2) 明确自己所拉赞助项目的优势并且找准赞助企业。比如,迎新生晚会,优势就是能给新生留下在大学的第一印象,学生受众面广、认知度高,学生容易接受,乐于参加,广告效果好,这样的晚会拉赞助可以优先考虑学校周围的企业,如超市、美容美发中心、文具专卖店、饭店等;而为辩论赛之类的活动拉赞助,就应该找新华书店、某某英语学习机之类的厂商,像联通、移动这样的商家属于万金油,没事就多跑跑,它们不仅广告费多,还专门喜欢在学校里搞活动。

(3) 谈判时要明确能给商家带来的利益。商家投资主要是为了广告效应,所以谈判的时候不妨夸大一点参加活动的人数。活动举办要给商家做一定量的广告,商家满意了才会继续投资。我就遇到过一个商家,嫌广告效果不好,要和拉赞助的人打官司,因此大家要注意口头和书面的区别,赞助合同要尽量签得对自己有利,口头谈判可以尽量说得对商家有利。注意,我说的是尽量,不是坑人,不然名声坏了下次就一分钱赞助也拉不到了。

(4) 漫天要价,就地起价。这属于谈判技巧了,反正就是刚开始价格一定要定得高一点,然后慢慢再降一点价格给商家,千万别把价格谈死了,那就不好办了。

(5) 一个赞助不够就拉 N 个赞助,N 个赞助可以表述为某某企业冠名赞助、某某企业协办、由衷感谢某某企业的大力支持、主赞助商某某……

说话时要站在赞助商的角度上!但是办事的时候要站在同学的立场上!这样你一定会有很好的成绩的!

二、教你几招谈判开局方式

谈判的开局阶段一般不进行实质性谈判,而只是进行见面、介绍、寒暄,以及谈一些不很关键的问题。这些非实质性谈判从时间上来看,只占整个谈判程序中一个很小的部分。

1. 轻松入题

在谈判人员即将开始正式谈判时,气氛往往比较紧张、严肃,谈判人员往往忐忑不安,尤其是谈判新手在比较重要的谈判中,更是如此。采用恰当的入题技巧,有助于消除紧张气氛和尴尬心理,使谈判在轻松自然的气氛中进行。入题通常有以下几种类型。

1) 从题外话入题

题外话内容很多,一般包括:有关气候或季节的话题;有关新闻的话题;有关社会名人的话题;有关嗜好、兴趣的话题;有关衣、食、住、行的话题;有关健康的话题;有关出门旅行的话题;有关流行的话题;对对方有利的话题。

2) 从"自谦"开始入题

自谦在谈判开局时,常常用到。例如,对方在己方地点谈判,则可以谦虚地表示各方面照顾不周,向对方表示歉意。或者由主谈人介绍自己的经历,谦虚地说,自己缺乏谈判经验,希望通过谈判,学习经验,建立合作、友好关系。

3) 从介绍己方谈判人员入题

谈判负责人可以适当介绍己方谈判人员的姓名、经历、学历、年龄、著作、成绩等。这样,既打开了话题,消除了紧张气氛和忐忑不安的心理,又可以使对方了解己方谈判人员的基本情况,显示自己的谈判力量和阵容,威慑对方。

4) 从介绍己方的生产、经营、财务状况等入题

谈判负责人提供给对方一些有关生产经营的资料和基本情况,显示己方雄厚的财力和

良好的信誉，可以影响对方，坚定对方的谈判信念。

5）从具体议题入题

一般的商务谈判需要解决很多问题，并进行多次谈判。在具体的每次谈判中，双方可以首先确定每次会谈的议题，然后确定会谈程序，按程序一步步进行。具体的议题宜小不宜大，一般可按单位时间考虑。但采用这种技巧要有一个统一的规划和安排，要避免形成"马拉松"的局面。

2. 开局方式

1）协商式开局方式

在谈判中，各方就洽谈议程进行协商，例如，"我们先共同确定会谈议程，您是否同意"？"我想首先和您商量一下今天洽谈的议题，您的看法如何"？协商式开局技巧也可以贯穿于开局谈判的始终，从而把开局谈判自然地引向实质性谈判。下面的例子便是协商式技巧的运用。

甲方："我们彼此介绍一下各自的生产、经营、财务和商品的情况，您看如何？"

乙方："完全可以，如果时间、情况合适的话，我们可以达成一笔交易，您会同意吧？"

甲方："完全同意。我们谈半天如何？"

乙方："估计介绍情况一小时足够了，其他时间谈交易条件，如果进展顺利，时间差不多，行。"

甲方："那么，是贵方先谈，还是我先谈？"

乙方："随便，就请您先谈吧。"

从以上例子可以看出，协商式开局虽然简单，但有助于谈判人员在自然轻松的气氛中进入正式洽谈，从而使谈判各方在谈判程序、方式和速度等方面达成一致意见。

2）坦诚直率的开局方式

例如，一个经济实力较弱的小厂与一个经济实力强的大厂谈判时，小厂的主谈人为了消除对方的疑虑，向对方表示道："我们虽摊子小，实力不够强，但人实在，信誉好，产品质量符合贵方的要求，而且成本较其他厂家低。我愿真诚平等地与贵方合作。我们谈得成也好，谈不成也好，我们这个'弟弟'起码可以与你们这个'大兄长'交个朋友，并向你们学习生产、经营及谈判的经验。"这寥寥数语不仅可以表明自己的开局意图，而且可以消除对方的戒心，赢得对方的好感和信赖，这无疑会有助于谈判的深入进行。

3）冲击式开局方式

比如，有的谈判人员自恃经济实力强，企业规模大，开始就表现出冷漠、傲慢，所谈话语无不以居高临下之势百般习难对方；有的利用手中的紧俏商品，或对方急需的原材料，来卡对方的脖子，甚至伤害对方的感情；等等。对于这种情况，谈判人员一方面要承认它、正视它，另一方面可以用巧妙的手段对付它。冲击式技巧就是可以利用的一种手段。例如，一位客商利用某企业急需他们的原料且濒于停产之机，大肆抬高交易条件，并且出言不逊，伤害该企业谈判人员的感情，诋毁该企业的名誉。在这种情况下，如果该企业的谈判人员一味谦恭，只能适得其反，助长对方气焰。该企业谈判人员在谦恭、退让之后，突然拍案而起，采用了冲击式技巧。他指责对方道："贵方如果缺乏诚意，可以请便。我们尚有一定的原料库存，并且早就做好了转产的准备，想必我们今后不会再有贸易往来，先生，请吧！"由于谈判双方已经投入了一定的人力、财力，再加上利益所在双方的调和，这种冲击式的表达技巧，产生了应有的效果，促使双方终于坐下来开始了真诚的谈判。值得指出的是，在谈判中这种技巧不在万不得已的情况下，不可随意采用，即使采用，也不要给对方的行为定性或批评其动机，更不能有失礼节，进行人身攻击，伤害对方的感情。因为这样于事无补，也无法扭转对立局面。谈判人员要尽可能地避免情绪性的对立。

3. 开场陈述

谈判入题后，双方要陈述各自的观点和立场，进行开场陈述，这是谈判的重要步骤。开场陈述要简明扼要，不要让对方被自己冗长的陈述搅昏头脑，甚至引起反感。

下面介绍一个关于原材料买卖的开场陈述的案例。

甲方陈述：

我们对贵方所能提供的原材料很感兴趣。我们准备大宗购进一批，生产一种新产品。我们曾与其他厂家打过交道，但关键的问题是时间，我们想以最快的速度在这个问题上达成协议。为此，我们希望开门见山，并简化谈判的程序。虽然我们以前从未打过交道，不过据各方面反映，贵方信誉良好，一向很好合作。预祝我们的交易成功。

乙方陈述：

我们非常高兴贵方对我们的产品感兴趣，并愿意出售我们的产品。但是，我们的产品数量有限，市场又比较紧俏。当然，这一点是灵活的，我们关心的是价格问题。正因为如此，我们才不急于出售数量有限的产品。

通过以上案例可以看出，谈判各方通过简明的语言，明确地陈述了各自的谈判目的、所关心的主要问题、立场和态度，耐人寻味。

(资料来源：本书作者整理编写)

第五章　价格谈判

【学习要点及目标】

通过本章学习，学生应该深切了解商务谈判中影响价格的诸多因素、报价的技巧和表达方式、价格解释和价格评论的技巧、讨价还价的策略、妥协让步的技巧、打破僵局的技巧等知识。

【引导案例】

报价中的价格"锚定"

下周一是小李毕业后第一天上班，小李计划周六吃完饭后先约房产中介看一下单位附近出租的房子，再去办张健身卡。早餐是一碗面条，老板问小李要几个鸡蛋，离约定的见面时间快到了，小李想了想就加了一个鸡蛋。

到了房产中介公司，销售员先给小李介绍了一个离公司很近的三居室，设备齐全，环境优美，但是价格较高，小李很喜欢，无奈目前囊中羞涩，正犹豫时，销售员又给小李介绍了离公司步行五分钟路程的公寓，虽然小一些，但是价格低廉，销售员见小李感兴趣，又带他去公寓亲自体验了一下，干净整洁的房间布置得温馨舒适，装修风格也让小李非常满意，便立即向房产中介公司交了定金并签了协议。

最后一件事就是办健身卡了，健身房主管给小李介绍了一下促销活动，半年卡为 1688元，年卡为 1888 元，于是小李毫不犹豫地选择了年卡。

所有计划全部完成，高兴之余小李去喝杯咖啡庆祝一下。咖啡厅里，小李发现店家原来大杯、中杯、小杯的尺寸变了，原来的小杯没有了，增加了一个超大杯，原来的中杯成了现在的小杯，小李习惯性地又点了原来的中杯，但是店员提示他"只要加 3 元就能升大杯，您需要吗？"小李默算了一下，改成了大杯。

晚上，小李和做营销总监的妈妈通话交流时，聊起了一天的经历，妈妈听后笑了，建议小李以后多加学习。

（资料来源：本书作者整理编写）

思考题：妈妈说这句话是什么意思呢？小李一时间没反应过来，你又是怎么想的呢？

第一节 价 格 内 涵

一、影响价格的因素

价格中的"锚定".mov

商品价格是商品价值的货币表现。影响价格形成的直接因素主要有商品本身的价值、货币的价值以及市场供求状况。上述每一个因素，又是由许多子因素决定的，并处于相互联系、不断变化之中。这说明，在市场经济条件下，价格是一个复杂的、动态的机制。

商务谈判中的价格谈判，应当首先了解影响价格的具体因素。这些具体因素主要包括下列内容。

(一)市场行情

市场行情是指该谈判标的物在市场上的一般价格及波动范围。市场行情是市场供求状况的反映，是价格磋商的主要依据。如果谈判的价格偏离市场行情太远，谈判成功的可能性就很小。这也说明，谈判人员必须掌握市场信息，了解市场的供求状况及趋势，从而了解商品的价格水平和走向。只有这样，才能取得价格谈判的主动权。

(二)利益需求

由于谈判者的利益需求不同，他们对价格的理解也就各不相同。日常生活中，一件款式新颖的时装，即使价格较高，年轻人也愿意接受；而老年人可能偏重考虑面料质地，并据此评判价格。商务谈判中，如某公司从国外一家厂商进口一批货物，由于利益需求不同，则谈判结果可能有三种：一是国外厂商追求的是盈利的最大化，某公司追求的是填补国内空白，谈判结果可能是高价；二是国外厂商追求的是打入我国市场，某公司追求的是盈利的最大化，谈判结果可能是低价；三是双方都追求盈利的最大化，谈判结果可能是妥协后的中价，或者谈判失败。

(三)交货期要求

商务谈判中，如果对方迫切需要某原材料、设备、技术，即"等米下锅"，谈判中对方就可能忽略价格的高低。另外，如果某一方只注重价格的高低，而不考虑交货期，那么其也可能吃亏。例如，某远洋运输公司向外商购买一条旧船，外商开价1000万美元，该公司要求降低到800万美元。谈判结果，外商同意了800万美元的价格，但提出推迟交船三个月；该公司认为价格合适，便答应了对方的要求。哪知外商又利用这三个月跑了运输，营运收入达360万美元，大大超过了船价少获得的200万美元。显然，该远洋运输公司并没有在这场谈判中赢得价格优势。

(四)产品的复杂程度

产品结构、性能越复杂，制造技术和工艺要求越高和越精细，成本、价值及其价格就会越高，而且该产品核算成本和估算价值就越困难。同时，可以参照的同类产品也较少，价格标准的伸缩性也就较大。

(五)货物的新旧程度

货物当然是新的比旧的好，但新的自然价格比较高。其实，一些"二手货"，如发达国家的"二手"设备、工具、车辆等，只要折旧年限不是很长，一般经过检修后，技术性能仍相当良好，而售价也相当低廉。这说明，货物的新旧程度对价格有很大影响。

(六)附带条件和服务

谈判标的物的附带条件和服务，如质量保证、安装调试、免费维修、供应配件等，能为客户带来安全感和许多实际利益，往往具有相当大的吸引力。人们往往愿意"多花钱，买放心""多花钱，买便利"，因此，这些附带条件和服务，能降低标的物价格水平在人们心目中的地位和缓冲价格谈判的阻力。而且从现代产品的观念来看，许多附带条件和服务也是产品的组成部分，交易者对此自然重视。

(七)产品和企业的声誉

产品和企业的良好声誉，是宝贵的无形资产，对价格有重要影响。人们对优质名牌产品的价格，或对声誉卓著的企业的报价，往往有信任感。因此，人们不仅愿意出高价买名牌产品，也愿意与重合同、守信誉的企业打交道。

(八)交易性质

大宗交易或一揽子交易，比那些小笔生意或单一买卖，更能减少价格在谈判中的阻力。在大宗交易中，万儿把千元的价格差额可能不算什么；而在小笔生意中，蝇头小利也会斤斤计较。在一揽子交易中，货物质量不等，价格贵贱不同，交易者往往忽略价格核算的精确性或不便提出异议。

(九)销售时机

旺季畅销，淡季滞销。畅销，供不应求，则价格上扬；滞销，供过于求，为减少积压和加速资金周转，只能削价促销。

(十)支付方式

在商务谈判中，货款的支付方式，是现金结算，还是使用支票、信用卡结算，或以产品抵偿；是一次性付款，还是分期付款或延期付款等，这些都对价格有重要影响。因此，商务谈判中，如能提出易于被对方接受的支付方式，将会使己方在价格上占据优势。

二、价格谈判中的价格关系

商务谈判中的价格谈判，除应了解影响价格的诸多因素，还要善于正确认识和处理各种价格关系。

(一)主观价格与客观价格

主观价格与客观价格.mov

价格谈判中，人们往往追求"物美价廉"，总希望货物越优越好，而价格越低越好；或者同等的货物，低廉的价格。似乎这样才占了便宜，才赢得了价格谈判的胜利。其实，这种主观价格，往往是买方的一厢情愿。因为，如果真的"物美"，势必"价高"，否则，卖方就要亏本，连简单再生产也无法维持。所以，通常情况下，"物美价廉"是没有的，或者是少有的。现实交易的结果往往是：作为买方，一味追求"物美价廉"，必然要与卖方的"物美价高"发生冲突，于是卖方为表面迎合买方的"价廉"心理，便演出了偷梁换柱的戏法，暗地里偷工减料或以次充好，把"物美"变成了与"价廉"对应的"物劣"。这种"物劣价廉"的粉墨登场，正是价值规律使然。可见，一味追求主观价格，常常是"精明不高明"。

与主观价格相对立的是客观价格，即能够客观反映商品价值的价格。应当懂得，价值规律是不能违背的。在现代市场经济条件下，商品交易的正常规则应当是：遵循客观价格，恪守货真价实。只有这样，才能实现公平交易和互惠互利。

(二)绝对价格与相对价格

商品具有价值与使用价值。这里，我们把反映商品价值的价格，称为绝对价格；而把反映商品使用价值的价格，称为相对价格。

商务谈判中，人们往往比较强调反映商品价值的绝对价格，忽视反映商品使用价值的相对价格。其实，商品的价格既要反映价值，又要反映供求关系。而反映使用价值的相对价格，实质上反映着一种对有用性的需求。因此，相对价格在谈判中应当受到重视。在价格谈判中，作为卖方，应注重启发买方关注交易商品的有用性和能为其带来的实际利益，从而把买方的注意力吸引到相对价格上来，这样容易使谈判取得成功；而作为买方，在尽量争取降低绝对价格的同时，也要善于运用相对价格的原理，通过谈判设法增加一系列附带条件，来增加己方的实际利益。可见，运用相对价格进行谈判，对于卖方和买方都有重要意义。而价格谈判成功的关键往往在于：正确运用绝对价格与相对价格的原理及其谈判技巧。

(三)消极价格与积极价格

积极价格和消极价格.mov

日常生活中可以发现，一位老教授不肯花 30 元买一件新衬衣，但愿意花 50 元买两本书；一位年轻人不肯花 50 元买两本书，但请朋友吃饭花了 100 元却不以为然。这两个例子中，前面的"不肯"，说明对价格的反应及行为消极，属于消极价格；而后面的"愿意"，说明对价格的反应及行为积极，便是积极价格。其实，价格的高低，很难一概而论，同一价格，不同的人由于需求不同，会有不同的态度。这里，心理转变、观念转变，有时起决定作用。对于那位老教授，如果商店的营业员向他宣传，穿上挺括的新衬衣会改善您的形象，有利于社会交往，从而获得许多书本上没有的东西。那位老教授可能改变态度，决定买原来不想买的衬衣。而对于那位年轻人，如果他的师长向他忠告，知识是不可缺少的精神食粮，只有不断学习新知识，充实自己、提高自己，才有利于成长和发展，才能更好地适应社会的需要。那位年轻人就可能转变认识，培养起买书和学习的兴趣。营业员的宣传、师长的忠告，都是在做消极价格向积极价格的转化工作。

运用积极价格进行商务谈判，是一种十分有效的谈判技巧。谈判中常常会有这种情形，如果对方迫切需要某种货物，就会把价格因素放在次要地位，而着重考虑交货期、数量、品质等。因此，商务谈判中尽管价格是核心，但绝不能只盯住价格，就价格谈价格。要善于针对对方的利益需求，开展消极价格向积极价格的转化工作，从而赢得谈判的成功。

20世纪90年代初，我国一个经贸代表团访问某发展中国家。该国连年战乱之后百废待兴，需要建设一个大型化肥厂来支持农业复兴。我们提出成套设备转让的一揽子方案后，该国谈判代表认为报价较高，希望降低20%。我们经过认真分析，认为自己的报价是合理的，主要是该国在支付能力上有实际困难。于是，我们详细介绍了所提供的设备与技术的情况，强调了项目投产后对发展该国农业生产的意义，同时，我们又提出了从设计、制造、安装、调试、人员培训到技术咨询等方面的一揽子服务和有利于该国的支付方式。对方经过反复比较，终于高兴地确认我们的报价是合理的。这样，消极价格转化为积极价格，实现了双方的合作。

(四)固定价格与浮动价格

商务谈判中的价格谈判，多数是按照固定价格计算的。其实，并不是所有的价格谈判都应当采用固定价格，尤其是大型项目的价格采用固定价格与浮动价格相结合的方式很有必要。大型项目工程的工期一般持续较长，短则一两年，长则五六年甚至十年以上，有些原材料、设备到工程接近尾声才需要用，如果在项目谈判时就预先确定所有价格，显然是不合理的。一般而言，许多原材料的价格是随时间而变化的，工资通常也是一项不断增长的费用。此外，有时还要受到汇率变动等因素的影响。因此，在项目投资比较大、建设周期比较长的情况下，分清哪些按照固定价格计算，哪些采用浮动价格，交易双方不仅可以避免由于不确定因素带来的风险，也可以避免由于单纯采用固定价格，交易一方将风险因素全部转移到价格中去，而致使整个价格上扬。

采用浮动价格，其涉及的有关参数，不是任意的，而是由有关权威机构确定，因而，可以成为谈判各方都能接受的客观依据。这样，虽不能完全避免某些风险因素，但比单纯采用固定价格公平、合理得多。就浮动价格进行谈判，主要是讨论有关权威机构及有关公式的选用。

(五)综合价格与单项价格

商务谈判中，特别是综合性交易的谈判，双方往往比较注重综合价格，即进行整体性的讨价还价，有时还常常出现互不相让的僵局，甚至导致谈判失败。其实，此时可以改变一下谈判方式：将整个交易进行分解，对各单项交易进行逐一分析，并在此基础上进行单项价格的磋商。这样，不仅可以通过对某些单项交易的调整，使综合交易更加符合实际需要，而且可以通过单项价格的进一步磋商，达到综合价格的合理化。例如，一个综合性的技术引进项目，其综合价格较高。采用单项价格谈判后，通过项目分解可以发现，其中有些先进技术应予引进，但有些则不必一味追求先进，某些适用的中间技术引进效果反而更好，其价格也低得多；同时，其中关键设备应予引进，但一些附属设备可不必引进，可自行配套，其单项费用又可节省下来。这样，一个综合性的技术引进项目，通过单项价格谈判，不仅使综合项目得到优化，而且能大幅降低综合价格。实践表明，当谈判在综合价格上出现僵局时，采用单项价格谈判，常常会取得意想不到的效果。

(六)主要商品价格与辅助商品价格

某些商品，不仅要考虑主要商品的价格，还要考虑其配件等辅助商品的价格。许多厂商的定价策略采用组合定价，对主要商品定价低，但对辅助商品定价高，并因此增加盈利。例如，某些机器、车辆的整机、新车价格相对较低，但零部件的价格相对较高。使用这种机器或车辆，几年之后维修和更换配件时，就要支付昂贵的费用。20世纪70年代初，美国柯达公司生产的彩色胶卷价格较高，因此销量较低。此时，柯达公司研制出一种低成本的"傻瓜相机"，使摄影变成"你只管按快门"这样简单。而柯达公司的经营战略正是：给你一盏灯，让你去点。结果，人们纷纷购买这种廉价相机，于是大大促进了高价格彩色胶卷的销售。这些例子都说明，对于价格，包括价格谈判，不仅要关注主要商品价格，也要关注辅助商品价格，包括配件、相关商品的价格。切不可盲目乐观，落入"价格陷阱"。

三、"太贵"的确切含义

在谈判桌上，如果对方在价格上挑毛病，提出"价格太贵了"，应该想办法了解这个"太贵"的含义是什么。

(一)总的经济状况不佳导致价格"太贵"

对方目前的经济状况不佳，或是欠缺支付能力，或是计划支付的资金有限，或是正打定主意要同其他供货商谈一谈，这些都有可能是对方觉得"太贵"的原因。如果经过观察，发现对方确实经济状况不好，在相当长的一段时间内都无力购买，那么最好的办法是暂时放弃。

(二)暂时的经济状况不佳导致价格"太贵"

如果对方称目前没有足够的现金，可以主动建议采用其他支付方式，如果对方仍不接受，说明这一说法只是一种托词。

(三)手头没有足够的款项导致价格"太贵"

这种情况多发生在中间商身上。资金没有周转到手，无须降价，赊账就可以解决问题。

(四)想付出的款项有限导致价格"太贵"

这种情况是在谈判中要求对方降价的最常见的原因。如果一方不准备花太多钱来购买商品，说明没有激发起该方获得这一商品的强烈愿望。

(五)对方对价格有自己的看法导致价格"太贵"

这种情况说明对方不接受你的价格，需动用大量事实解释，改变对方的看法。

(六)同类产品及代用品导致价格"太贵"

如果对方用同类产品及代用品的低廉价格与你的产品价格相比较，则要设法让他们知道你的产品的优点能够给他们带来更多的利益，从而刺激他们购买的欲望。

(七)竞争者的价格导致价格"太贵"

如果对方以竞争者的价格做参照，提出价格不合理，那么应该解释价格不同的原因，指出对方在进行价格比较时忽略了某些方面。如果价格比竞争者高出很多，那么必须做出如下选择：或者向对方提供一些补偿；或者调整价格；或者坚持原价，能卖出多少就卖出多少，就是谈判毫无结果也在所不惜。

(八)从前的价格导致价格"太贵"

现在的价格高于从前的价格，对方要求恢复原来的价格。这时谈判人员应解释价格上涨的原因，并指出现在的价格已经很低了，或者可以看在长期合作的关系上，在其他方面提供一些优惠。

(九)习惯性压价导致价格"太贵"

面对讨价还价的老手，最好的办法是对此置之不理，或将其视为玩笑，把话题集中在产品的优点或其他问题上。

(十)出于试探价格的真假导致价格"太贵"

如果对方在试探你，那么价格在双方之间已基本上不算是障碍，只要以礼相待而不为之所动，自然对方就不会再继续坚持。

四、进行价格解释时必须遵循的原则

通常情况下，一方报价完毕之后，另一方会要求报价方进行价格解释。那么在做价格解释时，必须遵循一定的原则，即不问不答，有问必答，避虚就实，能言不书。

(1) 不问不答是指买方不主动问及的问题不要回答。其实，买方未问到的一切问题，都不要进行解释或答复，以免造成言多必失的后果。

(2) 有问必答是指对对方提出的所有有关问题，都要一一做出回答，并且要很流畅、很痛快地予以回答。经验告诉人们，既然要回答问题，就不能吞吞吐吐，欲言又止，这样极易引起对方的怀疑，甚至会提醒对方注意，从而穷追不舍。

(3) 避虚就实是指对己方报价中比较实质的部分应多讲一些，对于比较虚的部分，或者说水分含量较大的部分，应该少讲一些，甚至不讲。

(4) 能言不书是指能用口头表达和解释的，就不要用文字来书写，因为当自己表达有误时，口述和书写的东西对自己的影响是截然不同的。有些国家的商人，只承认书写的信息，而不重视口头信息。因此要格外慎重。

第二节 报价的策略和技巧

商务谈判人员要想在全局上控制整个谈判，同时又能正确处理好谈判过程中出现的诸多问题，就必须把握好谈判的各个阶段以及各个阶段应该采取的策略与技巧。

一、报价

报价阶段就是谈判开局阶段结束后，谈判进入到实质性阶段的前期。所谓实质性阶段是指开局阶段结束，到最终签订协议或败局为止，双方就交易的内容和条件所进行谈判的时间和经过。实质性阶段是整个谈判的主体。随着谈判进展的顺利进行或从其本身的逻辑关系来看，实质性阶段可细分为三个阶段，其前期即为报价阶段。

报价阶段即指双方各自提出自己的交易条件。谈判双方往往经过各自互探对方的底细，在明确了交易的具体内容和范围，以及讨论磋商的基本议题之后，提出各自的交易条件，表明自己的立场和利益需求。

商务谈判中的报价是指有关整个交易的各项条件，并非仅指价格条款。

报价和磋商是谈判过程中的两个核心问题，因为一方面报价和磋商的策略与技巧的应用很大程度上决定了生意是否能够成交；另一方面，一旦生意成交，还将在很大程度上决定是盈利还是亏损。为此，掌握报价阶段的策略与技巧，是商务谈判人员必须做到的。

二、报价必须遵循的原则

报价必须遵循的原则.mov

(一)报价的首要原则

对于卖方来讲，开盘价必须是"最高的"，相应地，对买方来讲，开盘价必须是"最低的"，这是报价的首要原则。

首先，若我们为卖方，开盘价为己方的要价确定了一个最高限度。一般来讲，除特殊情况外，开盘价一经报出，就不能再提高或更改了。最终双方成交的价格肯定是在此开盘价格以下。若我们为买方，开盘价为己方的买价确定了一个最低限度。一般来讲，没有特殊情况，开盘价也是不能再降低的，最终双方成交的价格肯定在此开盘价格之上。

其次，从人们的观念上来看，"一分钱，一分货"是多数人信奉的观点。因此，开盘价较高，会影响对方对己方提供的商品或劳务的印象和评价。

再次，开盘价较高，能够为以后的讨价还价留下充分的回旋余地，使己方在谈判中更富有弹性，便于掌握成交时机。

最后，开盘价的高低往往对最终成交水平具有实质性的影响，即开盘价高，最终成交价的水平也就比较高；开盘价低，最终成交价的水平也相应地比较低。

(二)开盘价必须合情合理

开盘价要报得高一些，但绝不是要漫天要价、毫无道理、毫无控制。恰恰相反，高的同时必须合情合理，必须能够讲得通。可以想象，如果报价过高，又讲不出道理，对方必然会认为你缺少谈判的诚意，或者被逼无奈而中止谈判扬长而去；或者以其人之道还治其人之身，相应地来个"漫天要价"；抑或一一提出怀疑，而我们又无法解释，其结果只好是被迫无条件地让步。在这种情况下，有时即使你已将交易条件降低到较公平合理的水平上，对方仍会认为尚有"水分"可挤，因而还是穷追不舍。可见，开盘价脱离现实，便是自找麻烦。

(三)报价应该坚定、明确、完整，且不加任何解释和说明

开盘报价要坚定、果断，这样做能够给对方留下己方是认真而诚实的好印象。任何欲言又止、吞吞吐吐的行为，都会导致对方的不良感受，甚至会产生不信任感。

开盘报价要明确、清晰而完整，以便对方能够准确地了解己方的期望。实践证明，报价时含糊不清最容易使对方产生误解，从而扰乱己方所定步骤，对己方不利。

报价时不要对己方所报价格做过多的解释、说明和辩解，因为对方不管己方报价的水分多少都会提出怀疑的。如果在对方还没有提出问题之前，便主动加以说明，会提醒对方意识到己方最关心的问题，而这种问题有可能是对方尚未考虑过的问题。因此，有时过多的说明和解释，会使对方从中找出破绽或突破口，向己方发起猛烈地反击，有时甚至会使己方十分难堪，无法收场。

综上所述为就一般情况而言的报价原则和策略。必须指出的是，报价在遵循上述原则的同时，必须考虑当时的谈判环境和与对方的关系状况。如果对方为了自己的利益而向己方施加压力，则己方就必须以高价向对方施加压力，以保护己方的利益；如果双方关系友好，特别是有过较长的合作关系，那么报价就应当稳妥一点，出价过高会有损双方的关系；如果己方有很多竞争对手，那就必须把要价压低到至少能受到邀请而继续谈判的程度，否则会连继续谈判的机会都没有，更谈不上其他机会了。因此，除了掌握一般性报价的原则和策略外，还需要对其灵活地加以运用，不可教条主义。

三、报价的形式

(一)书面报价

书面报价通常是指谈判一方事先提供了较详尽的文字材料、数据和图表等，将本企业愿意承担的义务，以书面形式表达清楚，使对方有时间针对报价做充分的准备，使谈判进程更为紧凑。但书面形式在客观上易成为该企业承担责任的记录，限制了企业在谈判后期的让步和变化。况且文字形式缺少口头表达的"热情"，在翻译成另外一种文字时，精细的内容不易翻译。因此，对实力强大的谈判人员，书面报价是有利的；双方实力相当时，也可使用书面报价；对实力较弱的对手则不宜采用书面报价。

(二)口头报价

口头报价具有很大的灵活性，谈判人员可以根据谈判的进程，来调整、变更自己的谈判战术，先磋商，后承担义务，没有义务约束感。

但对一些复杂的要求，如统计数字、计划图表等，难以用口头阐述清楚。另外，如果

对方事先对情况一无所知，可能一开始并不急于展开谈判，直到了解了基本情况才进行谈判，从而影响谈判进度。

四、报价策略

报价是指报出价格或报出的价格(广义的报价，除价格这一核心外，也包括向对方提出的所有要求)。报价标志着价格谈判的正式开始，也标志着谈判人员的利益要求的"亮相"。报价是价格谈判中一个十分关键的步骤，它不仅给谈判对手以利益信号，从而成为能否引发对方交易欲望的前奏，而且在实质上对影响交易的盈余分割和实现谈判目标具有举足轻重的意义。

报价绝不是报价一方随心所欲的行为。报价应该以影响价格的各种因素、所涉及的各种价格关系、价格谈判的合理范围等为基础。同时，由于交易双方处于对立统一之中，报价一方在报价时，不仅要以己方可能获得的利益为出发点，更必须考虑对方可能的反应和能否被对方接受。因此，报价的一般原则应当是：通过反复分析与权衡，力求把握己方可能获得的利益与被对方接受的概率之间的最佳结合点。可以说，如果报价的分寸把握得当，就会把对方的期望值限制在一个特定的范围，并有效控制交易双方的盈余分割，从而在之后的价格磋商中占据主动地位。反之，如果报价不当，就会助长对方的期望值，甚至使对方有机可乘，从而陷入被动境地。可见，报价策略的运用，直接影响价格谈判的开局、走势和结果。

报价阶段的策略与技巧主要体现在谁先报价、怎样报价和怎样对待对方的报价这三个方面，下面进行具体的阐述。

(一)先报价的利与弊

商务谈判双方在结束了非实质性交谈之后，就要将话题转入有关交易内容的正题上来。一经转入正题，双方即开始相互摸底。摸底的内容不外乎是了解对方对本次谈判的态度、兴趣、交易的大致内容和范围、谈判的议题等。摸底就是为提出己方的交易条件即报价做准备。经过摸底之后，双方即开始报价，那应该由哪一方先报价呢？换句话说，己方到底是先报价还是后报价呢？那要看先报价的利弊关系如何。

就一般情况而言，先报价有利也有弊。

先报价的有利之处如下。一方面，先报价对谈判的影响较大，它实际上等于为谈判划定了一个框架或基准线，最终协议将在这个范围内达成。比如，卖方报价某种计算机每台FOB 1000 美元，那么经过双方磋商之后，最终成交价格一定不会超过 1000 美元这个界限。另一方面，先报价如果出乎对方的预料和设想，往往会打乱对方的原有部署，甚至动摇对方原来的期望值，使其失去信心。比如，卖方首先报价 FOB 某货物 1 吨价格为 1000 美元，而买方心里却只能承受 1 吨价格为 400 美元，这与卖方报价相差甚远，即使经过进一步磋商也很难达成协议。因此，买方只好改变原来部署，要么提价，要么放弃。总之，先报价在整个谈判中都会持续地起作用，因此，先报价比后报价的影响要大得多。

先报价的弊端如下。一方面，对方听了己方的报价后，可以对他们自己原有的想法进行最后的调整。由于己方先报价，对方对己方交易条件的起点有所了解，他们就可以修改原先准备的报价，获得本来得不到的好处。正如上边所举的例子，卖方报价每台计算机 FOB 1000 美元，而买方原来准备的报价可能为 1100 美元每台。这种情况下，很显然，在卖方报价以后，买方马上就会修改其原来准备的报价条件，于是其报价肯定会低于 1000 美元每台。那么对于买方来讲，后报价至少可以使他获得 100 美元的好处。另一方面，先报价后，对方还会试图在磋商过程中迫使己方按照他们的路子谈下去。其最常用的做法是：采取一切手段，调动一切积极因素，集中力量攻击己方的报价，逼迫己方一步一步地降价，而并不透露他们自己究竟肯出多高的价格。

(二)何时先报价利大于弊

何时先报价利大于弊.mov

先报价有利也有弊，那么什么时候、什么情况下先报价利大于弊呢？一般来讲，我们要通过分析谈判双方实力的对比情况来决定何时先报价。

如果己方的谈判实力强于对方，或者说与对方相比，在谈判中处于相对有利的地位，那么己方先报价就是有利的。尤其是当对方对本次交易的行情不太熟悉的情况下，先报价的利更大。因为这样可为谈判先划定一个基准线，同时，己方了解行情，还会适当掌握成交的条件，对己方无疑是利大于弊。

如果通过调查研究，估计到双方的谈判实力相当，谈判过程中一定会竞争得十分激烈，那么，同样应该先报价，以便争取更大的影响。

如果己方谈判实力明显弱于对方，特别是缺乏谈判经验的情况下，应该让对方先报价。因为这样做可以通过对方的报价来观察对方，同时也可以扩大自己的思路和视野，然后再确定应对己方的报价做哪些相应的调整。

以上仅就一般情况而言。有些国际及国内业务的谈判，谁先报价几乎已有惯例可以遵循。比如，货物买卖的谈判，多半是由卖方首先报价，然后买方还价，经过几轮磋商后宣告成交。相反，由买方先出价的情况几乎是不存在的。

在价格谈判中，报价策略主要有以下几种。

1. 报价起点策略

价格谈判的报价起点策略，通常是作为卖方，报价起点要高，即"开最高的价"；作为买方，报价起点要低，即"出最低的价"。商务谈判中这种"开价要高，出价要低"的报价起点策略，由于足以震惊对方，被国外谈判专家称为"空城计"。对此，人们也形象地称其为"狮子大张口"。

显然，谈判双方报价起点的这种"一高一低"的策略，是合乎常理的，而不可能是"一低一高"，因为那是悖于常理的。当然，也不可能是"一中一中"，因为那只可能是经过数轮讨价还价后的结果，不可能是开盘的局面。从对策论的角度看，谈判双方在提出各自的利益要求时，一般都含有策略性虚报的部分。这种做法，其实已成为商务谈判中的惯例。同时，从心理学的角度看，谈判者都有一种要求得到比他们预期得到的还要多的心理倾向。并且研究结果表明，若卖方开价较高，则双方往往能在较高的价位成交；若买方出价较低，则双方可能在较低的价位成交。

"开价要高，出价要低"的报价起点策略，有以下几点作用。

(1) 报价起点策略可以有效地改变对方的盈余要求。当卖方的报价较高，并振振有词时，买方往往会重新估算卖方的保留价格，从而价格谈判的合理范围会发生有利于卖方的变化。同样地，当买方的报价较低，并有理有据时，卖方往往也会重新估算买方的保留价格，从而使价格谈判的合理范围发生有利于买方的变化。

（2）卖方的高开价，往往为买方提供了评价卖方商品的价值尺度。在一般情况下，价格能够基本上反映商品的价值。人们通常信奉"一分钱，一分货"，所以，高价总是与高档货相联系，低价自然与低档货相联系。这无疑有利于实现卖方更大的利益。

（3）报价起点策略中包含的策略性虚报部分，能为下一步双方的价格磋商提供充分的回旋余地。因为在讨价还价阶段，谈判双方经常会出现相持不下的局面。为了打破僵局，往往需要谈判双方或其中一方根据情况适当做出让步，以满足对方的某些要求和换取己方的利益。所以，开盘的"高开价"和"低出价"中的策略性虚报部分，就为讨价还价过程提供了充分的回旋余地和准备了必要的交易筹码，这可以有效地造成做出让步的假象。

（4）报价起点策略对最终议定成交价格和双方最终获得的利益具有不可忽视的影响。这种"一高一低"的报价起点策略，倘若双方能够有理、有利、有节地坚持到底，那么，在谈判不致破裂的情况下，往往会达成双方满意的成交价格，从而使双方都能获得预期的物质利益。

当然，价格谈判中这种报价起点策略的运用，必须基于价格谈判的合理范围，必须审时度势，切不可漫天要价和胡乱砍价，否则，就会失去交易机会和导致谈判失败。

2. 报价时机策略

价格谈判中，报价时机也是一个策略性很强的问题。卖方的报价比较合理，但并没有使买方产生交易欲望，原因往往是买方此时正在关注商品的使用价值。所以，在价格谈判中，应当首先让对方充分了解商品的使用价值和其能为对方带来的实际利益，待对方对此产生兴趣后再来谈价格问题。经验表明，提出报价的最佳时机，一般是对方询问价格时，因为这说明对方已对商品产生了交易欲望，此时报价往往水到渠成。

如果在谈判开始的时候对方就询问价格，这时最好的策略应当是听而不闻。因为此时对方对商品或项目尚缺乏真正的兴趣，过早报价会徒增谈判的阻力。这时应当首先谈该商品或项目能为对方带来的好处和利益，待对方的交易欲望已被调动起来再报价为宜。当然，对方坚持即时报价，也不能故意拖延，否则，就会使对方感到不被尊重甚至反感，此时应善于采取建设性的态度，把价格同对方可获得的好处和利益联系起来。

总之，报价时机策略，往往体现着价格谈判中相对价格原理的运用，是积极促进价格的转化工作过程。

3. 报价表达策略

报价无论采取口头方式还是书面方式，表达都必须十分坚定、果断，似乎不能再做任何变动和没有任何可以商量的余地。而在报价时"大概""大约""估计"一类含糊词语的使用，都是不适宜的，因为这会使对方感到报价不实。另外，如果买方以第三方的出价低为由胁迫时，你应明确告诉他"一分钱，一分货"，并对第三方的低价毫不介意。只有在对方表现出真实的交易意图时，为表明至诚相待，才可在价格上让步。

4. 报价差别策略

同一商品，因客户性质、购买数量、需求急缓、交易时间、交货地点、支付方式等方面的不同，会形成不同的购销价格。这种价格差别，体现了商品交易中的市场需求导向，在报价策略中应重点运用。例如，对老客户或大批量需求的客户，为巩固良好的客户关系或建立起稳定的交易联系，可适当实行价格折扣；对新客户，有时为开拓新市场，亦可给予适当让价；对某些需求弹性较小的商品，可适当实行高价策略；对方"等米下锅"，价格则不宜下降；旺季较淡季时，价格自然较高；交货地点远程较近程或区域优越者，应适当加价；支付方式，一次性付款较分期付款或延期付款，价格需给予优惠；等等。

5. 报价对比策略

价格谈判中，使用报价对比策略，往往可以增强报价的可信度和说服力，一般有良好的效果。报价对比可以从多个方面进行。例如，将本商品的价格与另一可比商品的价格进行对比，以突出相同使用价值的不同价格；将本商品及其附加各种利益后的价格与可比商品不附加各种利益的价格进行对比，以突出不同使用价值的不同价格；将本商品的价格与竞争者同一商品的价格进行对比，以突出相同商品的不同价格；等等。

【资料链接】

价格的锚定效应

锚定效应又称沉锚效应、锚定陷阱，是一种重要的心理学现象。该概念最早由2002年获得诺贝尔经济学奖的行为心理学家丹尼尔·卡尼曼提出。锚定效应的具体含义是：当人们需要对某个事件做定量估测时，会将某些特定数值作为起始值，起始值像锚一样制约着估测值。也就是说，人们在做决策时会不自觉地受最初所获得的信息影响。

在有关"价格"的场景中，买卖双方往往用锚定效应左右对方的思考和判断，比如直播间里卖货，助手说×元已经亏本卖的时候，主播好像啥都听不见一样，直接抛出极低的价格，助手向粉丝表示主播说错了，但是最后主播豪横表示"亏的部分我来担"，最后还上了个倒计时，顾客以助手所说价格为"锚定"价格，觉得性价比很高，于是货品被秒售一空。买家同样如此，明明知道产品的市场价格，但是仍然给卖家还了一个低价，目的就是打击卖家关于价格的自信，让卖家围绕所还低价谈起，从而节省更多成本。

商务谈判中，聪明的卖家，就是这样善用锚定效应，增加自己的利润。反过来，聪明的买家，也会货比三家，去获得尽可能多的信息，并采取低还价的方法，防止被人"锚"入套路。

（资料来源：本书作者整理编写）

6. 报价分割策略

报价分割策略，主要是为了迎合买方的求廉心理，将商品的计量单位细分化，然后按照最小的计量单位报价。采用这种报价策略，能使买方对商品价格产生心理上的便宜感，容易为买方接受。

五、西欧式报价术与日本式报价术

在国际商务谈判活动中，有两种比较典型的报价战术，即西欧式报价术和日本式报价术。

西欧式报价和
日式报价.mov

西欧式报价术与前文所述的有关报价原则是一致的。其一般的模式是，首先提出留有较大余地的价格，然后根据买卖双方的实力对比和该笔交易的外部竞争状况，通过给予各种优惠，如数量折扣、价格折扣、佣金和支付条件上的优惠(延长支付期限、提供优惠信贷等)来逐步软化和接近买方的市场和条件，最终达到成交的目的。实践证明，这种报价方法只要能够稳住买方，往往会有一个不错的结果。

日本式报价术的一般做法是，将最低价格列在价格表上，以求首先引起买方的兴趣。这种低价格一般是以对卖方最有利的结算条件为前提，并且，在这种低价格交易条件下，各个方面都很难满足买方的需求，如果买方要求改变有关条件，则卖方就会相应提高价格。因此，买卖双方最后成交的价格，往往高于价格表中的价格。

日本式报价在面临众多外部对手时，是一种比较艺术和策略性的报价方式。因为一方面可以排斥竞争对手而将买方吸引过来，取得与其他卖方竞争中的优势和胜利；另一方面，当其他卖方败下阵来纷纷走掉时，这时买方原有的买方市场的优势不复存在了，原来是一个买方对多个卖方，谈判中显然优势在买方手中，而当其他卖方不存在的情况下，变成了一个买方对一个卖方的情况，双方谁也不占优势，从而可以坐下来细细地谈，而买方这时要想达到一定的需求，只好任卖方一点一点地把价格抬高才能实现。

聪明的谈判人员，是不愿陷入日本式报价的圈套的。避免陷入日本式报价的最好做法就是，把对方的报价内容与其他客商的报价内容进行一一比较，看它们所包含的内容是否一样，从而判断其报价与其他客商的报价是否具有可比性。不可只看表现形式，不顾内容实质，而误入圈套。如果在对比中发现内容不一致，还要从中判断其内容与价格的关系，不可盲目行事。需要指出的是，如果报价内容不具备直接的可比性，那就要进行相应的调整，使之具有可比性，然后再做比较和决策。切忌只注意最后的价格，在对其报价所包含的内容没有进行认真的分析、比较的情况下，匆忙决策，造成不应有的被动和损失。另外，即使某个客商的报价的确比其他厂商优惠，富有竞争力，也不要完全放弃与其他客商的接触与联系，这样能给对方一个持续的竞争压力，迫使其继续做出让步。

综上所述，虽然日本式报价较西欧式报价更具有竞争实力，但是它不适合买方的心理，因为一般人总是习惯于价格由高到低，逐步降低，而不是不断地提高。因此，对于那些谈判高手，会一眼识破日本报价者的计谋，而不至于陷入其制造的圈套。

六、对待对方报价的策略

在对方报价过程中，要认真倾听并尽力完整、准确、清楚地把握住对方的报价内容。在对方报价结束之后，对某些不清楚的地方可以要求对方予以解答。同时，应尽可能地将己方对对方报价的理解进行归纳和总结，并力争加以复述，对方确认自己的理解正确无误之后，方可进行下一步。

在对方报价完毕之后，所用策略就是，不急于还价，而是要求对方对其价格的构成、报价依据、计算的基础以及方式方法等做出详细的解释，即所谓的价格解释。通过对方的价格解释，可以了解对方报价的实质、态势、意图及其诚意，以便从中寻找破绽，从而动摇对方报价的基础，为己方争取重要的便利。

在进行完价格解释之后，针对对方的报价，有两种行动选择：一是要求对方降低其要价。这是一种比较有利的选择，因为这实质上是对对方报价的一种反击，如果反击成功，即可争取到对方的让步，而己方既没有暴露自己的报价内容，也没有做出任何相应的让步。二是提出自己的报价。这种做法不建议使用，除非特殊情况，否则采用此法对己方不利。

第三节　讨价还价

一、讨价

讨价是指谈判中的一方首先报价之后，另一方认为离自己的期望目标太远，而要求报价方改善报价的行为。这种讨价要求既是实质性的，也是策略性的。其策略性作用是误导对方对己方的判断，改变对方的期望值，并为己方的还价做准备。讨价策略的运用包括讨价方式的选择和讨价之后对谈判对手的分析。

讨价一般分为三个阶段，不同的阶段可采用不同的讨价方式。

第一阶段，由于讨价刚开始，对卖方价格的具体情况尚欠了解，因而，讨价的策略是全面讨价，即要求对方从总体上改善报价。

第二阶段，讨价进入具体内容，这时的讨价策略是针对性讨价，即在对方报价的基础上，找出明显不合理、水分大的项目，要求把这些明显不合理部分的水分挤出去以改善报价。

第三阶段，是讨价的最后阶段，讨价方在做出讨价表示并得到对方反应之后，必须对此进行策略性分析。

若首次讨价就能得到对方改善报价的反应，这就说明对方报价中的策略性虚报部分可能较大，价格中所含的虚头、水分较多，也可能表明对方急于促成交易的心理。但是一般来说，报价者开始都会固守自己的价格立场，不会轻易降价。另外，即使报价方做出改善报价的反应，还要分析其让步是否具有实质性内容。对于买方，讨价几次都没有确定答案，这要根据价格分析情况、卖方的价格解释和价格的改善状况而定，只要对方没有大幅的明显让步，就意味着还有降价的可能。为了实现利润目标，不暴露底价，对方可能在做了一两次价格改善之后，就会打住，说："这是我的最后价格了，不能再降价了，已无利润可言了，已与进货价差不多啦，仅仅挣一个跑腿费而已。""你说，到底多少钱要？"卖方通过灵活的外交谈判手法，请求买方接受他的第二次、第三次改善价格，或者要求买方还价。商场如战场，此时，只要没有实质性改善，讨价方就应继续抓住报价中的实质性内容或关键的谬误不放，不要为卖方的"表演"感动。同时，应依据对方的权限、成交的决心继续实施讨价策略。

讨价要对事不对人，对人和蔼，对事坚决。要注意采用循循善诱的办法，启发对方，诱使对方降价，并为还价做好准备。如果在讨价还价的阶段就采取硬挤硬压的手段，会使谈判过早陷入僵局，不利于谈判的顺利进行，应尽可能使谈判保持和气生财的气氛，以求取得最好的效果。

卖方有时会以"生产厂家把价签给写错了""价格正在调整""与生产商商量商量，看看能不能降价"等为借口，来调整价格，作为买方应给卖方一个台阶，鼓励他继续降价。

二、还价

为了使谈判进行下去，卖方在做了数次调价以后，往往会要求买方还价；买方也应还价，以表示对对方的尊重和自己的诚意，同时也给谈判确定了方向。还价一定要谨慎，还得好，则可谈性强，对双方都有利；还得不好，不仅自己的利益要受到损失，而且还可能引起对方的误解或反感，使谈判陷入僵局，甚至破裂。

一般情况下，谈判的一方报价以后，另一方不会无条件地全部接受所报价格，而是相应地做出这样或那样的反应。谈判中的还价，实际上就是针对谈判对手的首次报价，己方所做出的反应性报价。还价以讨价作为基础。在一方首先报价以后，另一方一般不会全盘接受，而是根据对方的报价，在经过一次或几次讨价之后，估计其保留价格和策略性虚报部分，推测对方可妥协的范围，然后根据己方的既定策略，提出自己可接受的价格。如果说报价划定了讨价还价范围的边界的话，那么，还价将划定与其对立的另一条边界，双方将在这两条边界所规定的界区内展开激烈的讨价还价。

(一)还价前的筹划

报价具有试探性质，即报出一个价格看一看对方的反应怎么样，然后再调整自己的讨价还价策略。因此，还价的时候，还价者一定要小心，既不能让对方套出自己的真实想法，又要给对方一定的信息，同时还要表明自己在这一商务谈判中的智慧和能力。

在多数情况下，当一方报价以后，另一方不要马上回答，而应根据对方的报价内容，再对自己先前的想法做出调整，准备好一套方案后，再进行还价，以实现后发制人。

还价策略的精髓就在于后发制人。要想发挥后发制人的威力，就必须在还价前针对对方的报价做出周密的筹划。

(1) 应根据对方对己方讨价所做出的反应和自己所掌握的市场行情及商品比价资料，对报价内容进行全面的分析，推算出对方所报价格中水分的大小，并尽力揣摩对方的真实意图，从中找出对方报价虚头最大、己方反驳论据最充分的部分作为突破口，同时找出报价中相对薄弱的环节，作为己方还价的筹码。

(2) 根据所掌握的信息对整个交易做通盘考虑，估量对方及己方的期望值和保留价格，制定出己方还价方案中的最高目标、中间目标、最低目标。把所有的问题都列出来，分清主次、先后和轻重缓急，设计出相应的对策，以保证在还价时自己的设想、目标可以得以贯彻执行。

(3) 根据己方的目标设计出几种不同的备选方案，确认方案中哪些条款不能让步，哪些条款可以灵活掌握，灵活的幅度有多大，这样才便于保持己方在谈判立场上的灵活性，使谈判的斗争与合作充满各种可能性，使谈判协议更易于达成。

(二)还价方式

根据价格评论的不同，还价方式可分为按可比价还价和按成本还价两种。对于还价方式的选取应用，应本着哪种方式更有道理，更具说服力，就采用哪种方式的原则，因为还价讲理反映"识货""识礼""识人"。强调"讲理"，并不排斥技巧性，况且能做到"讲出道理来"本身就有技巧在内。

　　具体地讲，两种性质还价的选取决定于手中掌握的比价材料。如果比价材料丰富且完备，自然应选按可比价还价，这对于买方来讲简便、容易操作，对卖方来讲容易接受；反之，就采用按成本还价。在选定了还价的性质之后，再来结合具体情况选用具体技巧。

　　按谈判中每次还价项目的多少，谈判讨价方式有单项还价、分组还价和总体还价三种。如果卖方价格解释清楚，买方手中比价材料丰富，但卖方成交心切，有耐心及时询问时，采用单项还价对买方有利，对卖方也充分体现了"理"字，卖方也不会拒绝，他可以逐项防守。

　　如果卖方价格解释不足，买方掌握的价格材料少，但卖方有成交的信心，性急，时间也紧时，采用分组还价的方式对双方都有利。

　　如果卖方报价粗，而且态度强硬，或双方相持时间较长，但都有成交愿望，在卖方已做一两次调价后，买方也可采用以"货物"和"软件或技术费"两大块还价。不过，该价应还得巧。"巧"就是既考虑了对方改善过报价的态度，又抓住了他们理亏的地方；既考虑到买方自己的支付能力，又注意掌握卖方的情绪，留有合理的妥协余地，做到在保护买方利益的同时，使卖方还感到有获利的希望而不丧失成交的信心。

　　如果不是单项采购，在所有大系统、成套项目的交易谈判中，第一次还价不宜采用总体还价的方式。当然，不是绝对不可能，只是这样做，难度大，不易做好，不易说理，容易伤感情。有时双方旁观的技术人员也不能忍受这种砍法。

　　而左一项、右二项，一点一点地砍，对方慢慢地痛，也许就能忍受住，而且还保全了对方的面子和自尊心，等到最后回头看时，虽有痛处，但合同总算到手了。此外，对价格差距较大的商务谈判，卖方往往急于知道买方总的价格态度，以决定其最终立场，这时如果买方过早地抛出总价，也许在重砍之下把卖方吓跑，使谈判夭折。卖方没有拿到总还价，就意味着谈判未结束。在这种情况下，卖方不会轻易走掉，否则就没有完成使命，回去也不好交代，所以有经验的卖方一般不会干这种"失礼又失策"的事。当然，在经过几个回合的讨价还价、评论、解释、相持以后，就可以适时还总价了。

(三)还价起点的确定

　　一旦买方选定了还价的性质和讨价的方式以后，还价最关键的问题是确定还价起点，即以什么条件作为第一次还价。还价的起点是买方第一次公开报出的打算成交的条件，其高低直接关系到自己的利益，也反映出谈判人员的谈判水平。

还价起点的确定.mov

　　这第一锤子敲得好坏，对双方以后都有很大影响。如果能敲出双方讨价还价的兴趣和热情，说明第一次还价得当，成交前景就看好；如果能使卖方跟着买方的还价走，则更是高明，因为它有利于按照买方所希望的价格成交；如果敲得不好，则不是惹恼卖方，破坏谈判气氛，就是使自己陷于被动。因此，确定还价起点，必须十分慎重。

　　还价的目的不仅应提出与对方报价的差异，还应着眼于如何使对方承认这些差异，并愿意向双方互利性的协议靠拢。因此，确定还价起点的总体要求是，既能够保证价格磋商过程得以进行，同时还价起点要低，力求使自己的还价给对方造成压力，影响或改变对方的判断。此外，还价起点又不能太低，还价起点的高度必须接近对方的目标，使对方有接受的可能性。先前的报价实际为谈判定了一定的范围和框架，并形成对该价格的深刻印象，使还价一方很难对此范围和框架有大的突破。比如，一方先报出 6 万元，对方很少有勇气还价 600 元。

还价起点的确定，从原则上讲，既要低，但又不能太低，要接近谈判的成交目标。从量上讲，还价起点的确定有三个参照因数，即报价中的含水量、与自己目标价格的差距和准备还价的次数。同时还应分析卖方在买方对价格进行评价和讨论后，其价格改善了多少。

第四节　价格谈判的策略和技巧

谈判中为实现各自利益最大化，一定要探测到对方的价格底线，也就是临界价格。探测临界价格有如下方法。

一、临界价格的探测

(1) "假如"的策略。假装要购买额外的东西以试探价格是否可以从 1 元降至 0.92 元。

(2) "请你考虑"的策略。用"请你考虑"的策略查看买方的反应，卖方就可以了解买方心中的价格或者他预算的金额。

(3) "我想我能替你找来的"策略。卖方先提供某些没有的东西，探询买方愿意付出的价格，然后再代以另外的东西来求得更高的价格。

(4) "我全部买下"或者"大批订单"的策略。卖方的每米 12 元的布，买方就提议以每米 5 元的价格买下全部的布，从而找出卖方的成本底价。

(5) "交易告吹"的策略。买方愿付出的价格通常很低，卖方对此表现出惊奇，做出显然无法做成交易的表示，然后要求买方诚恳地告诉他最高的出价是多少作为未来交易的参考。

(6) "诱使撤防"的策略。买方表现出对产品有浓厚的兴趣，但资金有限买不起，以此洞察卖方的最低价。

(7) "设托"的策略。买方让另一个人出低价来试探卖方的反应，然后再由真正的买方和卖方议价。

(8) "比较"的策略。把已成交的买卖告诉对方，用以试探对方的反应。

(9) "错误"的策略。先出引起对方兴趣的价格，然后假装发现到一个错误，再撤回原先的出价。

(10) "较佳产品"策略。先谈高质高价产品，逐次降价等。

(11) "较差产品"策略。买方找出卖方所愿意接受的价格，然后再设法以较低的价格购买品质较好的产品。

(12) "升高"策略。卖方先和买方谈好交易内容，在反复考虑后，再将价钱提高。

(13) "仲裁"的策略。商谈全速进行，压对方做出最大让步，即使破裂也无妨，然后请第三者来仲裁。

(14) "接受这个价格，否则就算了"的策略。试探对方的反应。

（15）"我这样做，你那样做"的策略。以让步交换让步，响应后继续尝试。

（16）"合起来多少钱"的策略。先问合计价再问单价，互相摊牌，这样双方就能谈到底价。

二、价格谈判的策略和技巧

(一)投石问路策略

要想在谈判中掌握主动权，就要尽可能地了解对方的情况，尽可能地了解和掌握当己方采取某一步骤时，对方的反应、意图。投石问路就是了解对方情况的一种战略战术。与假设条件策略相比，运用此策略的一方主要是在价格条款中试探对方的虚实。例如，己方想要试探对方在价格上有无回旋的余地，就可提议："如果我方增加购买数量，你们可否考虑优惠一下价格呢？"或者再具体一些："购买数量为 1000 时，单价是 10 元；如果购买数量为 2000、5000 或 10000，单价又是多少呢？"这样，买方就可以根据卖方的开价，进行选择比较，讨价还价。

一般来说，任何一块"石头"都能使买方更进一步了解卖方的商业习惯和动机，而且对方难以拒绝。

选择投石问路策略时提问的形式主要有以下内容。

（1）如果我们和你签订了为期一年的合同，你方给的价格优惠是多少？

（2）如果我们以现金支付或采取分期付款的形式，你方的产品价格有什么差别？

（3）如果我们给你方提供生产产品所需的原材料，成品价又是多少呢？

（4）我方有意购买你们其他系列的产品，能否在价格上再优惠些呢？

（5）如果货物运输由我们解决，你方的价格是多少呢？

（6）如果我们要求你们培训技术人员，你们可否按现价出售这套设备？

（7）如果我方要求对原产品有所改动，价格上是否有变化？

（8）假设我们买下你的全部存货，报价又是多少？

反过来，如果对方使用投石问路策略，己方应采取以下措施。

（1）找出买方购买的真正意图，根据对方情况估计其购买规模。

（2）如果买方投出一个"石头"，最好立刻向对方回敬一个。如对方探询数量与价格之间的优惠比例，己方可立刻要求对方订货。

（3）并不是提出所有问题都要正面回答、马上回答，有些问题拖后回答，效果也许更好。

（4）使对方投出的"石头"为己方探路。如对方询问订货数额为 2000、5000、10000 时的优惠价格，可以反问："你希望优惠多少？""你是根据什么算出的优惠比例呢？"

可见，买方的投石问路策略反倒为卖方创造了极好的机会，针对买方想要知道更多资料信息的心理，卖方可以提出许多建议，促使双方达成更好的交易。

(二)抬价压价策略

抬价压价策略是商务谈判中应用最为普遍、效果最为显著的方法。常见的做法是：谈判中没有一方一开价，另一方就马上同意，双方拍

抬价压价策略.mov

板成交的，都要经过多次的抬价、压价，才互相妥协，确定一个合理的价格标准。因此，谈判高手也是抬价压价的高手。

谈判时抬价一方不清楚对方所能接受的价格是多少，在什么情况下妥协，因此这一策略运用的关键就是抬到多高才是对方能够接受的。一般地讲，抬价是建立在科学的计算，精确的观察、判断、分析基础上的；当然，忍耐力、经验、能力和信心也是十分重要的。事实证明，抬高价往往会有令人意想不到的收获。许多人常常在双方已商定好的价格基础上，又反悔变卦，抬高价格，而且往往能如愿以偿。

抬价作用还在于：卖方能较好地遏制买方的进一步要求，从而更好地维护己方利益。美国谈判专家麦科马克列举他参加谈判的一次经历，很好地说明了这一问题。有一次，他代表公司交涉一项购买协议，对方开始的开价是 50 万美元，他和公司的成本分析人员都深信，只要用 44 万美元就可以完成这笔交易。一个月后，他开始和对方谈判，但对方却又声明原先的报价有误，现在开价 60 万美元。这反倒使麦科马克先生怀疑自己原先的估计是否正确。直到最后，当他以 50 万美元的价格与对方成交时，竟然感到非常满意。这是因为，他认为是以低于对方要价 10 万元之差达成了交易，而对方则成功地遏制了他的进一步要求。

在讨价还价中，双方都不能确定对方能走多远，能得到什么。因此，时间越久，局势就会越有利于有信心、有耐力的一方。

压价可以说是对抬价的破解。如果是买方先报价格，可以低于预期目标进行报价，留出讨价还价的余地。如果是卖方先报价，买方压价，则可以采取以下方式。

(1) 揭穿对方的把戏，直接指出实质。比如，算出对方产品的成本费用，挤出对方报价的水分。

(2) 制定一个不能超过预算的金额，或是一个价格的上限、下限。然后围绕这些标准，进行讨价还价。

(3) 用反抬价来回击。如果在价格上迁就对方，必须在其他方面获得补偿。

(4) 召开小组会议，集思广益思考对策。

(5) 在合同没有签订以前，要求对方做出某种保证，以防反悔。

(6) 使对方在合同上签署的人越多越好，这样，对方就难以改口。

(三)目标分解策略

讨价还价是最为复杂的谈判战术之一，是否善于讨价还价，反映了一个谈判人员综合的能力与素质。我们不要把讨价还价局限在要求对方降价或己方降价的问题上。例如，一些技术交易项目，或大型谈判项目涉及许多方面，技术构成也比较复杂，包括专利权、专有技术、人员培训、技术资料、图纸交换等方面。因此，在对方报价时，价格水分较大。如果笼统在价格上要求对方作出机械性的让步，既盲目，效果也不理想。比较好的做法是，把对方报价的目标分解，从中寻找出哪些技术是己方需要的，价格应是多少，哪些是己方不需要的，哪一部分价格水分较大，这样，讨价还价就有利得多。

例如，我国一家公司与德国仪表行业的一家公司进行一项技术引进的谈判。对方向我方转让时间继电器的生产技术，价格是 40 万美元。德方依靠技术实力与产品品牌，在转让价格上坚持不让步，双方僵持下来，谈判难以进展。最后我方采取目标分解策略，要求德方就转让技术分项报价。结果，通过对德方分项报价的研究，我方发现德方提供的技术转让明细表上的一种时间继电器元件——石英振子技术，我国国内厂家已经引进并消化吸收，完全可以不再引进。以此为突破口，我方与德方洽商，逐项讨论技术价格，将转让费由 40 万美元降至 25 万美元，取得了较为理想的谈判结果。

运用这一策略的另一种方式，就是将目标分解后，进行对比分析，非常有说服力。例如，一家药品公司向兽医出售一种昂贵的兽药，其价格比竞争产品高很多，所以，销售人员在向兽医推销时，重点强调每头牛只需花 3 美分，这样价格就微不足道了；但如果他们介绍每一包要花 30 美元，显然就是一笔大款项了。

(四)价格诱惑策略

价格在谈判中十分重要。这是因为，许多谈判就是价格谈判。即使不是价格谈判，双方也要商定价格条款。价格最直接地反映了谈判人员双方各自的切身利益。自然，围绕价格的战术策略，常常具有冒险性和诱惑性。

价格诱惑，就是卖方利用买方担心市场价格上涨的心理，诱使对方迅速签订购买协议的策略。例如，在购买设备谈判中，卖方提出年后价格随市场行情大约上涨 5%。如果对方打算购买这批设备，在年底前签协议，就可以以目前的价格享受优惠，合同执行可按年底算。如果此时市场价格确实浮动较大，那么这一建议就很有吸引力。买方就有可能借价格未变之机，匆忙与对方签约。这种做法看起来似乎是照顾了买方的利益，实际上并非如此，买方甚至会因此吃大亏。

其原因主要有以下三点。第一，在上述情况下，买方在签署合同时，往往没有对包括价格在内的各项合同条款从头到尾地进行仔细认真的谈判，实际上只是在卖方事先准备好的标准式样合同上签字，很少能做大的修改、补充。这样，买方应争取的各项优惠条件和让步，就很难写入这种改动余地很小的合同中。第二，由于合同签订得仓促，很多重要问题都被忽视。卖方也常常会由于事先已"照顾了买方的利益"而在谈判中坚持立场，寸步不让。买方也会为了达成协议，过于迁就对方。第三，谈判人员签订这种价格保值合同时，常常顾不上请示其上级或公司董事会的同意而"果断"拍板，由于合同的实际执行要等到很久以后，因此，它所包括的一切潜在问题不会立即暴露出来。但一旦出现，其后果已不可挽回了。

由此可见，价格诱惑的实质，就是利用买方担心市场价格上涨的心理，把谈判对手的注意力吸引到价格问题上来，使其忽略对其他重要合同条款的讨价还价，进而在这些方面取得让步与优惠。对于买方来讲，尽管避免了可能由涨价带来的损失，但可能会在其他方面付出更大的价格，牺牲了更重要的实际利益。

因此，买方一定要慎重对待价格诱惑，必须坚持做到以下几点。首先，计划和具体步骤一经研究确定，就要不动摇地去执行，排除外界的各种干扰。所有列出的谈判要点，都要与对方认真磋商，绝不随意迁就。其次，买方要根据实际需要确定订货单，不要被卖方在价格上的诱惑迷惑，买下一些并不需要的辅助产品和配件，切忌在时间上受对方期限的约束而匆忙做出决定。最后，买方要反复协商，推敲各种项目合同条款，充分考虑各种利弊关系。签订合同之前，还要再一次确认。为确保决策正确，请示上级、召集谈判小组会议都是十分必要的。

本 章 小 结

价格事关谈判双方的切身利益，实际上是交易利益的再分割，因此是商务谈判的核心。进行价格谈判时，首先要分析影响价格的因素，善于处理各种价格关系，把价格定在一个合理的范围内。报价策略直接影响价格谈判的开局、走势和结果。报价策略主要有报价起点策略、报价时机策略、报价表达策略、报价差别策略、报价对比策略和报价分割策略几种。

西欧式报价术和日本式报价术各具特色，谈判者要加以区分，有针对性地采用不同的策略。价格磋商是价格谈判的交锋阶段，双方都会在各自不同层次价格目标的基础上展开讨价还价。讨价是买方要求卖方改善报价的行为，还价是买方做出的反应性报价。

还价策略的运用，包括还价前的筹划、还价方式、还价起点的确定等。想要谈判中获得主动权，还要找到卖方价格的临界点，采取不同的策略，主要有投石问路策略、抬价压价策略、目标分解策略和价格诱惑策略。

自 测 题

1. 报价应坚持什么原则？怎样报价？
2. 还价时应坚持哪些原则和策略？
3. 如何理解西欧式报价术与日本式报价术？

案 例 分 析

Y 集团公司拟通过洽谈会进行企业形象推广，亟须印制一批宣传手册。公司负责该项目的吴助理向多家企划公司询价，吴助理刚到集团公司没几个月，特别想在集团公司老总面前展现自己的能力，在没有认真阅读报价内容的情况下，吴助理选择了一家报价最低的企划公司，同时谢绝了其他公司。

在设计阶段结束时，吴助理想要将设计内容留存，但企划公司称知识产权属于该公司所有，拒绝了吴助理的要求，因为临近洽谈会，此时再选择其他企划公司已经来不及，况且之前并未签订合同，因此，Y 公司只能接受。

在即将印刷的时候，企划公司经理问吴助理，公司宣传手册需要用什么纸张，A4 纸还是铜版纸？吴助理不清楚什么是铜版纸，经理解释说明后告知吴助理，如果选择铜版纸，每份宣传手册需要增加 0.5 元成本。吴助理认为铜版纸有更好的宣传效果，无奈答应。经理又问，封面及内页各选择多少克数的铜版纸，吴助理对此一无所知，只能再次请教经理，后由于封面选用了 300 克铜版纸，内页选用了 200 克双铜纸锁线，经理提出每份手册再增加 0.5 元。同时其又问需要黑白、套红还是四色印刷，因为报价只包括黑白印刷，尽管吴助理十分恼火，但是悔改已经不可能。最终，加上临时提出的其他设计所增加的费用，宣传手册的成本翻了一番，吴助理每次想起这次谈判都深以为憾。

（资料来源：本书作者整理编写）

思考题：

这次谈判为什么让吴助理感到遗憾？我们能吸取什么经验教训？

阅 读 资 料

北京 C 电子公司欲购美国 F 电子设备公司的电子晶体烧结炉，C 公司派了王先生和莫小姐与 F 公司派到北京的戴尔先生谈判。上午谈判开始时，双方气氛很好，沟通一点都没问题。

到了价格谈判阶段，戴尔先生反复强调美方报价的合理性。但对 57 万美元一台的设备，中方不愿只听到"合理的解释"，而是希望"价廉物美"的事实。按中方的想法，该台设备在 49 万～51 万美元成交比较合适，最多不超过 52 万美元。于是王先生提出了降价要求。

戴尔先生："我方的报价是合理的，但为了表示诚意，我们还是做出让步，将价格下降 1%。"

王先生："这个步子也太小了，不行！戴尔先生应该大方点嘛。"

戴尔先生："王先生，不是我步子小，而是我的条件已经很优惠了。"

王先生："戴尔先生，要是真的优惠，我为什么还要求您降价呢？去年贵方卖过这种设备，价格就比现在低。今年中国市场还有日本、欧洲供应商的同类设备，价格均优于贵公司。因为贵公司是我们长期合作的老供应商，我们希望继续合作才与您谈，您这么做让我们很为难。"

戴尔先生："我很感谢贵方的信任，但我方降价确实有难处。"

王先生："贵方有贵方的难处，我们有我们的难处，您现在提出的价格我们实在难以接受。"

双方就这样一直讨论到下午 4 点，戴尔先生才又让了一步，同意再降 1%。这个价格与 C 公司的预期还是差距太大。王先生说："我很遗憾，贵方这个价格缺乏竞争性，我们不能接受。"这么干脆的表态让戴尔先生很意外，他沉默了一会儿，慢慢地说："贵方到目前为止，一直在让我降价，降了价，贵方还是不满意，这不像中国朋友的风格。若真像贵方所说的我公司是老客户、老关系，那就给我们指条路，怎么才能让贵方满意？"王先生和莫小姐听到戴尔先生不冷不热的一番话，相互看了一眼，不约而同地想到：戴尔先生讲得还真地道，整个中国式表述，逼中方还价。考虑到美国人的豪放劲儿，王先生想速战速决，就顺着戴尔先生的话抛出了还价条件："在技术条件不变的前提下，我方认为贵方还应再降 18%较为合理。"

"啊！这是什么价格？贵方这样还价是想赶我走吗？"戴尔先生显得有点惊诧。

"戴尔先生，您应该知道贵公司与我们的关系。我们希望从贵公司得到像老友的价格，而不是陌生人的价格。"王先生强调了交易背景，以证明自己出价有理。然后建议休息 15 分钟，请戴尔先生考虑后再谈。

　　休息时，王先生和莫小姐向公司部门经理汇报了谈判情况，共同分析谈判趋向。部门经理说："这是老业务，不应谈不成。"大家一致认为：休息后，若戴尔先生继续谈下去，就说明 F 公司要签合同；若不想谈了，可能确实因为出价太低，应改善价格，可将成交价格调到 52 万美元左右。

　　恢复谈判后，戴尔先生表示中方出价太低，不能接受，希望能提高价格。

　　看到戴尔先生还想谈下去，王先生说："这是我方认为合理的价格。"

　　戴尔先生："贵方是合理了，可我方就糟了。"

　　王先生："不至于吧，戴尔先生！要使双方满意，请提具体方案。"

　　戴尔先生："我们双方都有合作的诚意，我就再做一次努力，希望贵方能接受。再降 3%。"

　　王先生："这回戴尔先生像个大丈夫，走了一大步，我们表示佩服，但作为成交价格仍有差距。"

　　戴尔先生："还有差距？我可是尽了很大的努力了。"

　　王先生："凭您的实力，这一大步迈得还不费力。"

　　戴尔先生："王先生您说得容易，贵方的立场却未见改变。贵方的劲儿还没使呢！请贵方也使点劲儿吧！剩下的问题该贵方解决了。"说着戴尔先生合上笔记本等王先生回话。王先生看时间已经下午 6 点了，于是说："先吃晚饭吧！"

　　"那吃了晚饭再继续谈。"戴尔先生说道。

　　"可以。"王先生没想到戴尔先生追得这么紧，只好答应。

　　吃饭前，王先生向经理汇报了谈判情况，估计成交的希望很大，晚上不会太晚即可结束谈判，请经理回家休息，有情况再电话汇报。经理表示同意，并指示可以配合让步，促成交易。直到晚上 9 点，经理还未接到王先生电话，于是打电话到会议室，方知还未达成协议，双方差距仍有 2%，即 1 万多美元。戴尔先生是横竖不向前走了。经理分析：这点差距对于 50 多万美元的交易来讲不算问题，怎么这么拖拉？这不是美国人的风格。为了尽快促成交易，经理授意王先生，可再让一点。到晚上 11 点，双方最终在 51.5 万美元达成一致。握手后，王先生说："戴尔先生，您的谈判很顽强，也很有耐心，对一点小利也争半天，这不像美国人的风格嘛！"戴尔先生答道："我这一点不好吗？这是从你们中国人那里学的哦！"王先生问："是吗，您何时师从中国人的？""从我娶了我夫人之后。""贵夫人是中国人啊？""是啊，一位很漂亮的中国女性，她听说我要到中国来谈生意，特地教我：注意礼貌，要有耐心。"王先生说："嗯，您谈得很有礼貌，礼貌地不退让。也很有耐心，顽强地讨价还价，学习得不错！"戴尔先生说："谢谢，我会把您的评价转告给我夫人。"

　　一阵笑声中双方结束了谈判。

　　(资料来源：夏美英，徐珊珊. 商务谈判实训[M]. 北京：北京大学出版社，2013)

第六章　商务谈判的磋商阶段

【学习要点及目标】

　　通过本章的学习，使学生理解并掌握商务谈判磋商阶段中应遵循的原则；掌握让步的基本原则和可采取的策略；了解僵局形成的原因，掌握处理僵局的原则和策略；掌握在磋商阶段各种情况下可采取的措施。

【引导案例】

美日汽车谈判案例

　　日本有一家著名的汽车公司在美国刚刚"登陆"时，亟须找一家美国代理商来为其销售产品，以弥补他们不了解美国市场的缺陷。当日本汽车公司准备与美国的一家公司就此问题进行谈判时，日本公司的谈判代表路上堵车迟到了。美国公司的代表抓住这件事紧紧不放，想要以此为手段获取更多的优惠条件。日本公司的代表发现无路可退，于是站起来说："我们十分抱歉耽误了你的时间，但是这绝非我们的本意，我们对美国的交通状况了解不足，导致这个不愉快的结果，我希望我们不要再为这个无关紧要的问题耽误宝贵的时间了，如果因为这件事怀疑到我们合作的诚意，那么，我们只好结束这次谈判。我认为，我们所提出的优惠代理条件是不会在美国找不到合作伙伴的。"

　　日本代表的一席话说得美国代理商哑口无言，他们也不想失去这次赚钱的机会，于是谈判顺利地进行下去。

（资料来源：本书作者整理编写）

　　思考题：你从该案例中得到了什么启发？日方运用了什么谈判策略？

第一节　磋商阶段概述

一、磋商阶段的含义

　　磋商阶段也叫"讨价还价阶段"，是报价阶段结束之后，谈判各方就实质性事项进行协商，争取自身利益最大化的全过程，在谈判的各个阶段中是最耗时、最紧张、最困难的阶段，也是直接影响谈判结果的最重要阶段。在磋商阶段，谈判双方要灵活运用技巧、方法和手段，投入大量的时间和精力，争取最有利于己方的结果。

二、磋商阶段的主要内容

磋商阶段是商务谈判中最实质的阶段。在这一阶段，谈判双方往往会采取各种谈判策略，通过陈述交流、质疑提问、论证说服、逻辑推理和辩论等多种形式展开正面交锋。一般而言，要想最终达成一致协议，谈判磋商阶段谈判双方要经过讨价、还价、妥协和让步三个步骤。

(一)讨价

1. 讨价的含义

讨价是磋商阶段的正式开始，是指当谈判一方在听完另一方的报价和解释之后，若是认为其报价和自己的预期水平不相符，要求其修改报价或是重新报价的行为。讨价前买方要仔细倾听卖方的价格解释，捕捉有用信息，掌握对方的真实预期。报价方一般不会在开始时就暴露其底线价格，而是将利益最大化的点作为讨价起点，买方要经过多次讨价，迫使卖方改善报价，直到价格没有修改的余地为止。实际讨价过程中，讨价的次数没有统一标准，而是要根据价格程度是否改善和交易内容是否符合要求来具体确定。

2. 讨价的分类

讨价可以分为具体讨价和全面讨价两种类型。

(1) 具体讨价。具体讨价也称针对性讨价，即针对交易条件中的具体内容，如分项价格和具体的条款等，要求报价者重新报价。这种方式多用于报价中水分比较少的情况，要想对方改善报价，那么就需要对各项价格进行详细、有针对性的分析。在对方已经改善价格，但是仍想争取更有利的成交条件时同样适用。

(2) 全面讨价。全面讨价也称笼统讨价，即从所有交易条件入手，以全局视角要求报价方重新报价。这种方式多用于第一次讨价，从总体上提出一个笼统的要求，使报价者降低预期目标，考虑重新报价。

(二)还价

1. 还价的含义

还价是一种反应性报价，以买方采取措施让卖方改善报价或是重新报价为基础。讨价还价是谈判双方针对价格的正面交锋，是双方矛盾集中爆发的阶段，正确的还价策略应该是在充分了解对方价格依据和弹性幅度的基础上，发挥"后发制人"的威力，使谈判朝着有利于己方的方向发展，使谈判的主动权掌握在还价方手上。

2. 还价的分类

按照对产品的了解程度、成交数量等情况的不同，还价可以分为按还价项目的数量还价、按可比价还价和按成本还价三类。

(1) 按还价项目的数量还价。这种还价方式可以细分为以下几类。①总体还价，又称

"一揽子还价"，是指不考虑报价中各部分所包含水分的差异，对于报价中的各个部分均按照一定的百分比进行整体还价。②分组还价，将产品划分为若干个组别，按每组所含水分多少逐一还价，对含水分较高的组要重点还价。③单项还价，对产品进行分解，针对报价中的最小项目逐个或逐项还价。

(2) 按可比价还价。这种还价方式是指当己方并不完全了解谈判商品的真实价值时，以市场上同类产品的价格或竞争者产品的价格为参考进行还价。这种方式下所选的产品一定要具有可比性，否则对方极有可能质疑不具有说服力的价格，反而给了对方反击的机会。

(3) 按成本还价。这种还价方式是指己方对谈判产品十分了解，能够计算其成本，在此成本的基础上加一定比率的利润来还价。这种方式下还价的关键是成本计算的准确性，成本计算越准确，还价的信服度越高，越容易迫使对方做出让步。

3. 还价过程应注意的问题

在商务谈判中，还价一般应注意以下几个问题。

(1) 充分的前期准备工作。前期准备阶段，要进行充分的市场调查，充分了解对方的报价条件，摸清对方报价中的关键条件，才能在还价中掌握合理的依据，探寻到更大的议价空间。

(2) 保持全局意识。商务谈判的过程不仅要争取到最优价格，而且还要通盘考虑，将产品的性能、付款条件等交易条件以及选择的策略直至外部环境等联系起来，这样还价才更有说服力，有利于磋商的顺利进行。

(3) 找到真正分歧点。想要提出对方能接受的合理还价，必须找到双方真正的分歧点。在准确了解对方报价内容的基础上，要对双方存在的分歧进行分析，确定哪些是涉及根本利益的实质性分歧，哪些是人为造成的假性分歧。只有精准地分析双方之间的分歧，己方才更容易提出合情合理的还价，掌握主动权。

(三)妥协和让步

1. 妥协和让步的含义

妥协和让步是指谈判双方在一定程度上降低己方的理想标准及利益要求，向双方共同的目标靠近的过程。若是在谈判进入到僵持阶段，双方均不肯退让半步，就只能面临谈判破裂，两败俱伤，这时适当的妥协才能促进协议的达成。俗话说"退一步海阔天空"，事实上，妥协和让步本身就是一种策略，适当地修正先前的立场、观点和报价，适当满足对方，实质上是为了换取己方的需要。双方共同的让步，可以实现双方的共同利益，达到共赢的理想局面。根据谈判的进展，必要时候的妥协和让步是必不可少的。

2. 妥协和让步的基本原则

妥协和让步作为一种策略涉及多方面的问题，不能随心所欲，随便让步。既要审慎考虑己方是否要让步，做出哪些让步，做出多大让步等问题，又不能忽视己方做出让步策略时对方的反应，怎样争取对方的让步等问题。在具体的谈判中，妥协和让步一般要遵循以下基本原则。

(1) 不轻易让步。让步的一个基本原则是要维护整体的利益，即牺牲局部利益更好地维护整体的利益。因此，在商务谈判中，一般要三思而后行，分析清楚局势，谨慎从事，不轻易做出让步。只有当谈判陷入无法进行下去的僵局时，才考虑做出适当的让步，尤其当谈判白热化时，谈判双方处于心理拉锯战的状态，坚定沉稳的一方往往是能够获得主动权的一方。

(2) 选择正确的让步时机。让步过早往往会令对方得寸进尺，让步太晚又会失去应有的作用。一定要在关键环节上，选择适当的时间、适当的场合做出适当的让步，使己方以最小的代价获得最大的利益回报。一定要等到经过充分的磋商，结合谈判的场合、谈判的进展和发展方向、谈判人员的谈判风格和谈判策略等因素，选择成熟的时机，使让步恰到好处。

(3) 有条件让步。让步不能是无谓的，己方的让步应以对方的补偿为前提。让步应当体现对己方有利的宗旨，做出让步的同时，必须得到对方的回应，如果事先预测得不到任何利益回报，便没有必要做出单方面的让步。理想的让步必须是互惠、双向的让步，以双方的利益互换为基础。

(4) 分轻重缓急。在不得不做出让步时，对亟须让步的问题和次要的问题要根据实际需要考虑让步。对于关键性和原则性的问题、重大问题一般不做让步。

(5) 严格控制让步次数、频率和幅度。在让步过程中，让步次数要尽量少，频率要低，幅度要小，应当步步为营，赢得对方的重视，表明让步的价值，使对方感觉到己方付出的巨大努力，为对方的让步打下基础，以控制谈判的局势和节奏。

(6) 不承诺同等幅度的让步。同等幅度的让步并不能带来同等幅度的利益，因此不能单纯从数字上判断双方的诚意。同样地，一报还一报地互相让步，或是以大换小、以旧换新、以小问题换大问题的做法也是不可取的。因为让步是谈判人员主动牺牲己方利益追求共同利益最大化的策略，以小换大是让步的重要基本目标。应该让对方感到自身也做出了同样的努力、有同样的诚意，从自身可以承受的最大底线出发给予了适当的让步。

三、谈判磋商阶段应遵循的原则

谈判磋商阶段，在思想意识上谈判人员要清楚整个磋商过程，知道按照什么样的方式进行，才能对谈判的发展有利，所以，在磋商阶段要遵循以下原则。

谈判磋商阶段应
遵循的原则.mov

(一)把握气氛的原则

进入磋商阶段之后，谈判双方要针对对方的报价讨价还价。双方之间难免会出现提问和解释、质疑和表白、指责和反击、请求和拒绝、建议和反对、进攻和防守，甚至会发生激烈的辩论和冷场。因此，在磋商阶段仍然要把握好谈判气氛，开局阶段可能已经营造出友好、合作的气氛，进入磋商阶段后仍然要保持这种气氛。如果双方突然收起微笑，面部表情紧张冷峻，语言生硬激烈，使谈判气氛一下子变得紧张对立起来，就会令人怀疑开局阶段友好真诚的态度是装出来的，双方产生不信任。所以，尽管磋商阶段争论激烈、矛盾尖锐，但仍然要维护已经营造出来的良好的合作气氛，只有在这种良好的合作气氛中，才能使磋商顺利进行。

(二)注意谈判结构方向的原则

商务谈判按结构方向可以分为横向谈判和纵向谈判。横向谈判是一轮一轮地谈，每轮谈及各个问题；而纵向谈判则是每次只谈一个问题，直到确定下来为止。具体地说，横向谈判的步骤是先把要磋商的条款统统列出来，先粗略地磋商每项条款，再详细地磋商每项条款的各个方面；纵向谈判的步骤是从某一条款开始，明确条款的范围，并深入讨论这个条款，直至得出一致意见；然后再开始第二个条款，并深入磋商，得出一致意见；接着开始第三个条款，直至所有条款都依次磋商完毕。在实际的磋商过程中，谈判人员应该首先明确是采用纵向谈判还是横向谈判的结构，否则，就会使谈判磋商混乱，容易引起争执，效率低下。

(三)次序逻辑原则

次序逻辑原则是指把握磋商议题时，按其内容的客观次序逻辑来确定谈判的先后次序与谈判进展的层次。在磋商阶段中，双方都面临着许多要谈的议题，如果不分先后次序，不讲究磋商进展层次，想起什么就争论什么，就会毫无头绪，造成混乱，毫无效率可言。因此，双方要通过磋商确定几个重要的谈判议题，按照其内在逻辑关系排列先后次序，然后逐题磋商。可以先磋商对后面议题有决定性影响的议题，此议题达成共识后再讨论后面的议题；也可以先对双方容易达成共识的议题进行磋商，将双方认识差距较大、问题比较复杂的议题放到后面磋商。

(四)掌握节奏原则

磋商阶段的谈判节奏要稳健，不可过于急促。因为这个阶段是解决分歧的关键时期，双方对各自观点要进行充分的论证，许多认识有分歧的地方要经过多次交流和争辩，而且某些关键问题一轮谈判不一定就能达成共识，要经过多次重复谈判才能完全解决。一般来说，双方开始磋商时，节奏要相对慢一些，双方都需要时间和耐心倾听对方的观点，了解对方，分析研究分歧的性质和解决分歧的途径。关键性问题涉及双方的根本利益，各方必然会坚持自己的观点，不肯轻易让步，还有可能使谈判陷入僵局，所以磋商阶段需要花费较多的时间。谈判者要善于掌握节奏、不可急躁，要稳扎稳打、步步为营，一旦出现转机，就要抓住有利时机不放，加快谈判节奏，不失时机地消除分歧，争取达成一致意见。

四、磋商过程的注意事项

在磋商阶段，常常会不断出现双方意见分歧和立场对峙的局面。凡是抱有诚意的谈判人员，都希望能消除不必要的误解，使自己的观点为对方理解和接受，并说服对方放弃其不合理的要求。因此，谈判人员在磋商阶段要注意以下几点，这有利于取得谈判的成功。

(一)注意调动对方合作的态度与行为

商务谈判是在人与人之间进行的，但有时在谈判过程中，这一事实却常常被谈判人员忽视和遗忘。其主要表现在：参加谈判的人往往忽视和遗忘了对方作为谈判人员的本性，误以为合作要建立在改变对方的态度与行为的基础上。因而，当对方的态度与行为有所偏差时，总是想横加指责，结果却极大地伤害了对方的自尊心，并引起对方反感和厌恶的心理，使谈判无法进行下去。因此，谈判人员要清醒地认识到自己是在和人打交道，若想使对方合作，就要调动对方在态度与行为上的协助与支持，而不是强行改变对方的态度与行为，使之就范。要做到这一点，就应该不断地告诫自己：自己是在和人打交道，必须注意到人性基本需求的问题。所以在谈判的过程中，应该表现出积极合作的态度和致力于解决问题的工作作风，这样才能感染对方，使之保持积极的态度和行为。

(二)注意发现并满足对方的需求

在谈判的磋商过程中，需求是进行磋商的目的。商务谈判的前提是双方都要求得到某种利益，否则，就会对另一方的需求充耳不闻，也就不会讨价还价了。如果不存在尚未满足的需求，人们就不会进行谈判。发现谈判对手的需求才能解决问题，但要了解对方在想什么，真正需求什么，是比较困难的，应采用各种手段和技巧去发现对方的需求。一般通过以下几个办法可以发现并满足对方的真正需求。

1. 通过提问了解对方的需求，然后分析解决问题

在商务谈判中，可在适当的时机向对方发问。例如，贵方希望通过这次谈判取得什么样的结果？贵方的需求是什么？等等。通过这种直截了当的试探，不仅能了解对方的需求，还能收集其他有关的信息。提出什么问题，如何表述问题，应掌握住时机，让别人在表态之前，最好让每人都有机会提出一两个问题。在对方提出问题后要认真分析，如果是合理的，己方应该给予满意的答复；当不合理时己方要采取合适的办法，进行说服、解释、反驳。

2. 通过聆听对方的表述了解需求，并采取相应的对策解决

谈判时应认真聆听对方所说的每一个字，以发现对方的真正需求。谈判人员之间的谈话，可能有多层含义。例如，通过对方的一项陈述，己方可以发现其要交换的意见；可以推断某些信息；可以根据对方探讨问题的方式得知对方的真正需求。据此可以采用有针对性的策略和办法进行磋商解决。

3. 通过观察对方的行为了解其想法，采取正确的措施解决

在谈判中，对方的行为举止有着种种心理上的含义和暗示。对方的各种肢体行为都表现出其想法，但一定要分清楚是有意识的还是无意识的。因此，在谈判中，要不断地观察对方的行为举止，发现其要求和想法。谈判高手始终不会让对方的各种行为逃过自己的眼睛，从而了解对方的要求及其满足程度。例如，咳嗽常常也具有许多含义，有时它表现了谈判人员的不安，借此稳定情绪，以使自己能继续讲下去；有时也常被用来掩饰假话，这时就要发现其根源消除对方的疑虑，如果是假话就要小心了。如果发现对方突然往椅背上一靠，粗鲁地叉起双臂，就应意识到这是没有达到对方的真正需求，麻烦可能要发生了，因此，需要进行进一步的磋商。

(三)注意让对方了解自己的需求

谈判人员不仅要重视了解对方的真正需求，也应让对方了解自己的需求，应在满足己

方需求的同时，满足对方的需求。有经验的谈判人员，在创造良好的谈判气氛后，并不急于进入达成协议的具体谈判内容，而是让对方了解己方的需求，这样做才较为理想。

总之，谈判是和人进行的交流与协商。要想谈判成功，在谈判中就应注意调动对方与己方合作的态度和行为，要注意发现和满足其合理的需求，而且要让对方清楚己方的需求，有时也要刺激对方，激发他行动的力量与勇气。

五、磋商阶段谈判策略的特征

谈判策略在整个商务谈判中起着非常重要的作用。现代社会的竞争不仅是力量的竞争，而且是智慧的较量，谈判正是这种智慧的集中体现。磋商阶段是整个谈判的核心，其策略也是整个谈判中最丰富多彩的，充分认识和把握磋商阶段谈判策略的特征，有助于谈判人员在实践中灵活有效地运用策略。磋商阶段谈判策略的特征如下所述。

(一)预谋性

磋商阶段谈判策略集中体现了谈判人员的智慧和谋略。在谈判中，策略的运用都是有目的的。无论遇到什么样的情况和复杂的局面，选择和使用什么样的应对策略，谈判人员都要事先进行全面商讨与筹划。策略的产生过程就是策略的运筹过程，也就是对主客观情况的分析、评价和判断的过程。在磋商阶段谈判中，如果没有事先筹划的应对策略，一定会处处被动，只有招架之功，没有还手之力。

(二)针对性

磋商阶段谈判是一种应对性很强的活动。谈判双方或多方只有为了满足某种需求才会坐到一起来沟通。在磋商阶段谈判中，任何策略的运用都有明显的针对性，它必然是针对谈判桌上的具体情况而采取的谋略和一系列举措。在商务谈判中，谈判人员一般主要针对谈判的目标或内容、人员风格以及对方可能采取的策略等来制定己方的策略。有效的磋商阶段的谈判策略必须"对症下药、有的放矢"。

(三)时效性

几乎所有的商务谈判策略都有时间性和效用性的特点。一定的策略只能在一定的时间内产生效用，超过这一特定的时间，磋商阶段的谈判策略就没有了针对性和效用性。

磋商阶段谈判策略的时效性表现在以下两个方面。

(1) 在特定的时间使用，如最后通牒策略规定了具体的日期和条件。

(2) 在特定的环境中使用才有预期的效果。

(四)灵活性

在商务谈判中，无论考虑得多么周密，方案计划得多么详细，都可能会因谈判环境的变化使一些事先谋划的策略不符合实际，不会产生预期的效果。在这种情况下，商务谈判人员必须根据磋商阶段谈判的实际情况、过去的经验随机应变。策略的产生与应用是一个动态的过程，需随时吸收信息，及时做出反馈，进行灵活的调整。

(五)保密性

在具体的商务谈判实践中，谈判策略一般只为己方知晓，而且要尽可能有意识地保密。保密己方策略的目的在于预防对方运用反策略。在磋商阶段，如果对方对己方的策略或谈判套路了如指掌，对方就会在谈判中运用反策略，若己方应对自如，就能处于主动的地位，反之，就会对己方不利。

(六)艺术性

商务谈判策略的运用及其效果必须具有艺术性。一方面，磋商阶段策略的运用要为自己服务，为实现己方的最终目标服务；另一方面，为了使签订的协议保证能履行，还必须保持良好的人际关系，人际关系的好坏也是判断商务谈判成功与否的标准之一。艺术地运用策略不仅能体现出谈判人员水平的高低、对技巧的熟练程度等，而且关系到目标实现的理想程度。

(七)组合性

磋商阶段的谈判策略是一种集合和组合的概念，它包括了在商务谈判过程中对谈判方式、战术、手段、措施和技巧等的综合运用。单一的策略很难在实际谈判中取得良好的效果，也容易被对手识破。因此，需要把多个策略组合在一起使用，才能取得令人满意的效果。

第二节　磋商阶段的常见策略

商务谈判策略是对谈判人员在商务谈判过程中为实现特定的谈判目标而采取的各种方式、措施、技巧、战术和手段组合运用的总称。策略所解决的主要是采取什么手段或使用什么方法的问题，目的是最终实现预期的谈判目标。磋商阶段是商务谈判的核心环节，磋商的过程及其结果直接关系到谈判双方所获利益的大小，决定着双方各自需要的满足程度。因而，选择恰当的策略来规划这一阶段的谈判行为，无疑具有特殊的重要意义。

一、磋商阶段不同地位的应对策略

在商务谈判过程中，由于谈判人员在素质、经济实力、拥有的信息量、准备的情况等方面存在着诸多差异，因此，总会存在平等、主动和被动地位的区别。当谈判人员所处的地位不同时，就会选择不同的谈判策略来实现自己的谈判目标。

(一)处于平等地位的谈判策略

在商务谈判中，有时谈判双方是势均力敌的状态，谈判者的地位平等。在谈判中，势均力敌又包含多种内容，不仅指企业的经济实力、声誉及市场形象，更多的是指对这次具体交易需求的迫切程度，即合作的内在驱动力，如果大体相当，合作的可能性就很大。因此，在这种情况下，应以谋求合作和追

平等地位的谈判策略.mov

求互利为前提。

1. 回避冲突策略

谈判人员在谈判之前，要明确自己的谈判意图，在思想上进行必要的准备，以创造融洽、活跃的谈判气氛。然而，谈判双方为了谋求各自的利益，必然会在一些问题上发生分歧。分歧出现以后，要防止感情冲动，保持冷静，尽可能地避免争论。

2. 坦诚策略

坦诚策略的含义是谈判人员在谈判中尽量开诚布公，使对方感到信任友好，促进通力合作，达成交易。

现代谈判理论认为，谈判是协调行为的过程，是追求双方各自需求满足的结合点，不应完全从自我立场出发，采取一系列谋略，使对方完全按己方设计的轨道运行。采取开诚布公的态度，坦诚告诉对方己方的某些真实意图，这往往是减少矛盾、回避冲突、促使对方通力合作的良好对策。事实上，人们在实际生活中，都希望别人相信自己，如果心怀叵测，又怎能指望别人以诚相待呢？要想别人相信自己，首先就要从自己做起，待人以诚，他人才会还己以义。自古经商就是以诚信为本，在商务谈判中也不例外。但坦诚相见并不是不讲技巧，也不是完全不警惕对方的欺骗行为。过分坦率有时是一种幼稚而愚蠢的行为。谈判中的坦诚策略，是以能达到"以心换心"的目的为前提的。

3. 私人接触策略

私人接触策略是指通过与谈判对手的个人接触，采用各种方式增进了解、联络感情、建立友谊，从侧面促进谈判顺利进行的策略。

私下交往的形式很多，如电话联系、拜访、娱乐、宴请等，多在会外活动。下面主要介绍电话联系和拜访。

电话联系是私下交往的一种常用交际方式，打电话之前应做好准备，打好腹稿，选择好表达方式、语言声调，注意礼貌。无论是在多么紧急的情况下，都不可以一接通电话就进行实质性交谈，而要先寒暄问候。

拜访一般是主方为联络感情、关心食宿，及时满足客方的生活需求，或表示尊重，等等，而到客方住所进行的拜望和访问，这种做法同我国传统的"住客看过客"是相同的，可分为礼节性拜访和事务性拜访。礼节性拜访不一定有预定的目的，交谈的范围可以很广，方式也可以多样。事务性拜访应事先商定时间，不可突如其来，或强求对方会见，赴约要严格遵守时间，拜访的时间一般不宜过长，通常要依对方谈话的兴致、情绪，双方观点是否一致，等等，适时告退。

采用这一策略时，也有许多注意事项：第一，要小心谨慎，谨防失言，不要单方面地告白，以免泄露了己方的秘密；第二，在气氛很好的时候，不能十分慷慨而丧失原则；第三，要提高警惕，因为对方也会运用此策略，很可能在轻松的气氛里，在己方没有防备时，对方已轻易地使己方相信了虚假的消息。

4. 双赢式策略

双赢式策略是一种合作性的谈判方式，双方都在努力得到一个彼此愿意接受的处理结果。如果把双方的冲突看作能够解决的，那么就能找到一个创造性的解决方法，从而稳固了双方的地位，甚至会增进双方的关系。双赢式谈判的出发点是在绝不损害他人利益的基础上，取得己方的利益，因而又将其称为谋求一致法或皆大欢喜法。

双赢式谈判策略主要涉及 4 个要点：第一，将人与问题分开；第二，将重点放在利益上而非立场上；第三，构思双方满意的方案，寻找对双方有利的解决方法；第四，坚持客观标准。这 4 个要点需要通过合作方式得到满足，而使双方共赢，皆大欢喜。

【资料链接】

急人所急，合作双赢

为了适应消费潮流，日本一家客商亟须加工一批新款式的套装。于是，他来到我国一家著名的服装厂进行业务谈判，要求定做一批按照他的样品要求的羽绒服套装。本来这是一项对双方都有利的商业合作，但是我方厂家从谈判中了解到，日本客商需求的产品数量不多，难以进行批量生产，加工的难度又很高，导致加工成本相当高。除此之外，日方要求的交货期又非常短，他跑了中国的许多地方，都遭到了厂家的婉言拒绝，没有一个羽绒服厂家愿意与他合作，这个日本客商一次次地碰壁而去。

这次，中方的厂商通过仔细核实和查看货品样板，确认日本客商要求的加工难度的确相当高，在这种情况下，如果工厂接受了这批订单，不仅几乎没有什么利润，而且还极有可能亏本；但是如果不接受这笔生意，损失的可能就是双方今后的合作前景。看到对方客商内心十分着急的样子，中方谈判代表从对方的利益出发，本着合作的原则，急人所急，当场拍板，同日本客商签订了加工合同，并且保证一定按质量按时交货。中方的合作与豁达爽快的谈判态度，深深地打动了日本客商的心，对方感到我方既能替客户着想，又具备相当的实力，对双方的合作充满了信心。

后来经过双方进一步的沟通、探讨和商议，日本客商将 5000 件的订单增加到 10 万件，想在日本做大批量的促销。这样一来，中方厂家由于产生了批量生产的效益，不仅使成本大大降低，而且利润也相当可观，还与对方结成长期的合作伙伴。

中方羽绒服生产厂家以诚心换取了对方的信任，使对方主动提出改变需求量，最终取得了这场谈判的胜利。

（资料来源：吕晨钟. 学谈判必读的 95 个中外案例[M]. 北京：北京工业大学出版社，2012）

5. 引导策略

提出己方的方案之前，先问对方想如何解决问题，在对方提出自己中意的或能够接受的设想后，尽量满足对方的提议。解决问题的最佳方案是由对方提出的，这就是引导对方提出自己需要方案的方法。

引导对方提出自己需要的方案时要注意以下两点。

(1) 让对方尽量思考和参与自己的方案。从谈判过程的准备阶段开始，就可以尽量让对方感觉到是他在主持着谈判和设计方案，是对方表现了更大的合作倾向。

(2) 不能让对方在设计方案时遇到困难。如果要对方为己方的建议和方案付出艰苦的努力和大量的时间，己方可能遭到拒绝。因此，既要让对方感到自己创造了价值，又不能让对方参与的难度增大，而是要减少对方的难度。

6. "意大利香肠"策略

"意大利香肠"策略是谈判人员在谈判之初并不提出自己全部的真正需求，而是随着谈判的不断深入，采取挤牙膏的方法，顺顺当当地使对方做出一个又一个的承诺，直到满足自己的所有需求为止。

"意大利香肠"策略即传统的"蚕食谈判策略"，具体内容是：意欲取其尺利，则每次谋取毫厘，就像切香肠一样，一片一片地把最大利益"切"到手。

【资料链接】

点滴积累占市场

保险公司有一项重要的业务就是开展房屋抵押贷款保险，客户一旦加入了这种保险，当遇到不可抗力因素导致贷款人死亡或者遭遇不测，致使贷款人不能偿还银行的分期贷款时，保险公司则代为缴纳，以分担银行和贷款人双方的风险。一家新兴的保险公司欲开展这方面的业务，但比其他同行慢了一步。

新兴保险公司为占领市场的一席之地，经过一番周密的策划，派出业务员与银行洽谈："我们公司正计划推出一种崭新的服务，我们绝不像贵银行所指定的那家保险公司那样向客户叩头拜托，也不像现在的做法那样，客户一到银行办完贷款手续就马上到府上拜访劝诱。我们的办法完全不同，我们要用邮寄广告的方式来扩展业务，所以请贵银行把尚未加入保险的客户名单抄一份给我们。"

"如果你们的贷款由我们的保险来做加信保障，你们也可以放心了。"对于新兴保险公司的这种要求，银行方面没有理由拒绝，加之邮寄宣传的配合，在经过一番努力之后，新的服务方式获得了极大的成功，在短短的一段时间里就争取到了多半的房主，接着又很快囊括了房屋抵押贷款保险业务90%的份额。

第一步取得成功以后，新兴保险公司又派出代表到各大银行游说："目前我们公司已经争取到了整个市场90%的份额，你看我们该不该争取100%？"就这样，该公司不但成为当地唯一被市里银行协会所指定的保险公司，而且又成功地运用这种战术和全国各地的银行建立了固定的业务关系，终于成为全国受银行指定最多的保险公司。

(资料来源：刘金波. 国际商务谈判[M]. 北京：北京大学出版社，2012)

在这里，新兴保险公司成功地运用了"意大利香肠"策略，取得了与银行谈判的成功。在蚕食的过程中，首先，从银行那里得到尚未参加保险的客户名单，用新的服务方式招来越来越多的客户投保。其次，以初步的成功再向银行提出新的要求，进而争取到100%的当地市场。最后，以取得的成功为基础，采取同样的策略向全国出击，最终在同行业中遥遥领先，从而实现了自己的最高目标。

"意大利香肠"策略告诉人们：在商务谈判中，与其让自己的目光总是盯着最高目标，不如从最容易实现的目标开始，一点一滴地去争取。谈判中采用此种策略时，必须要有耐心，要小心谨慎，否则，不会获得成功。

7. 宠将策略

宠将策略是指在谈判中，符合实际或不符合实际地颂扬对方，以合适的礼物赠送对方，使对方对己方产生一种友善和好感，甚至信任感，从而放松其思想警戒，软化其谈判立场，使己方的谈判目标得以实现的策略。简而言之，就是用表扬的办法让对方去做一些己方希望其去做的事情。

(二)处于主动地位的谈判策略

处于主动地位的谈判者，意味着比对方在经济实力、政治背景、协作关系等方面占有较大优势。在这种情况下，可以利用自己的优势迫使对方做出更大的让步，以谋取更大的利益。下面介绍几种处于主动地位时可采取的策略。

1. 不开先例策略

不开先例策略通常是指握有优势的卖方坚持自己提出的交易条件，尤其是价格条件，而不愿让步的一种强硬策略。当买方所提的要求使卖方不能接受时，卖方谈判人员向买方解释说：如果答应了这一次的要求，对卖方来说，就等于开了一个交易先例，这样就会迫使卖方今后再遇到类似的问题同其他客户发生交易行为时，也至少必须提供同样的优惠，而这是卖方客观上承担不起的。

2. 规定时限策略

在商务谈判活动中，实力强的一方常常会利用谈判中的有利地位，采用时限策略，因为在这种情况下，对方特别担心谈判破裂，一旦破裂，对方损失最大。规定时限策略是指谈判一方向对方提出的达成协议的时间期限，超过这一期限，提出者将退出谈判，以此给对方施加压力，使其无法拖延地做出决断，是改变自己的主张，让步妥协，还是谈判破裂，以求尽快解决问题。事实上，大多数商务谈判，特别是那种双方争执不下的谈判，基本上都是到了谈判的最后期限或者临近这个期限才出现突破进而达成协议的，最后期限带有明显的威胁性。每一个交易行为中都包含了时间因素，时间就是力量，时间限制的无形力量往往会使对方在不知不觉的情况下接受谈判条件。

3. "炒蛋"策略

"炒蛋"策略是当前国际谈判桌上一种比较流行的谈判策略，又可叫作"浑水摸鱼"策略。按理说，谈判应当是循序渐进的，而"炒蛋"策略却是反其道而行之，故意将谈判秩序搅乱，将许多问题一揽子摆上桌面，让人眼花缭乱，难以应付。这时，毫无心理准备的一方，就会大伤脑筋、望而却步，谈判中的失误也许就会因此而产生。

生活经验告诉人们，当一个人面临一大堆杂乱无章的难题时，情绪便会紧张，智力衰弱，自暴自弃，丧失信心。"炒蛋"策略即是利用这种心理，打破正常的有章可循的谈判议程，将许多乱七八糟的非实质性问题同关键性议题掺杂在一起，使人心烦意乱，难以应付，借以达到使对方慌乱失措的目的，使对方滋生逃避或依赖己方的心理，己方便趁机敦促协议的达成。

4. "欲擒故纵"策略

在谈判桌前，有的谈判人员将己方的需求隐藏起来，却刺激对方的需求；急于谈判成功的一方，却装作无所谓的样子，这就是在使用"欲擒故纵"策略。

"欲擒故纵"的手法是多变的，因条件而异，而且不难掌握。从态度上看，不过分忍让和屈从，该硬就硬，该顶就顶。在日程安排上，不要表现得非常急切，尽量顺从对方。既表现得有礼貌，又可乘机利用对自己有利的意见。采取一种半冷半热的、似紧非紧的做法，使对方摸不到己方的真实意图。有时则在对方强烈的攻势下，采用让其表演、不怕后果的轻蔑态度，既不慌乱也不害怕，以制造心理上的优势。这样可以争取比较好的价格条件。

"欲擒故纵"策略的明显特征是采取逆向行为，向对方传递一个不真实的信息。由于其是一种较为常见的策略，因此，也常常被人识破。谈判人员在采用这种策略时，应是有真有假、真假难辨，而不能全真全假。

5. 出其不意策略

出其不意谈判策略的内容是：谈判桌上一方利用突如其来的方法、手段和态度的改变，使对方在毫无准备的情况下不知所措，进而获得意想不到的成果。

例如，在谈判中对方一直在和风细语地谈问题，突然有人声色俱厉，就会产生一语惊四座的效果，因此，渲染了己方的立场，强调了己方的观点。这种先声夺人的手段，就使用了出其不意策略。运用该策略要把握两个要领：一是"快速"，以快制胜；二是"新奇"，以奇夺人。

出其不意是一种有效的获利手段。谈判人员想破解这一策略，就要在思想上做好应变的准备，并随时洞悉对手的动向，见奇不怪，保持心理平衡，这是破解出其不意策略的对策。

(三)处于被动地位的谈判策略

处于被动地位的谈判策略是指明显处于弱势地位时的谈判对策。在现代瞬息万变的市场环境下，竞争越来越激烈，任何企业都不可能永远处于优势，当一时处于不利的条件下进行商务谈判时，其主要策略应是尽可能减少损失或者变被动为主动，去争取谈判的成功。

1. "挡箭牌"策略

"挡箭牌"策略是指在谈判中，谈判人员发觉他正在被迫做出远非他能接受的让步时，他会申明没有被授予这种承诺的权力，手持"盾牌"，在自己的立场前面，寻找各种借口的做法。一般是利用训令、规定、上级、同僚或其他的第三者作为"挡箭牌"来向对手要条件，减少自己让步的幅度和次数。这种策略的一种做法往往是隐蔽手中的权力，推出一个"假设的决策人"，以避免正面或立即回答对方的问题，例如，"您的问题我很理解，但需向有关部门的领导汇报""我本人无权回答贵方提出的问题，需向我的上级请示后才能答复"。

"挡箭牌"策略通常是实力较弱一方的谈判人员在不利的情况下使出的一张"盾牌"。"权力有限"作为一种策略，不完全是事实，而只是一种对抗对手的"盾牌"。在一般情况下，这一"盾牌"难以辨别真伪，对手只好凭己方的"底牌"来决定是否改变要求、做出让步。而运用这一策略的一方，即使要撤销"盾牌"也并不困难，只说"已请示领导同意"即可。

2. 疲惫策略

疲惫策略主要是通过软磨硬泡来干扰对方的注意力，瓦解其意志，从而寻找漏洞，抓住有利时机达成协议。

在商务谈判中，实力较强一方的谈判人员常常咄咄逼人，锋芒毕露，表现出居高临下、先声夺人的姿态。对于这种谈判人员，疲劳策略是一个十分有效的策略。这种策略的目的在于通过许多回合的"疲劳战"，使这位趾高气扬的谈判人员逐渐地消磨锐气，同时使己方的谈判地位从不利和被动的局面中扭转过来。直到对方精疲力竭、头晕脑胀之时，己方则可乘此良机，反守为攻，抱着以理服人的态度，摆出己方的观点，力促对方做出让步。

谈判是件消耗精力的事，它需要思想高度集中、思维敏捷。马拉松式的谈判，本已存在的会场氛围、精力等自然障碍，再加上"疲劳策略"的运用，又人为地拖延谈判时间，对方休息和娱乐的机会往往也被安排得满满的，看似隆重礼遇，实际上也许只是一种圈套，使他们不过午夜不能休息，不醉不得罢休，甚至发展到这样的地步——影响谈判结局的决定因素是谈判人员的精疲力竭，而不是高明的辩论技巧。这种策略从理论观点看似乎不道德，但自古有之。重要的是需要知道这种策略，并提防别人使用。

3. 吹毛求疵策略

吹毛求疵策略是指处于谈判劣势的一方，对谈判中处于有利地位的一方炫耀自己的实力、大谈特谈其优势时，应采取回避态度，或者避开这些实力，来寻找对方的弱点，伺机打击对方的士气。

吹毛求疵策略是通过再三挑剔，提出一大堆问题和要求来运用的。当然有的是真实的，有的则是虚张声势，之所以这样做，主要是想降低对方的期望值，找到讨价还价的理由，达到以攻为守的目的。吹毛求疵策略将使己方在交易时充分地争取到讨价还价的余地，如果能够灵活运用，会使己方受益。

4. 以退为进策略

以退为进策略是指在输赢未定时，暂时退让，待机而定，争取主动和成功。以退为进本是军事上的用语，军事上的战略退却，是为了保存实力、待机破敌而采取的一种有计划的战略步骤。

谈判也类似于"打仗"。有时双方争执激烈，但还要坚持继续谈下去；有时要求休会下次再谈；有时要据理力争；有时则要暂时退却，待机而进。因此，退一步，进两步，也是谈判策略，暂时的退却是为了将来更好地进攻。

【资料链接】

巴斯是美国的亿万富翁，也是一个谈判老手。一次，巴斯欲买下一家即将破产的公司，双方进行了艰难的谈判。巴斯压抑住想成交的欲望，始终冷静对待。后来，在第三轮商谈中，巴斯甚至说："我想买下你们的公司，但你们的报价，我无论如何也不会接受的，我可以把想购买的其他投标者告诉你们，你们去试试。如果成功，我祝贺你们，如果没有其他的选择，还可以找我。"说完，巴斯礼貌地结束了这轮谈判。后来，这家公司还是卖给了守株待兔的巴斯，而且基本上达到了巴斯的要价。

(资料来源：刘金波. 国际商务谈判[M]. 北京：北京大学出版社，2012)

这个策略实行起来既简单又实用。一个有经验的买方倘若利用这个策略，往往有可能使买卖双方皆大欢喜。同样地，一个有经验的卖方使用这个策略，也有可能迅速达成交易或争取到更好的利益。

买方使用这个策略的表现手法往往是，"我们非常喜欢你的产品，也喜欢你的合作态度，遗憾的是我们只有这么多钱"，或"遗憾的是政府只拨这么多款"，或"公司的预算只有这么多”，等等。而卖方的表现手法是，“我们成本就是这么多，故此价格不能再低了”，或“我非常愿意同你谈成这笔交易，但是除非你能和我共同解决一些简单或实际性的问题，否则难以达成协议”，或“假如你要以这个价格购买，则交货期要延长”，或“原材料只能是某种替代品，或只能是某种型号的货物”，或“如果你要以这个价格购买，你必须增加订货数量”，等等。

采取这一策略的目标是以己方的让步换取对方的让步，或强调己方的困难处境，以争取对方的谅解和给予一些让步。

二、对不同谈判风格对手的策略

谈判人员的文化、修养、性格及经历不同，往往会表现出不同的谈判风格和特点。因此，这就要求谈判人员根据谈判对手的不同风格，采取相应的措施。就谈判人员在谈判中所显现的态度和姿态看，主要有强硬型、阴谋型、固执型、虚荣型等风格。针对对手的不同谈判风格，可以采取不同的应对策略。

(一)应对强硬型谈判人员的策略

在谈判中，强硬型谈判人员往往表现出态度傲慢、自信，并且盛气凌人。对付这类谈判者的原则是：避其锋芒，以弱制强，以柔克刚。在此，除了可以采用多问多听少讲策略、以柔克刚策略、沉默策略外，还可采用以下策略。

1. 争取承诺的策略

争取承诺的策略是指在商务谈判中利用各种方法获得对方对某项议题或其中一部分的认可，争取到有利于自己的承诺，就等于争取到了有利的谈判地位。在商务谈判中，无论哪方谈判代表，从信誉出发，通常总要维护自己已经承诺的条件。但要注意的是，有时谈判人员为了加快谈判进程或躲避对方的追问，而有意识地做出一些虚假的承诺。为此，对待承诺要善于区分，既不盲目听信，也不全盘否定，要认真考虑对方承诺的原因和内容，见机行事，以取得有利的谈判效果。

2. 更换方案的策略

谈判之前应准备多套方案，当最初抛出的方案无法实施时，应及时更换备选方案。该策略不仅可以使己方有充分的时间去探索创造性地解决问题的方法，以使谈判能顺利地进行下去，同时，还可以防止己方接受不利的条件或失去符合己方利益的条件。

3. 制造竞争的策略

制造竞争的策略是指在谈判中制造一种竞争的姿态。例如，“还有几个厂家正在与我们联系，他们都希望与我们合作”。这种做法可以转变谈判中所形成的僵局。运用该策略的前提条件是，让对方知道己方对所谈问题确实有多项选择。切记不要在没有选择的情况下生硬地运用这种策略。

4. 唱红白脸的策略

唱红白脸策略也称软硬兼施策略，是指在谈判中，同一个谈判小组内，有人以白脸、有人以红脸的形象出现，也就是有人唱正面角色，有人唱反面角色，一唱一和，通过态度的变化干扰对方的谈判意志，以求得谈判中的优势。

中国京剧中典型的脸谱释义：白脸为坏人，红脸为好人；坏人凶狠，好人善良。引申到谈判中，谈判人员有凶有善，有硬有软；有好战的鹰派，也有好商量的鸽派。于是谈判专家们就将人们熟悉的京剧脸谱用到了商业谈判的策略中，将扮相凶、强硬、好战的谈判人员称为白脸，而将扮相善、温和、好商量的谈判人员称为红脸。

在商务谈判中，往往容易在某些问题上产生僵局，如果本组成员主动地、自觉地形成两派意见，有人出来说好听的话，有人出来说难听的话，且说好听的话的人是为达到讲难听的话的人提出的目标，常常容易奏效。

(二)应对阴谋型谈判人员的策略

在商务谈判中，有些谈判人员为了满足自己的利益和欲望，常使用一些诡计来诱惑对方达成不公平的协议。为了维护己方的正当利益，当遇到谈判对手使用一些阴谋型策略时，可以采取以下策略予以反击。

1. 反车轮战的策略

车轮战是一种不断更换谈判对手，以使对方筋疲力尽，从而迫使对方让步的策略。对付车轮战策略，就是反车轮战策略。具体办法如下。

(1) 及时揭穿对方的诡计，敦促对方停止换人。

(2) 制造借口拖延谈判时间，直到原来的对手重新回到谈判桌上。

(3) 对更换的谈判对手拒绝重复以前的陈述，而静坐听对方的报告。这样，一方面可以挫其锐气，另一方面也给自己一个养精蓄锐的机会。

(4) 如果新对手否认过去的协定，己方也可以用同样的方法否认曾经许下的承诺。

2. 对付抬价的策略

在商务谈判中经常用到抬价策略，它是否符合谈判惯例要看谈判人员如何运用。当谈判双方已经谈好价款，第二天供方却又突然要求提价，需方尽管很生气，但为了避免谈判破裂的损失，也只好再和供方磋商，最后结果肯定以较高的价格成交，这种情况称为抬价。抬价是一种常见的现象，在商务谈判中经常出现。对付对方的抬价策略，可采用以下做法。

(1) 如果发现对手的诡计，应及时指出，争取主动。

(2) 在讨价还价时，就要对方做出某种保证，以防反悔。

(3) 尽早争取让对方在协议或合同上签字，防止对方以种种借口反悔或不认账。

3. 对付用专家施压的策略

在商务谈判中，人们对专家的意见往往是比较看重的，有些谈判人员就是利用人的这种心理，在谈判中当某个重要议题出现争论时，便请出所谓的专家给对方施加压力。对付这种做法的策略有以下 3 种。

(1) 沉着应战，面对专家不要畏惧，要用己方熟悉的业务知识与专家交谈。抓住某些专家不太熟悉的技术难点向其进攻，使其难堪，达到使专家失去其权威的目的。

(2) 向对方表明，即使对方请出来的是位专家，他的观点也只是学术观点，并不是谈判的协议，要想达成协议，还需要洽谈双方都可接受的条件。

(3) 如果确认自己不是专家的对手，不妨可用无知作为武器。表明这些东西己方不懂，无法确认其真伪，也无法对此做出什么承诺。这种做法可以给己方带来许多好处，它能够使己方有足够的时间去思考、请教专家，并考验对方的决心，还可以造成对方的失落感。

4. 将计就计的策略

将计就计的策略又称"假痴不癫策略"，是表面装糊涂，暗中筹划，不露声色，等待机会，迫使对方让步，或诱使对方自作自受。用这种策略来对付阴谋型谈判人员，可视为上策。

(三)应对固执型谈判人员的策略

在各类谈判中都会遇到固执型的谈判人员。他们的特点是：固执己见、不接受任何人的建议，一切按习惯、规章制度、领导意图办事。对固执型谈判人员可采用以下策略。

1. 先征旁例策略

固执型谈判者的观点不是不可改变，而是不易改变。先征旁例策略就是针对对方所坚持的观点，用己方的先例来论证新建议、新方案的合理性和可行性，以使其转变观点。

2. 放试探气球的策略

放试探气球的策略用来观察对方的反应，分析对方的虚实真假。例如，买方向卖方提出一项对己方很有利的提议，如果卖方反应强烈，则可以放弃这种提议；如果卖方反应温和，就说明谈判有很大余地。这一策略还可以用来试探固执型谈判人员的权限范围。

3. 以守为攻的策略

与固执型性格的人谈判是很痛苦的事情，一方面必须要十分冷静和有耐心，仔细倾听对方的陈述，注意发现漏洞，慢慢向最终目标推进；另一方面，还要针对对方的观点，准备详细的资料，注意诱发对手的兴趣，引导其需要，并利用其漏洞与弱点组织进攻，增强谈判的力度。

4. 制造僵局的策略

在商务谈判中出现僵局是令人不愉快的。但多次实践证明：人为地制造僵局，并把僵局作为一种威胁对方的策略，会有利于己方的谈判。但在制造僵局时应考虑以下条件。

(1) 市场情况对己方有利。

(2) 让对方相信自己是有道理的，僵局是对方的原因造成的。

(3) 在制造僵局之前，要设计出消除僵局的退路以及完整的僵局"制造"方案。

(4) 制定消除僵局后的提案。

谈判人员应该牢记：制造僵局并不等于宣告谈判结束；打破僵局的真正目的不是相互道歉，而是达成协议。

(四)应对虚荣型谈判人员的策略

虚荣型谈判对手的特点是：自我意识较强，好表现自己，有嫉妒心理，对外界的暗示非常敏感。对于这种对手，一方面，要满足其虚荣心的需要；另一方面，要善于利用其本身的弱点，打开突破口，使对方妥协。具体可采取以下策略。

1. 顾全面子的策略

谈判中各方都非常重视面子，失掉面子即使达成交易也会留下不良的后果，甚至会从交易中撤出。针对虚荣型谈判人员，必须记住，无论己方是如何气愤或是为自己的立场辩护，千万不要伤害了他的面子，对他越尊重其让步的可能性越大。

2. 投其所好策略

根据虚荣型谈判人员的特点，在谈判中用一些他所熟悉的东西为话题，给他一个充分表现自我的机会，投其所好地使他的虚荣心得到满足，从而有利于削弱他抗衡的力度。同时，可通过对方的"自我表现"，了解和分析对方的实情。当然，还要提防对方表现的虚假性。

3. 记录在案的策略

虚荣型谈判人员大多好大喜功，其最大的弱点就是浮夸。抓住对方这一特点，在谈判的过程中，对他承诺过的、说过的有利于己方的一切话，统统记录在案，必要时还可以用"激将法"要求他本人以书面的形式来表示，或对达成的每一项协议都立字为证，以防他日后否认。

三、磋商阶段针对谈判过程的策略

在谈判过程中，会出现各种情况，因此，需要根据不同的情况采取相应的策略。

(一)缓冲策略

缓冲策略指在谈判气氛紧张时，适时采取调节手段，使之缓和。缓和紧张气氛的手段主要有以下几点。

(1) 转移话题。例如，讲些当前国内外的大事或名人轶事，也可以开些比较轻松的玩笑，等等。

(2) 临时休会，使谈判人员适当休息，以便调整气氛。

(3) 回顾成果，使谈判双方醒悟方才的过失。

(4) 谈些双方比较容易达成一致意见的议题。

(二)休会策略

当商务谈判进行到一定阶段或遇到某种障碍时，谈判双方或一方提出休会一段时间，使谈判双方人员有机会调整对策和恢复体力，推动谈判的顺利进行。休会一般是由一方提出的，只有经过对方同意，这种策略才能发挥作用。那么怎样才能取得对方同意呢？一是看准时机，当谈判处于低潮或出现了新情况难以调和时，一方提出休会，对方一般不会拒绝；二是提出休会的方式要委婉，休会的意义要讲清。

(三)拖延讨论时间的策略

提出大量细节问题，在细节上长时间纠缠，会使对方感到烦躁和紧张，从而使他们就某些有争议的议题达成协议。

(四)虚张声势的策略

在有些谈判中，双方在一开始都会提出一些并不期望能实现的过高的要求，随着时间的推移，双方再通过让步逐渐修正这些要求，最后在两个极端之间的某一点上达成协议。谈判人员可能会将大量的条件放进议事日程中，其中大部分是虚张声势，或者是想在让步时给对方造成一种错觉，似乎他们已做出了巨大牺牲，但实际上只不过是放弃了一些微不足道的小利。

(五)不好意思的策略

在对方做出较大让步后，表示惭愧和不好意思，可以使对方在其他方面的谈判不会以此为借口向己方提出更多的要求。在使用此策略时，要注意表扬对方的合作态度，减少并缓和矛盾。

总之，谈判中的策略是多种多样的，要求谈判人员在实践中灵活运用。如果生搬硬套某一策略，或者孤立地使用某一策略，一般不会有好的效果。

第三节　磋商过程中的让步策略

所有的谈判高手都懂得，谈判的成功需要做出必要的妥协和适当的让步。让步是谈判中的普遍现象，可以说只要有谈判存在，就有让步行动，没有让步就不会有谈判的成功。任何一次谈判都是为了使参与各方的需求得到满足并且包含着双重利益，谈判人员必须既要考虑谈判本身的实质利益，又要保证与对方保持关系的长远利益，妥协与让步不但可以使谈判成功，而且能使这两种利益兼得。谈判中的妥协与让步是实现合作的正当方法，是谋取利益的必要手段。

其实，让步本身就是一种策略，它体现了谈判人员用主动满足对方需求的方式来换取己方需求的精神实质。谈判人员始终要明确自己的最终目标，同时还必须明确为达到这个目标可以或愿意做出哪些让步、什么时候让步、怎样让步、做出多大的让步。因此，如何运用让步策略，就成为磋商阶段重要的事情。

一、让步的基本原则和要求

(一)让步有利于创造和谐的谈判气氛

在维护己方利益的前提下，用让步来保证谈判中平等互利、和颜悦色的谈判气氛，对谈判协议的达成具有现实意义。谈判是参与各方寻求满足共同利益的合作过程。共同利益的实现需要以合作为基础，需要具有适宜合作的环境和气氛。为了实现合作的目标，参与各方都应当互相体谅，都需要做出一定的妥协与让步来创造适宜谈判的和谐气氛；否则，谈判将无法维持或正常进行。为了使让步既有利于创造和谐气氛，又不至于影响实现谈判总体目标，可以考虑在较为次要的问题上主动做出让步，而在重要的问题上力求促使对方首先让步。

(二)让步要维护整体利益

让步的一个基本原则是：整体利益不会因为局部利益的损失造成损害，相反，局部利益的损失是为了更好地维护整体利益。谈判人员必须十分清楚什么是局部利益，什么是整体利益；什么是枝节，什么是根本。让步只能是局部利益的退让和牺牲，而整体利益必须得到维护。因此，谈判人员让步前一定要清楚什么问题可以让步、什么问题不能让步、让步的最大限度是什么、让步对全局的影响是什么等。以最小的让步换取谈判的成功，以局部利益换取整体利益是让步的出发点。

(三)让步是有条件的

不要做无谓的让步，应体现出对己方有利的宗旨。谈判的实质是为了满足需要而进行的利益互换，所以妥协与让步应该以利益互换为前提条件，成功的让步应该赢得同等的利益。如果事先预测得不到相应的回报，便没有必要让步。谈判者心中要清楚，让步必须建立在对方创造条件的基础上，而且对方创造的条件必须是有利于己方整体利益的。不论是怎样的让步，是哪种形式的让步，都不要轻率做决定，要努力让己方每一次的让步都是有效的，并且是有回报的。有得必有失，有失必有得，这就是辩证法。因此，在谈判中每让一步都要对方有所补偿，谈判的天平才能平衡。

(四)让步要选择恰当的时机

让步时机要恰到好处，不到需要让步的时候绝对不要做出让步的许诺。让步之前必须经过充分的磋商，时机要成熟，使让步成为画龙点睛之笔，而不要变成画蛇添足之举。一般来说，如果让步过早，会使对方以为是"顺带"得到的小让步，这将会使对方得寸进尺；如果让步过晚，除非让步的价值非常大，否则将失去应有的作用。一般来说，主要的让步应在成交之前，以便增加成交机会；而次要的、象征性的让步可以放在最后时刻，作为最后的"甜头"。

(五)让步要选择适当的幅度

让步可以分几次进行，每次让步都要让出自己的一部分利益。让步的幅度要适当，一次让步的幅度不宜过大，让步的节奏也不宜过快。如果一次让步过大，会把对方的期望值迅速提高，对方会提出更高的让步要求，使己方在谈判中陷入被动局面。如果让步节奏过快，对方觉得轻而易举就可以得到需求的满足，因而认为己方的让步无须负担压力和损失，也就不会引起对方对让步的足够重视。让步应做到步步为营。

二、让步的类型

(一)按照让步的姿态分类

1. 积极让步

积极让步是以某些谈判条款上的妥协来换取主要方面或基本方面的利益的让步。采用积极让步的条件为：谈判的一方具有谈判实力和优势；收集掌握了较充分的资料，取得了较准确的数据；经事先安排，制订了合理科学的让步计划。

2. 消极让步

消极让步是以单纯的自我牺牲、退让部分利益，以求打破僵局、达成交易的让步。采用消极让步的条件为：谈判的一方有求于人；急于达成交易；报价的水分、虚头被揭开；价格解释于情于理都说不过去；谈判处于劣势。

让步的分类 1.mov

(二)按照让步的实质分类

1. 实质让步

实质让步是指利益上的真正让步，目的是以己方的让步换取对方的合作与让步。

让步的分类 2.mov

2. 虚置让步

虚置让步并不是真正的让步，只不过是让步的形式，而没有任何实质内容，即并未让出自己的任何利益。虚置让步方式是阻抗谈判对手让步压力的一种较好方式，它可以扰乱谈判对手的视线、拖延时间，从而为己方扭转不利局势赢得时间。

3. 象征让步

象征让步是双方僵持不下时，一方做出让步是必要的，除降低利益的要求以外，还有非利益补偿的方式，即以同等价值的替代方案换取对方立场的松动，使对方在心理上得到满足，从而达成贸易的成交。

(三)按照让步的时间分类

1. 主要让步

主要让步是在谈判最后期限之前做出的让步，以便让对方有足够的时间来思考。这犹如一席丰盛的酒宴，主要让步恰似一道大菜，在酒宴上掀起一个高潮。

2. 次要让步

次要让步作为最后的"甜头"，是安排在最后时刻做出的让步。这犹如酒宴结束时上桌的最后一碟水果，使人吃后感到十分舒心。有时，当谈判进展到最后，双方只是在最后的一两个问题上尚有不同意见，需要通过最后的让步才能求得一致、签订协议。

三、让步的节奏和幅度

在商务谈判的实践中，到底应该怎样让步？行家们普遍认为：谈判中的让步是要达到某种预期的目的和效果，为此，必须要把握好让步的尺度和时机。但是，如何把握让步的尺度和时机，没有现成的公式和程序可以遵循，只能凭借谈判者的经验、感觉和机智来处理。实践中，人们总结出了常见的八种理想让步方式，不同的让步方式给对方传递的信息不同。人们有这样一个共同特征，就是对经过自己艰苦努力奋斗而得到的成果总是倍加珍惜，而对轻易就可获得的东西往往不那么看重。因此，在谈判中，对于某一项让步，谈判各方会做出何种反应，不仅取决于让步的绝对值的大小，还取决于彼此的让步策略，即怎样做出让步，以及对方是怎样争取这个让步的。

下面以卖方的让步策略为例，说明常见的八种让步方式的不同情况。下面以表格的形式对这八种让步方式做总的介绍，然后再分别介绍每种方式的特点，如表 6-1 所示。

让步的八种方式 1.mov　　让步的八种方式 2.mov

表 6-1　八种常见的让步方式　　　　　　　　　　单位：元

让步方式	让步总金额	第一期让步	第二期让步	第三期让步	第四期让步
最后让步	80	0	0	0	80
最先让步	80	80	0	0	0
均等让步	80	20	20	20	20
减加加式	80	10	4	21	45
减减加式	80	45	21	4	10
递减让式	80	35	20	18	7
间断让式	80	62	3	0	15
进退让式	80	65	15	15	−15

(一)最后让步

这是一种在让步的最后阶段一步让出全部可让利益的让步方法。该策略给人的感觉是谈判中一直没有什么妥协的希望，因此也有人称为坚定的让步策略。如果买方是一个意志比较软弱的人，当卖方采用此策略时，买方可能早就放弃讨价还价了，因而得不到利益；如果买方是一个意志坚强、坚持不懈、不达目的不罢休的人，那么买方只要不断地迫使对方让步，即可达到目的、获得利益。这种策略在运用时，买卖双方都冒着形成僵局的危险。

1. 优点

(1) 坚持三次不让，显得比较强硬，可能会挫伤对方的锐气，动摇对方继续讨价还价的信心，以获取较大的利益。

(2) 连续坚持三次不让，最后一次让出全部，对方会认为取得的让步来之不易，并且特别庆幸和珍惜。

(3) 会给对方留下既强硬又出手大方的深刻印象。

2. 缺点

由于开始时一直寸步不让，对方可能误认为你没有诚意，因此容易形成谈判僵局，甚至终止谈判、失去伙伴，具有较大的风险。

3. 适用情况

最后让步策略一般适合谈判中占据优势的一方使用。实践证明，谁在谈判中投资少、依赖性差，谁就有承担谈判失败风险的力量，或在某种意义上说，不怕谈判的失败。总之，这种让步策略有利有弊。有时，在卖方一再坚持"不"的情况下，还有可能迫使恐惧谈判的买方做出较大的让步。

(二)最先让步

最先让步是指第一步让出全部，后三步一点不让或无利可让。

1. 优点

(1) 第一步就让出了自己的全部可让利益，给人坦诚和直率的感觉，比较容易打动对方采取回报行动，容易取得对方的信任，以促成和局。

(2) 此种率先的大幅让步，会给对方留下良好的印象，给对方以合作感、信任感，可能产生较大的号召力，有利于获取长远利益。

(3) 谈判者一步让利、坦诚相见，因此提高了谈判效率，降低了谈判成本，节省了谈判时间。

2. 缺点

(1) 这种让步操之过急，对于买方会有极大的影响和刺激，可能会给买方传递一种尚有利可图的信息，导致买方期望值大大提高，从而继续讨价还价。

(2) 由于一次性的大步让利，可能失掉本来能够力争到的利益，尤其在遇到强硬、贪婪的买方时，可能会形成僵局。

3. 适用情况

最先让步策略一般适合己方处于劣势或谈判各方之间的关系较为友好的谈判。处于谈判劣势的一方往往是谈判的被动方，但不一定是被提议一方。为此，该方在谈判中的让步应当表现得积极、坦诚，以诚动人，用一开始就做出最大让步的方式感召对方以同样的方式来回报。在双方关系比较友好的谈判中，更应该以诚相待。有时，卖方采用此种策略，还会得到对方大量的回报。这种策略也是利弊并存，事在人为。

(三)均等让步

均等让步是指等额地让出全部可让利益。

1. 优点

(1) 该种方式让步幅度均等、让步时间持久，使对方难以占便宜，对于双方讨价还价比较有利，便于保证利益均沾。

(2) 凭借让步拖延时间，便于见机行事，遇到性情急躁或无时间长谈的买方时，往往会占上风，削弱买方的议价能力，使急于成交的买方丧失继续讨价还价的耐心。

2. 缺点

(1) 每次让步幅度有限、进度缓慢，可能导致谈判平淡无味，容易使人产生疲劳、厌倦之感。

(2) 均等让步效率极低，通常要浪费大量的精力和时间，因此谈判成本较高。

(3) 不间断地让利，可能给对方以错觉，认为只要有耐心就可以进一步获得利益。

3. 适用情况

目前，均等让步策略在商务谈判中极为常见。在缺乏谈判知识或经验的情况下，以及在进行一些较为陌生的谈判时运用，效果往往比较好。对于一些商务性质的谈判，讨价还价比较激烈、分秒必争，在价格问题上常常采取步步为营的策略，因此人们普遍愿意使用此策略。另外，对于没有谈判经验的人以及进行较为陌生的谈判时，因为不熟悉情况，所以不宜轻举妄动，以防因急于求成而在谈判中失利。因此，人们运用这一策略时应慎重，并且在试探中前进也是十分必要的。

(四)减加加式

减加加式是一种先高后低，然后又拔高的让步策略，即第一步让步幅度较大，第二步幅度最小，第三步加大幅度，第四步继续加大幅度。

1. 优点

(1) 让步的起点比较恰当、适中，能够给对方传递可以合作并有利可图的信息。

(2) 第二步的幅度降低，可能使对方认为已接近尾声，有利于促使对方拍板而保住自己的较大利益。

(3) 让步富有变化，如果不能在第二步的缓速减量之后达成协议，就再大步让利，容易取得成功。

2. 缺点

(1) 减加加式让步策略表现为由小到大且不稳定的特点，可能鼓励对方得寸进尺，继续讨价还价。

(2) 戏剧性的让步可能会破坏和谐的气氛，因为在第二步时就已向对方传递了接近尾声的信息，而后来又做了大幅让利，这样做往往给对方的感觉是我们不够诚实，不利于建立长期、友好的合作关系。

3. 适用情况

减加加式让步方式一般适合在竞争性较强的谈判中，由具有丰富经验的老手来使用。这种策略在运用时要求技术性较强，又富有变化。同时，又要时刻观察谈判对手对己方让步做何反应，以调整己方让步的速度和数量，实施起来难度较大。对于缺乏谈判经验的谈判人员来讲，如果使用此策略，往往容易出现破绽。另外，在一些友好关系的合作性谈判中，更为注重诚实、可信，因此不宜采用该策略。

(五)减减加式

减减加式是一种从高到低，然后又微高的让步策略。

1. 优点

(1) 合作为首，竞争为辅，诚中见虚，柔中带刚。谈判的让步起点比较高，富有诱惑力，利于创造友好的谈判气氛，谈判成功的概率比较高。

(2) 经过两次大幅让步之后，第三步让步幅度减小，如果能就此达成协议，则可少让步一部分利益。

(3) 如果第三步所做微小让步仍不能达成协议，再让出最后稍大一点儿的利润，往往会使对方很满意而达成协议。

2. 缺点

(1) 一开始让步幅度很大，可能会使对方认为大有可让，从而增强其还价的力度，因此容易加强对手的进攻性。

(2) 头两步让大利与后两步让小利形成了鲜明的对比，容易给对方留下一个我方诚意不足的印象。

3. 适用情况

减减加式让步方式一般适合以合作为主的谈判。如果谈判是建立在互惠互利的基础上，谈判开始时的较大幅度让步适合营造良好的谈判气氛，中间的象征性让步也能表示合作愿望，而最后的加大幅度让步则有利于建立长期、友好的合作关系。

(六)递减让式

递减让式是指以大幅的让步为起点，然后依次递减，第四步将剩余的部分全部让出。

1. 优点

(1) 先大后小，由多到少，给人顺乎自然、坦率的感觉，容易使对方接受，产生愿意合作的印象。

(2) 该方式采取了一次比一次更为审慎的让步策略，一般不会产生让步上的失误。同时，让步幅度递减，对方的获得欲望也会随之减弱。

(3) 有利于谈判各方在等价交换、利益均沾的条件下达成协议。

2. 缺点

(1) 开始时的让步起点较高，随后逐渐递减，对于买方来说，越争取利益越小，可能会使买方感到沮丧，或者影响达成协议的速度。

(2) 这是谈判让步中的惯用方法，缺乏新鲜感，也比较乏味。

3. 适用情况

递减让式让步方式一般适合谈判的主动方或提议方使用。在通常情况下，谈判的主动方对谈判的和局更为关注，理应以较大的让步做出姿态，以诱发对方从谈判中获利的期望。相反，如果谈判的提议方在谈判的让步过程中不肯率先让出足以吸引对方的利益，对方就更不会做出相应的让步了。因此，主动提议方在谈判初期需要以较大的让步激发对方获利的欲望。

(七)间断让式

间断让式是指一开始时大幅让步，中间两步不让或让得很少，最后一步让步的幅度又比较小，出现反弹的让步方式。

1. 优点

(1) 首先以求和的精神为先，开始就让出多半利益，因此换得对方回报的可能性较大。

(2) 中间两步寸步不让或让得很少，是一种态度强硬的表示，有利于削弱对方要求我们再一次让利的期望。

(3) 最后又让出小步，既显示了己方的诚意，又会使通达的谈判对手难以拒绝签约，因此往往收效不错。

(4) 尽管其中也藏有留利的动机，但客观上仍表现了以和为贵的温和态度，是比较艺术的做法。

2. 缺点

(1) 开始时的大幅让步，使对方可能认为你急于求成，从而变本加厉、得寸进尺。

(2) 中间两步的拒绝可能导致谈判形成僵局或者不欢而散。

3. 适用情况

间断让式一般适合在谈判竞争中处于不利境地，但又急于获得成功的一方使用。己方处于劣势，于是初期即让出较大的利益，可能会尽快地促成谈判的成功。同时，这种让步较早、较大，可能会使对方得寸进尺，因此到第三步时采取固守的策略，这样会给对方传递"该收场了"的信号。最后再让出小步，既坚定了自己的立场，同时又给对方以台阶下，就会促成谈判尽快结束。

(八)进退让式

进退让式是指在开始两步让出全部可让利益，第三步赔利相让，到第四步时再讨回赔利相让部分的谈判策略。

1. 优点

(1) 由于进退让式让步策略开始就让出了全部可让利益，因此具有很大的吸引力，往往会使陷入僵局的谈判起死回生。

(2) 如果前两部分的让利尚不能打动对方，再冒险让出不该让的利益，这样就会产生一种诱惑力，使对方沿着己方思路往前走。

(3) 由于让步迅速，该方式可能会促使谈判速战速决，以防发生变化。

2. 缺点

(1) 该方式具有较大的风险，如果第一步让步的技术欠佳，可能得不到相应的回报，处理不当时还会导致谈判破裂。

(2) 第二步就让出了自己的全部可让利益，可能会增强对方的获利欲望，强化对方的讨价还价能力。

3. 适用情况

进退让式策略一般适合在陷入僵局或危难性的谈判中使用。由于己方处境危险，又不愿使已经付出的代价付之东流，因此不惜在初期就大步让利，并以牺牲自己的利益为代价来挽救谈判，以促成谈判的和局。

上述八种让步方式，各有其特点和利弊，分别适合不同特点、内容和形式的谈判，因此谈判人员应根据自己的实际需求，在谈判的让步阶段恰当地进行选择。在实际谈判中，如果谈判人员对让步方式理解较深，并能选择恰当的让步方式，既可以从对方的让步策略中获取一定的谈判信息，又可以强化己方的议价能力，促成有利于己方的谈判和局。例如，作为谈判提议的一方，往往是迫切要求谈判和局的一方，因此应先做出较大的让步才能吸引对方。相反，作为谈判提议的接受方，在谈判让步的开始阶段，最适宜选择少做让步，以强化己方的议价能力，维护己方在心理上的优势。总之，技巧来源于理论与实践的最佳组合，谈判的失效和失误就是这种实践与理论之间形成的差距。为此，谈判人员要注意灵活地掌握和运用。

四、让步的技巧

谈判中的让步是有高低、雅俗之分的。我们往往可以在谈判场上见到许多低级、粗俗的让步现象：有时，甲方做了让步，乙方并未感觉到甲方的让步；有时，甲方做了很大的让步，乙方却一点儿都不领情；有时，一方做了一点儿似乎微不足道的让步，却带来全线的崩溃，不得不节节让步、处处让步。诸如此类的让步，就是没有达到目的的让步，是失败的让步。如果你的让步让对方了解了你的诚意，感受到了你的宽宏大量，体会到了你在做自我牺牲，这样的让步就是达到了目的的让步，是比较成功的让步，但这样的让步必须以牺牲自己的利益为代价。这里介绍几种常见的让步策略。

(一)无损于己方利益的让步策略

无损于己方利益的让步策略是指己方所做出的让步不会给己方造成任何损失，同时还能满足对方一些要求或形成一种心理影响，产生诱导力。当谈判对手就其一个交易条件要求己方做出让步时，在己方看来其要求确实有一定的道理，但己方又不愿意在这个问题上做出实质性的让步，可以采取一些无损让步方式。

下面就卖方而言，介绍几种不损害自己利益的让步，即实际上未做让步，而对方却感觉到了你在让步的无损让步法。

(1) 向对方说明，其他大公司或者有地位、有实力的人也接受了相同的条件。

(2) 明示或者暗示这次谈判成功将会对以后的交易产生有利的影响。

(3) 反复向对方保证他享受了最优惠的条件。

(4) 尽量圆满、严密、反复地解释自己的观点、理由，详尽地提供有关证明材料，但不要正面反对对方的观点(这是关键，否则力气全白费)。

(二)互惠互利的让步策略

从本质上讲，双方或多方坐在一起进行商务谈判，就是希望能够达成一个对双方或多方均有利的协议。谈判不会是仅仅有利于某一方的洽谈。一方做出了让步，必然期望对方对此有所补偿，获得更大的让步。这就是互惠互利让步的实质。

互惠互利的让步策略是指以己方的让步，换取对方在某一问题上做出让步的策略。从理论和实践的综合角度来看，能否争取到这种互惠互利的让步方式，在很大程度上取决于进行商谈的方式：一种是横向式商谈，即采取横向铺开的方法，对几个谈判议题同时加以讨论，也就是每个议题同时取得进展，然后统一向前推进；另一种是纵向深入式商谈，即先集中谈判重要的议题，再解决其他议题的纵向前进的方式。很显然，采用纵向商谈方式，比较容易使双方对某一问题产生纠缠，争执不休，经过一番努力之后，往往会出现单方让步的局面。相对地，在进行横向商谈方式商谈时，因为该种方式把整个谈判的内容、议题集中在一起同时展开商谈，所以双方很容易在各个不同的议题上进行利益交换，从而达到互惠互利的让步。

人们所需要的满足并不能从外表中简单地表现出来，因此在没有做出让步之前，应该先仔细想想怎样做。让每次让步都给对方某种好处，同时，每次让步又能使自己有所得。适当的让步，有时会有互惠互利的收获，比如，令对方人员之间产生分歧，这是实际谈判中较为常见的现象。

争取互惠互利的让步，不仅要看谈判议题的商谈方式，还需要谈判人员有开阔的思路和视野。除了某些己方必须得到的利益必须坚持以外，不要太固执于某一个问题的让步。要将谈判看作一盘棋来走，即整个合同的各个具体问题更加重要。要分清利害关系，避重就轻，向对方阐明各个问题上所有的让步要视整个合同是否令人满意而定。因此，在进行让步时，要灵活地使己方的利益在其他方面能够得到补偿。

(三)予远利谋近惠的让步策略

谈判人员就如同证券市场中的投资者，他们都是为了利润而投资，只不过在谈判桌上，这种利润是指欲望的满足，而不仅仅是金钱的获得。谈判人员的让步，实际上也是给对方一种满足，包括现实的满足和未来的满足，而对未来的满足程度完全取决于谈判人员自己的感觉。

谈判中，直接给对方某种让步，这是一种现实的满足。但是，理论和实践证明，也可以通过给予其期望的满足或未来的满足而避免给予其现实的满足，即为了避免现实的让步而给予对方以远利。其实，银行很早就注意到了这一点。在办理抵押贷款时，人们往往比较关心能够借到的贷款数目，而不太关心利率。这是因为利息要经过很长一段时间、一个月一个月地积累计算，他们很少考虑以后若还不上债要卖房子时将会发生什么事情。

当对方在谈判中要求己方在某一问题上做出让步时，己方可以强调保持与己方的业务关系将能给对方带来长期的利益，而本次交易对是否能够成功地建立和发展双方之间的这种长期业务关系是至关重要的，如此这般地向对方言明远利和近利之间的利害关系。如果对方是精明的商人，是会取远利而弃近惠的。其实，对己方来讲，采取予远利谋近惠的让步策略，并未付出什么现实的东西，却可获得近惠。

(四)声东击西的让步策略

就军事方面来讲，声东击西是指当敌我双方对阵时，为更有效地打击敌人，造成一种从某一方面进攻的假象，借以迷惑对方，然后攻击其另一面。让步中的声东击西是指将相关的条件一起提出来，以对自己并不重要的条件作为砝码或掩护，求得对方在重要条件上的让步。这实际上是一种"佯攻"。作为"声东"或"佯攻"的条件，应该具有一定程度的可信性，才能达到"击西"的真正目的。例如，买方发现软磨硬泡不起作用，卖方仍坚持提价时，便将"货期"与"提价"联系在一起，以推迟货期作为条件，达到对方减少提价的目的，利用这个因素上的让步，换取另一个因素上的进展。

五、迫使对方让步的策略

(一)"车轮战"策略

"车轮战"是军事术语，是指己方分散兵力，轮流与敌人作战，或者采取迂回战略，在体力和智力上使敌人疲劳，然后消灭敌人。"车轮战"应用在谈判中，是指谈判一方轮流与对方主谈人员商谈，借以在精力上拖垮对方，迫使对方妥协让步。

1. "车轮战"策略的应用

"车轮战"的使用有一定的条件和原则。它往往是在谈判中期或接近尾声时，由形势不利的一方施行。在谈判过程中，如果谈判形势对己方不利，或己方在某一点上由于考虑不周已做了允诺而事后又必须反悔时，或者双方在谈判过程中发生了激烈的争吵而即将形成僵局时，或对方成交心切、急不可待等，一些谈判者便可能采用这种战术，即制造、利用或借口各种"客观"原因(诡称负责人或某个重要成员的家人生病或病故等)召回负责人或某个重要成员，让另一个身份相当的人替代，此时的替补者处于以下相对有利的位置。

(1) 如果需要出尔反尔，替补者完全有机会、有借口抹杀前任所做出的让步或允诺，使一切重新开始。

(2) 如果是在因为争吵激烈而即将形成僵局的场合，替补者也掌握了主动权。他既可以更换议题，不介入前任争吵的旋涡之中；也可以继承前任有利的因素，整合自己的策略，更强硬地痛击对方，使对方在压力面前让步；还可以吸取前任的经验教训，以调和者的身份通过有说服力的资料、例证，强调双方共同的利益，采用公平的标准，使大事化小、小事化了，以赢得对方的好感，从而为以后的谈判奠定基础。

(3) 经过前任谈判者与对方交往以后，对方各成员的性格、喜好、长处、短处已暴露无遗，而对方对己方替补者的情况一无所知。此时，只要替补者能够抓住时机，迎合对方的喜好，避开对方的优势，就一定能在谈判中取胜。

2. 对付"车轮战"的反策略

(1) 即使你的货物急于脱手或急于求购某种货物，也应尽可能不表露出来。尽管事实明摆在那里，也应在谈判当中抱着无所谓的态度。这样，才能使对方的强硬态度失去根基。

(2) 在整个谈判期间均须高度冷静，发觉对方故意设置关卡或故意刁难时，可以耐心说服，或保持沉默而不予理会，千万别被假象迷惑而轻易让步，特别是不应急于同其签约，以免事后后悔。再则，在谈判期间，如果对方故意找茬儿与你争执，此时最好的办法是听之任之，不要误中圈套。

(3) 如果对方替补者一口否认过去的协定，己方也可以借此理由否认过去所做过的所有承诺；或者找个借口暂停谈判，直到对方的原班人马，特别是重要成员到齐时再谈。

(4) 如果对方换上新的谈判者，己方又无理由拒绝与之商谈，或己方也愿意与对方替补者商谈的情况下，应像对待新手一样，首先让其尽量表现，从中发现其性格、特点、长处和短处，然后"对症下药、有的放矢"。

(二)利用竞争策略

制造和利用竞争永远是谈判中逼迫对方让步的最有效的武器和策略。当谈判的一方存在竞争对手时，其谈判的实力就大为减弱。

买方把所有可能的卖方请来，与他们讨论成交的条件，利用卖方之间的竞争，各个击破，为自己创造有利的条件。该策略取自"鹬蚌相争，渔翁得利"这一成语，这里就是利用卖方之间的竞争，使买方得利。该策略成功的基础是制造竞争，卖方的竞争越激烈，买方可预期的利益就越大。

在谈判中，应该有意识地制造和保持对方的竞争局面。有时，对方实际上并没有竞争对手，但可以巧妙地制造假象来迷惑对方，以逼迫对方让步。

例如，进行技术引进谈判，可以多考察几家国外的厂商，同时邀请他们前来进行谈判，并且适当地透露一些有关对方竞争对手的情况，在与其中一个厂商最终谈成之前，不过早地结束与其他厂商的谈判。

制造竞争的具体方法有以下几个。

(1) 邀请多家卖方参加投标，利用他们之间的竞争取胜。

(2) 同时邀请几家主要的卖方分别展开谈判，把与一家谈判的条件作为与另一家谈判要价的筹码，通过让其进行"背靠背"的竞争，促其竞相降低条件。

(3) 邀请多家卖方参加集体谈判，当着所有卖方的面以压低的条件与其中一位卖方谈判，以迫使该卖方接受新的条件。在这种情况下，卖方处于竞争的压力下，如果不答应新的条件，又怕生意被别人抢去，于是不得不屈从于买方的意愿。

对方采用该策略时，己方的对策要因其制造的竞争方式不同而变化。对于利用招标进行的秘密竞争，要积极参加。对于"背靠背"的竞争应尽早退出。对于"面对面"的竞争，采取相反的两种对策：一种是参加这种会议，但只倾听而不表态，不答应对方提出的任何条件，仍按自己的既定条件办事；另一种是不参加这种会议，不听别人的观点，因为在会议上容易受到买方所提条件的影响。

(三)既成事实策略

既成事实策略又称先斩后奏策略。这在商务谈判中可以解释为"先成交，后谈判"，即实力较弱的一方往往通过一些巧妙的办法使交易成为既成事实，然后在举行的谈判中迫使对方让步。先斩后奏策略的实质是让对方先付出代价，并以这些代价为"人质"，扭转自己实力弱的局面，让对方通过衡量所付出的代价和终止成交所受损失的程度，被动接受既成交易的事实。

(四)"最后通牒"策略

韩信用兵，曾背水列阵，士兵们知道后无退路，唯一的选择是拼死一战，个个超乎寻常地勇猛，最后大获全胜。这是让己方处于险恶境地，从而激发人的潜能；而让对方陷于绝境，逼对方答应自己的条件，是一种敌弱我强时惯用的对策，这种对策叫作"最后通牒"。在谈判中使用"最后通牒"策略有两种情况：一是利用最后期限；二是面对态度顽固、暧昧不明的谈判对手，以强硬的口头或书面语言向对方提出最后必须接受的条件，否则将退出谈判或取消谈判，由此迫使对方改变态度，接受己方提出的条件。

六、阻止对方进攻的技巧

(一)限制策略

【资料链接】

美国谈判学会会长杰勒德·I.尼伦伯格(Gerard I.Nierenberg)在《谈判的艺术》中讲述了这样一件事。他的一位委托人安排了一次会谈，对方及其律师都到了，尼伦伯格作为代理人也已到场，可是委托人自己却失约了。众人等了好一会儿也没见他人影，到场的三人就先开始了谈判。随着谈判的进行，尼伦伯格顺利地迫使对方做出一个又一个的承诺，而每当对方要求他做出相应的承诺时，他却以委托人未到、权力有限为由委婉地拒绝了。结果，他以一个代理人的身份，为他的委托人争取到对方的许多让步，而他却不用向对方做出相应的让步。

(资料来源：刘春生. 国际商务谈判[M]. 北京：电子工业出版社，2016)

从上例可以看出，一个受限的谈判人员要比大权独揽的谈判人员处于更有利的地位，因为他的立场可以更坚定，可以更果断地对对方说"不"。经常观看记者招待会的人，可能不会忘记那些老练的政治家、外交家、恪守规则的政府新闻发言人，在遇到很敏感或他本人无法回答的问题时，总会在脸上堆出宛如春天般灿烂的微笑，双肩一耸，两手一摊："这个我无可奉告。"这是回避锋芒、保护自己不出问题的最常用办法。谈判也一样，当对方猛烈进攻，而己方无充分理由驳斥时，以某种客观因素或条件的制约而无法满足对方的要求为由，可以抵挡对方的进攻，而对方就只能根据己方所有的权限来考虑这笔交易。

在商务谈判中，经常运用的限制因素有以下几种。

1. 权力限制

上司的授权、国家的法律和公司的政策以及交易的惯例限制了谈判人员所拥有的权力。一个谈判人员的权力受到限制后，往往可以使他的立场更加坚定，更能自然地说出"不"字。己方可以这样说："该问题很棘手，它超出了我的工作范围。""听起来，贵方的道理似乎很令人信服，但不知主管部门领导是否与我感觉一样，我不能代替他们做主，只有等转告他们之后才知道。"任何一个谈判人员，在他本身受到诸如上司授权、国家的法律规定、公司政策、贸易惯例等限制的时候，谈判对手都不能强迫他不顾国家法律、公司政策的规定，超越其权限来答应己方的要求。因此，精于谈判之道的人都信奉这样一句名言："在谈判中，受限的权力才是真正的权力。"

2. 资料限制

在商务谈判过程中，当对方要求就某一问题进一步解释或要求己方让步时，己方可以用抱歉的语气告诉对方："实在对不起，有关这方面的详细资料我方手头暂时没有(或者没有备齐；或者这属于本公司的商业秘密或专利品资料，概不透露)，因此还不能做出答复。"这就是利用资料限制因素阻止对方进攻的常用策略。对方在听到这番话后，自然会暂时放弃该问题，停止咄咄逼人的进攻。

3. 其他方面的限制

在商务谈判中，自然环境、人力资源、生产技术要求、时间等因素在内的其他方面的限制，都可被用来阻止对方的进攻。这些限制对己方是大有帮助的：有些能使己方有充分的时间去思考，更坚定自己的立场，甚至迫使对方不得不让步；有些能使己方有机会想出更好的解决办法，或者更有能力和对方周旋；最重要的是，能够考验对方的决心，顾全自己的面子，同时也能使对方有面子地让步。因此，受限的权力往往成了权力的来源。

但是，经验表明：该策略使用的频率与效率是成反比的。限制策略运用过多，会使对方怀疑己方无谈判诚意，或者请己方具备一定条件后再谈，导致己方处于被动的局面。

(二)疲劳战术策略

在商务谈判中，有时会遇到锋芒毕露、咄咄逼人的谈判对手，他们以各种方式表现其居高临下、先声夺人的挑战姿态。对于这类谈判者，疲劳战术是一个十分有效的策略。这种战术的目的在于通过许多回合的拉锯战，使这类谈判者疲劳、生厌，以此逐渐磨去锐气；同时，也扭转了己方在谈判中的不利地位，等到对方筋疲力尽、头晕脑胀之时，己方即可反守为攻，促使对方接受己方的条件。

在实际谈判中，确实有许多人以耐心或善于运用疲劳战术著称。一位美国石油商曾这样描述沙特阿拉伯石油大亨亚马尼的谈判战术：他最厉害的一招是心平气和地把一个问题重复一遍又一遍，最后搞得你筋疲力尽，不得不把自己的祖奶奶都拱手让出去。例如，中东的企业家最常用的交易战术就是白天天气酷热时邀请欧洲代表观光，晚上则邀请他们观赏歌舞表演。到了深夜，白天不见踪影的中东代表团的领队出现了，想必其已得到充分的休息，神采奕奕地与欧洲代表展开谈判。欧洲代表经过一天的奔波，早已疲惫不堪，因此在谈判中必然会主动让步，想尽快结束谈判。

(三)恻隐术策略

恻隐术是一种装可怜相、为难相的做法，以求得对方的同情，争取合作。在一般情况下，人们总是同情弱者，不愿落井下石，将之置于死地。我们不能失国格、人格，但"为难"是人皆有之，其影响力不小，有时很容易感动没有经验的对手。

恻隐术常见的表现形式有：装出一副可怜巴巴的样子，说可怜话，做乞求状，如"这样决定下来，回去要被批评，无法交差""要砍头""我已退到悬崖边上，再退就要掉下去了""求求您，高抬贵手""请你们不看僧面看佛面，无论如何帮我一把"。例如，某卖方在两次降价后坚守价格，为了打破僵局，邀请买方去其住的旅馆洽谈。买方人员走进房间，只见主谈人头上缠着毛巾、腰上围着毛毯、脸上挂着愁容，显示出一副痛苦的样子。据他讲："头疼、胃疼、腰难受，被你们压得心里急。"心里急不假，头疼也可能是真的。这一招很有感染力，买方有的人以为"他实在是可怜"，部分人的谈判意志动摇了。此外，还有"流眼泪"的。例如，某卖方在其项目上虽与买方达成协议，但未签合同时，被第三者插入，该卖方愿以更低的价格与买方签订合同。买方出于信誉，将形势告诉了卖方并想出可能挽救的措施。卖方估量了买方想出的建议，却不想变动实质性条件，于是反复解释并流下了眼泪。这位年岁不小的代表所流出的泪水产生了奇效，会谈气氛沉闷了，买方的攻击力被冻结了。

在使用这一方法请求合作时，一定注意不要丧失人格和尊严，直诉困难也要不卑不亢。

(四)休会策略

休会策略是谈判人员比较熟悉并经常使用的基本策略，是指在谈判进行到某一阶段或遇到某种障碍时，谈判双方或一方提出休息一会儿的要求，以使谈判双方人员有机会恢复体力、精力并调整对策，推动谈判的顺利进行。

从表面上看，休会有利于满足人们生理上的要求，恢复体力和精力，但实际上，休会的作用已远远超出了这些。它已成为谈判人员调节、控制谈判过程，缓和谈判气氛，融洽双方关系的一种策略。在什么情况下比较适合采用休会策略呢？

(1) 在会谈接近(某一阶段)尾声时，休会可被用于总结前一阶段的成果、预测下一阶段谈判的发展，提出新的对策。

(2) 在谈判出现低潮时，若再会谈，会使谈判人员体力不支、头脑不清醒，最好休息一下再继续。

(3) 在会谈将要出现僵局时，如果谈判双方各持己见、互不相让，会谈难免会中断，此时，比较好的做法就是休会，使双方冷静下来，客观地分析形势，采取相应的对策。

休会是一种内容简单、容易掌握、作用明显的策略技巧，能否发挥作用，关键就看怎样运用了。

(五)以攻对攻策略

只靠防守无法有效地阻止对方的进攻，有时需要采取以攻对攻的策略。以攻对攻策略是指己方让步之前向对方提出某些让步要求，将让步作为进攻手段，变被动为主动。当对方就某一问题逼己方让步时，己方可以将这个问题与其他问题联系在一起加以考虑，在其他问题上要求对方做出让步，作为己方让步的条件。例如，如果买方要求卖方降低价格，卖方就可以要求买方增加订购数量或延长交货期限等。结果经常是，要么双方做让步，要么都不做出让步，从而避免对方的进攻。

假如对方提出的要求损害了你的根本利益，或者他们的要求在你看来根本是无理的，你也可以提出一个对方无法答应或者荒谬的要求来回敬他们，让对方明白，对于他们的进攻，你是有所准备的，没有丝毫让步的余地。面对你同样激烈的反攻，对方很快会偃旗息鼓，进而放弃他们的要求。

第四节　磋商过程中僵局的处理

通往成功的道路总是曲折的，在商务谈判的过程中难免会出现僵局。谈判僵局是商务谈判过程中，谈判双方对利益的期望或对某一问题的立场和观点存在分歧，很难达成共识，而又都不愿做妥协时，谈判进程就会出现停顿，谈判即进入僵局。

谈判僵局出现后，对谈判双方的利益和情绪都会产生不良影响，谈判僵局会有两种后果：一是打破僵局继续谈判；二是谈判破裂。当然后一种结果是双方都不愿看到的。因此，了解谈判僵局出现的原因，运用科学有效的策略和技巧打破僵局，使谈判重新顺利进行下去，就成为谈判人员必须掌握的内容。

一、商务谈判中僵局形成的原因

(一)立场观点上的争执

谈判过程中，如果双方对某一问题各持自己的看法和主张，并且谁也不愿做出让步时，往往容易产生争执。双方越是坚持自己的立场，双方之间的分歧就越大。这时，双方真正的利益被这种立场观点的争论掩盖，而双方又为了维护自己的面子，不但不愿做出让步，反而会用顽强的意志来迫使对方改变立场。于是，谈判变成了一种意志力的较量，谈判进入僵局。

经验证明，谈判双方在己方立场上关注越多，就越不能注意调和双方利益，也就越不可能达成协议，甚至谈判双方都不想做出让步，或以退出谈判相要挟，这就更增加了达成协议的困难。这种僵局处理不好，就会破坏谈判的合作气氛，浪费谈判时间，甚至伤害双方的感情，最终使谈判走向破裂的结局。立场争执所导致的僵局是比较常见的，因为人们很容易在谈判时陷入立场的争执中不能自拔。

(二)信息沟通障碍

谈判本身就是靠"讲"和"听"来进行沟通的，因此，只有双方信息实现正确、全面、顺畅的沟通，才能互相深入了解，才能正确把握和理解对方的利益和条件。但实际上，谈判双方信息沟通过程中的失真现象时有发生。实践中，双方信息传递失真使双方之间产生误解而出现争执，并因此陷入僵局的情况屡见不鲜。这种信息沟通障碍主要表现在：由于双方文化背景差异所造成的观念障碍、习俗障碍、语言障碍；由于知识结构、教育程度的差异所造成的对问题理解的差异；由于心理、性格差异所造成的情感障碍；由于表达能力、表达方式的差异所造成的传播障碍；等等。这些障碍都可能使谈判陷入僵局。

(三)成交底线的差距较大

在商务谈判中，即使双方都表现出十分友好、坦诚与积极的态度，但如果双方谈判方案中所确定的成交底线差距太大，对各自利益的预期也有很大的差距，而且这种差距很难弥合时，谈判就会陷入僵局，而且这种僵局难以处理，基本上都会以谈判失败或破裂而告终。

(四)一方采取强迫姿态

对于谈判来说，强迫具有破坏性，因为强迫意味着不平等、不合理，意味着恃强欺弱，这与谈判的平等原则是相悖的。然而，在谈判中，人们常常由于有意无意地采取强迫手段使谈判陷入僵局。特别是国际商务谈判，不仅存在经济利益上的相争，还有维护国家、企业及自身尊严的需要，因此，某一方越是受到逼迫，就越是不会退让，也就越容易陷入谈判的僵局。

因强迫造成的谈判僵局屡见不鲜，例如，在国际业务往来中，有些外商常常要求我方向派往我国的外方工作人员支付高薪报酬，或要求低价包销由其转让技术所生产的市场旺销产品，或强求购买其已淘汰的设备，等等，如果我方不答应，外商就反过来以取消贷款、停止许可贸易等相威胁，结果导致僵局的出现。

(五)人员素质较低

俗话说："事在人为"，人的素质因素永远是引发事情的重要因素，谈判也是如此。谈判人员的素质不仅是谈判能否成功的重要因素，而且对合同的执行及双方能否长期合作也起着决定性的作用。

事实上，仅就导致谈判僵局的因素而言，在某种程度上都可归结为人员素质方面的原因。例如，使用一些策略时，因时机掌握不好或运用不当，导致谈判陷入僵局；或对谈判所涉及的专业知识掌握不够，使谈判过程受阻；等等。因此，无论是谈判人员作风方面的问题，还是知识经验、策略技巧方面的不足，都可能导致谈判出现僵局。

(六)偶发因素的干扰结果

商务谈判期间，有可能出现偶发情况，当这些情况涉及谈判某一方的利益得失时，谈判就会由于这些偶发因素的干扰陷入僵局。例如，在谈判期间，市场环境发生突变，谈判某一方如果按原条件谈判就会蒙受利益损失，于是他便推翻己方做出的让步，从而引起对方的不满，使谈判陷入僵局。谈判不可能处于真空地带，谈判人员随时都要根据外部环境的变化来调整自己的谈判策略和交易条件，因此，这种僵局的出现也就不可避免。

二、处理和避免僵局的原则

谈判中出现僵局是很自然的事情。虽然人人都不希望出现僵局，但是出现僵局也并不可怕，面对僵局不要惊慌失措或情绪沮丧，更不要一味地指责对方没有诚意。一般来说，处理和避免僵局的原则有如下几个。

(一)理性思考

真正的僵局形成后，谈判气氛随之紧张，这时双方都不可失去理智、任意行动，必须明确冲突的实质是双方利益的矛盾，而不是谈判人员个人之间的矛盾，因此，要把人与事严格区分开来，不可夹杂个人情绪的对立，以致影响谈判气氛。

(二)协调好双方的利益

双方在同一问题上尖锐对立，并且各自理由充足，均无法说服对方，又不能接受对方的条件时，就会使谈判陷入僵局。这时应认真分析双方的利益所在，只有平衡好双方的利益，才有可能打破僵局，可以让双方从各自的目前利益和长远利益两个方面来考虑，对双方的目前利益、长远利益做出调整，寻找双方都能接受的平衡点，最终达成协议。

(三)欢迎不同意见

不同意见既是谈判顺利进行的障碍，也是一种信号，它表明实质性的谈判已经开始，如果谈判双方就不同意见互相沟通，最终达成一致，谈判就成功在望。因此，作为一名谈判人员，不应对不同意见持拒绝和反对的态度，而应该持欢迎和尊重的态度，这种态度会使己方更加平心静气地倾听对方的意见，掌握更多的信息和资料，也体现了一名谈判者应有的宽广胸怀。

(四)正确认识谈判僵局

许多谈判人员把僵局视为谈判失败，企图竭力避免它，在这种思想指导下，谈判人员不是采取积极的措施加以缓和，而是消极躲避。这样一来，为避免出现僵局，就时时处处迁就对方，一旦陷入僵局，就会很快失去信心和耐心，甚至怀疑自己的判断力，对预先制订的计划也产生了动摇。这种思想阻碍了谈判人员更好地运用谈判策略，结果可能会达成一个对己方不利的协议。应该看到，僵局出现对双方都不利，如果能正确认识，恰当处理，会变不利为有利。人们不赞成把僵局视为一种策略，运用它胁迫对方妥协，但也不能一味地妥协退让，这样，不但僵局避免不了，还会使自己十分被动。只要具备勇气和耐心，在保全对方面子的前提下，灵活运用各种策略和技巧，僵局就不会成为攻克不了的堡垒。

三、打破僵局的策略

(一)回避分歧，转移议题

打破僵局的策略.mov

当双方对某一议题产生严重分歧，都不愿意让步而陷入僵局时，一味地争辩是解决不了问题的，可以采用回避有分歧的议题，换一个新的议题与对方谈判的方法解决。这样做有两点好处：一是可以争取时间先进行其他问题的谈判，避免长时间的争辩耽误宝贵的时间；二是当其他议题经过谈判达成一致后，对有分歧的问题产生正面影响，再回过头来谈陷入僵局的议题时，气氛会有所好转，思路会变得开阔，问题的解决会比以前容易得多。

(二)投其所好，改变气氛

投其所好，改变气氛谈判技巧和方法的基本思路是转移到对方感兴趣的话题来改变和缓和谈判的气氛，使双方在良好的谈判气氛里重新讨论有争议的问题，便于双方谈判达成协议，这是一种积极的扭转谈判局面的谈判技巧和方法。

(三)离席策略

谈判与其他领域的理念有所不同，即坚持不一定就是胜利，无谓的坚持只能陷入被动之中。优秀的谈判人员懂得放弃的价值，在谈判桌上不仅需要经验和技巧，还需要一定的魄力与勇气。在开始前就要让对方知道己方的谈判基调，如果己方确实得不到想要的东西，己方可随时离开谈判桌。给对手最大的压力莫过于终止谈判，该策略可以使对方所制定的谈判策略全部落空。有很多人都有这样的经历，在服装店发现某件商品很好，与店主谈价格，经过讨价还价之后，他的最低价与自己的最高价有差距，自己转身离开该店，当走几步之后，会被店主叫回以自己的价格成交，这就是离席策略的使用。使用该策略时要注意，要在谈判初期和对方进行深入交流，让他们认为与自己交易会有理想的回报，在确定已经激起对方的合作意愿后，在关键问题的决定时才可考虑此策略，否则，可能会弄巧成拙，破坏谈判气氛。

(四)以情动人

使用以情动人策略时应注意，自己能有效地使用这种策略，呼唤他人的良知，那么反过来，同样自己也有可能被他人有效地利用。另外，在使用此方法请求合作时，一定要注意不要丧失人格和尊严，直诉困难也要不卑不亢。

(五)最后通牒

在谈判中，人们有时不肯做最后的选择。为了打破对方的奢望，促使对方早做决定，其有效手段是通牒，即亮出己方的最后条件，如价格、交货期、付款方式、签约日期等，表示出行就行，不行就取消谈判的态度。使用该策略时，己方必须做好最坏的打算，做好承受谈判破裂的心理准备。因为一旦对方不能接受己方条件，就有可能导致谈判破裂。在己方没有做好充分的准备或己方没有多次努力尝试其他方法打破僵局时，不能贸然采用这一方法。

本　章　小　结

磋商阶段也叫"讨价还价阶段"，是报价阶段结束之后，谈判各方就实质性事项进行协商，争取自身利益最大化的全过程。一般而言，要想最终达成一致协议，谈判磋商阶段谈判双方要经过讨价、还价、妥协和让步三个步骤。

谈判磋商阶段应遵循的原则：把握气氛的原则；注意谈判结构方向的原则；次序逻辑原则；掌握节奏原则。

磋商过程的注意事项：注意调动对方合作的态度与行为；注意发现并满足对方的需求；注意让对方了解自己的需求。

磋商阶段谈判策略的特征：预谋性、针对性、时效性、灵活性、保密性、艺术性、组合性。

磋商阶段的常见策略，分为磋商阶段不同地位的应对策略、对不同谈判风格对手的策略、磋商阶段针对谈判过程的策略等。

磋商过程中迫使对方让步的策略有"车轮战"策略、利用竞争策略、既成事实策略、"最后通牒"策略；阻止对方进攻的技巧有限制策略、疲劳战术策略、恻隐术策略、休会策略、以攻对攻策略等。

打破僵局的策略：回避分歧，转移议题；投其所好，改变气氛；离席策略；以情动人；最后通牒。

自 测 题

1. 磋商阶段应该遵循哪些原则？
2. 磋商阶段应该注意哪些事项？
3. 磋商阶段谈判策略的特征是什么？
4. 磋商阶段不同地位的应对策略是什么？

案 例 分 析

案例 1

有一年，在比利时某家画廊，有一位美国画商看中了印度人带来的 3 幅画，每幅标价 250 美元，画商不愿出此价钱，双方的谈判陷入了僵局，那位印度人被惹火了，怒气冲冲地跑出去，当着美国人的面把其中一幅画烧了。美国画商看到这么好的画被烧掉十分可惜，他问印度人剩下的两幅画想要多少钱，回答还是每幅 250 美元，美国画商又拒绝了这个报价，这位印度人横生一计，又烧掉了其中一幅画，美国画商当下只好乞求他千万不要再烧最后一幅。当再次询问这位印度人想要多少钱时，印度人说道："最后一幅能与 3 幅画卖一样的价钱吗？"最后，这位印度人手中的最后一幅画竟以 600 美元的价格拍板成交，而当时，其他画的价格都在 100～150 美元。

(资料来源：本书作者整理编写)

思考题：

(1) 该案例中，印度人采用了什么策略？
(2) 如何理解该策略？

案例 2

美国 Y 公司向中国石家庄工厂销售了一条彩色电视机玻壳生产线，经过安装后，调试的结果一直不理想，时间一晃到了圣诞节，美国专家都要回家过节。于是全线设备均要停下来，尤其是玻璃熔炉还要保温维护。

美方人员过节虽是法定的，但中方生产线停顿是有代价的，两者无法融合。

美方人员走后，中方专家自己研究技术，着手解决问题，经过一周的日夜奋战将问题最大的成型机调试好了，这也是全线配合的关键。该机可以生产合格的玻壳后，其他设备即可按其节奏运转。

等美方人员过完节，回到中方工厂已是三周后的事，他们一见工厂仓库的玻壳，十分惊讶，问"怎么回事?"当中方工厂告诉美方人员，自己开通生产线后，美方人员转而大怒，认为："中方人员不应擅自动用设备，应该对此负责任。"并对中方工厂的外贸代理公司作出严正交涉："以后对工厂的生产设备将不承担责任，若影响其回收贷款还要索赔。"

(资料来源：本书作者整理编写)

思考题：

1. 如何看美方人员的论述?
2. 如何看中方人员自调设备的行为?
3. 中方外贸代理面对美方论述会怎么回答?

阅 读 资 料

一个名为爱德华·尼古拉的美国女商人来到绍兴丝绸厂，范厂长在厂里的样品展览室接见了她，尼古拉仔细研究完展览室的样品后脸上露出了满意的神色。她向范厂长提出，她打算预订其中的7种款式，她的报价是每码3.5美元。听到尼古拉的报价后，范厂长并没有对她的报价作出正面回答，而是报出了同类产品在意大利、法国和欧洲其他国家以及美国的价格，接着他报出了5.36美元的价格。

听到这个价格，尼古拉大叫起来，5.36美元是中国香港的零售价格，如果她以此价格成交，她的老板一定会骂她。范厂长信心十足地回答，这个价格是中国香港的零售价，但是目前香港市场上没有这样的产品。事实上，这个价格是产品的成本价，因为工厂购买的坯绸价格是每码5美元，印染加工费是每码0.36美元。而同类产品在欧洲市场上可以卖到每码30美元。范厂长进一步强调说，因为这是第一次与她合作，建立友谊和关系是第一位的，因此他的报价是不赚钱的。

听完范厂长的论述，尼古拉再也沉不住气，不断提高自己的报价，从每码4美元到4.2美元，再到4.3美元，最后提到4.6美元。范厂长只是微笑不语，最后他让尼古拉回去再考虑考虑，并说中国有一句俗话，买卖不成仁义在。尼古拉没有多说什么，她坐着汽车离去。三天后尼古拉发来电报，希望与范厂长再谈谈。

(资料来源：白远. 国际商务谈判：理论、案例分析与实践[M]. 5版. 北京：中国人民大学出版社，2019.)

第七章　商务谈判的结束

【学习要点及目标】

通过本章的学习，使学生掌握商务谈判结束的三种方式、结束谈判的原则；掌握谈判合同的构成要素和合同签订的注意事项；理解谈判后续管理的重要性和掌握后续管理应该关注的问题；能够灵活运用谈判结束时机的选择技巧。

【引导案例】

引导案例.mov

甲国 A 公司多方寻找供应紧俏药材的国外客户资源，因乙国药材供应商与甲国其他公司有独家代理协议，无法与 A 公司合作，最终 A 公司与乙国 B 贸易公司建立业务关系，确定由 B 公司利用与该供应商的关系进行采购后向 A 公司出口药材。

就进销药材一事 A 公司与 B 公司进行了多次谈判，B 公司寄来的样品质量上乘，A 公司检验后非常满意，但是 B 公司要求提供质检单时，A 公司故意让检测人员调低药材含量，不过，检测结果药材有效成分含量仍高于该国的检测标准。

因为是首次合作，为谨慎起见，B 公司谭经理考察了 A 公司，对 A 公司展示的实力非常满意，殊不知，A 公司带 B 公司参观的部分厂房和仓库并非 A 公司所有，而是临时租赁存放货物的地点，A 公司邹经理事先通知仓库负责人只说是带领客户查看货物，仓库方面全力配合，因此谭经理考察时并未发现异常。

初步达成交易意见后，邹经理拟订了一份合同，称以前的购销合同都是由 A 公司负责起草，B 公司信以为真，合同中的结算条款为 A 公司收到货物检验合格后电汇支付，邹经理又故意问谭经理实际供货时是否能保证质量高于国家标准，谭经理是首次经销药材，毫无经验，认为以之前的货物质量完全能够满足这一条件，于是一口答应，邹经理又追问能否将这一条款写进合同，谭经理毫不犹豫地同意了，双方顺利签订合同。

可是等交货后，B 公司谭经理却追悔莫及，因为是货到检验合格后付款，尽管如期发货，但是仅检验时间就为 20 个工作日，再加上运输、口岸报关、报检、银行付汇所需时间，B 公司一般在发货后两个多月才能收到货款，而检验机构检测药材的方法与 A 公司检测方法不同，每次检测结果都符合甲国检验标准，却低于合同规定标准，邹经理因此经常敲打谭经理，从而使谭经理提高售价的愿望落空。

(资料来源：本书作者整理编写)

思考题：你从这个案例中吸取了什么样的经验和教训？

第一节　结束时机的准备

经过谈判双方的共同努力，谈判进入了终局阶段。谈判的终局阶段是谈判的最后阶段，在先前的谈判中双方已经表达了自身的利益和观点，提出了一些基本的条件和预案，也达成了一定的让步和妥协，这似乎意味着谈判马上就要成功，但是如果不能把握好谈判终局阶段的程序和要点，就不能为自己争取到更多的利益，也不能达到谈判的双赢，甚至双方在最后达成妥协时急于求成、时机把握不准、情绪波动等导致谈判破裂，前功尽弃。因此，了解谈判收尾的原则、谈判终局阶段的几种谈判结果、谈判结束时机的选择、谈判结束的策略以及谈判后的管理等问题对于促成谈判的最后成功有着重要的意义。

一、谈判结束的方式

商务谈判结束的方式主要有三种：成交、中止和破裂。

(一)成交

成交是指交易双方达成合同，交易能够实现。成交分为两个层次：一是双方对交易条件达成一致，对全部或绝大部分问题没有实质性的分歧；二是双方在这个前提下能够达成书面法律生效的合同，合同内容符合各种规章制度的规定，需要主管部门审批的内容能够获得通过，合同能够正式进行到履行阶段。只有谈判的成交能够达到第二个阶段，才能使谈判的成果真正带来现实的利益，这是真正意义上的成交。

(二)中止

谈判的中止是指双方因为某种原因未能达成全部或部分成交合同而由双方约定或单方要求暂时终结谈判的方式。谈判的中止可能是因为谈判人员对一方提出的条件没有权限做出决定，或需要计算和商议技术问题和成本而中止谈判，或需要重新在新的条件下制定新的议案使双方能够达到双赢，等等。基于上述原因中止的谈判一般会约定重新进行谈判的时间，因为双方都知道谈判仍然有余地，这种中止是可以通过再次谈判而成交的，谈判中止是为了促成双方交易创造条件，最后达成合同。另外一种中止方式是无约期的中止，指双方在中止谈判时对恢复谈判的时间无具体约定的中止方式。在谈判中，由于谈判双方所列出的条件相距甚远，或因为特殊的困难而使双方不能成交，但是谈判破裂对双方造成的损失都非常大，重新开始谈判又有很多的未知条件不能满足，最典型的就是国家政策形式的变化，这种情况下会采取无约期中止。无约期中止的双方只能表述为"一旦政策允许""一旦双方条件成熟"等含混的字眼。

(三)破裂

谈判破裂是指双方经过最后的努力仍然不能达成共识和签订协议，交易不成，或友好而别，或愤然而去，从而结束谈判。依据双方的态度谈判破裂可分为友好破裂结束谈判和对立破裂结束谈判。友好破裂结束谈判是指双方互相体谅对方面临的困难，讲明难以逾越的实际障碍而友好地结束谈判的做法。对立破裂结束谈判是指双方或单方在对立的情绪中愤然结束未达成任何协议的谈判。对于友好破裂，双方虽然没有达成共识，但是增进了彼此的了解，可以创造进一步合作的机会。而对立破裂使双方关系恶化，将来很难再次合作。因此，在谈判双方经过一系列的努力还是不能达成共识的情况下，应该尽量稳定情绪，增进理解，不要攻击对方，争取以损失最小化的方式来处理谈判破裂。

二、谈判结束的原则

谈判结束的原则.mov

从谈判学的角度来看，谈判结束既是自然的结果，又是能动的结果，其中大有规律和学问。正确判定谈判结束可使谈判双方减少谈判损失，增大谈判收益，避免阴差阳错、"煮夹生饭"或误导谈判。虽然谈判结束的方式可能各异，或成交，或中止，或破裂，但谈判结束的原则基本相同。

(一)彻底性原则

彻底性原则是指所谈交易内容要全面，交易各方面的条件要谈透，不得留下疑点。为了达到彻底性原则的要求，终局谈判时，谈判者均应"结账"与"对账"。

(二)不二性原则

不二性原则是指谈判结束时谈判结果必须具备不可更改性。

(三)条法原则

条法原则是指双方所达成的各种交易条件都要用相应的法律形式表达，使之具有法律的约束和追索补偿效力。

(四)情理兼备性原则

情理兼备性原则是指在谈判结束时要情绪平稳，并且理解对方的处境，充分解释己方不能达成交易的原因，争取对方的理解和将来的合作机会。

三、判断谈判结束的时机

谈判如"下棋"，是否该结束，有其本身的规则，或有其一定的标志，见到这种标志，就要准备"收棋"——结束谈判。不结束就会"自讨苦吃"——多掏钱。谈判结束的标志有3个：条件标志、时间标志和信号标志。

(一)谈判结束的条件标志

条件标志即以双方交易条件达成一致的程度来判断谈判的终局。不论交易复杂程度如何，交易条件普遍存在，如商业、法律、技术、文字与数字表述的条件等。条件作为结束谈判的标志时，需要将条件量化分级，谈判若完成了各级各层的条件内容，自然可以结束谈判。条件量化分级可分为二级，即两个层次：分歧量与成交线。从判断的意义上讲，这些分级与层次也有不同的角度，即可从这些角度看终局。

1. 分歧量

分歧量即以双方谈判存在的分歧程度作为谈判终局的标志。从数量上看，如果双方已经达成一致的交易条件占据绝大多数的内容，所剩分歧的数量占很小的部分，则可以考虑谈判进入终局阶段，但是只看谈判达成一致的量是不够的，还要看达成一致的交易条件是否为关键性的条件，如果是细枝末节的条件能够达成一致，但是关键问题还是没有解决，那么就算量上够了，但是质上不够也不能进入终局阶段。例如，红星橡胶厂与北方轮胎厂谈判进入终局阶段时，突出了技术费、设备费的分歧，把培训费作为让步筹码，可见分歧数量不多。但是在讨价还价中，双方将这几种分歧汇总为总价的问题，分歧数只有一个，而价格作为分歧数从质量上来看就是最重要的谈判内容。因此，当双方几经努力但终究未能解决该分歧时，就会造成谈判破裂。可以看出，在关键问题出现分歧时进入终局容易导致谈判的彻底失败。

2. 成交线

成交线是指己方可以接受的最低交易条件。在谈判实务中，谈判人员设定的成交线即追求的谈判目标。谈判目标可以分为 3 个层次。第一个层次即上线，其为己方的最终谈判目标；第二个层次即中线，其为己方相对满意的谈判目标，这种情况下，己方已做出了一定的让步，但是能够成交的话，收获还是不小的；第三个层次即下线，其为己方可以接受的交易底线，是确保谈判利益的最基本条件，也可以认为是成交线的下线。当谈判条件进入己方成交下线时，从谈判心理和利益保障方面来讲，均有进入终局的必要。

如果谈判双方未进入成交线，能否进入终局阶段呢？这取决于双方尚存的差距，若该差距可以逾越，则谈判已进入终局。双方可以通过单方面的努力或双方的共同努力向彼此的成交线靠拢，当准备充足时谈判可以准备结束。若双方条件实在难以靠拢，以至于经过判断，双方继续谈下去也不会有成交的可能，双方就不得不以破裂的方式结束谈判。

(二)谈判结束的时间标志

谈判结束的时间标志有以下三种标准。

1. 双方约定的谈判时间

双方约定的谈判时间是指在开始谈判前，为了增加谈判效率，节省人力、物力，谈判双方限定了谈判所需的时间，据此，双方安排谈判人员和程序。当所定的时间用完，谈判也应结束。一般来说，双方约定时间一定要在开始谈判之前，因为此时最易达成协议且不失自己的地位优势。但是，如果谈判一方在谈判之初故意压缩时间长度时，另一方也会采取"随意"的态度，因为不随意就会显得"急"，表现出"求"，于日后谈判不利。另外，对于谈判的主方来看，时间限制的主动程度也不一样，一般主方容易在时间限制上有主动权，因为在进行实质性谈判时，主方往往会安排一些礼节性的招待，减少实质性谈判时间，从而在总的时间限制不变的前提下，给客方带来时间上的压力。因此，客方在谈判之初限定谈判时间时应该强调有效谈判时间。另外，双方一定要强调，一旦到达谈判时限，应及时结束谈判，按时结束谈判一方较有主动权。如果事情没谈完的一方提出延长谈判时间，其结果一定很被动，而对方会要求"掏钱"买时间。可以看出，有些交易失败是因为有一方拖延时间过长、索取太多。生意场是一个富有活力的环境，瞬息万变。那些为了索取更多而在协商中拖延时间的企业家有可能因为环境的变化而失去所有的一切。新的技术、强劲的新竞争对手、经济滑坡，所有这些在双方做生意时都会把交易搞得一团糟。因此，在限制了谈判结束时间的前提下，谈判双方应该在限定的时间内及时结束谈判，尽快锁定战果。

2. 单方限定的谈判时间

单方限定的谈判时间是指谈判某一方提出自己可以参加谈判的时间。单方限定时间的做法在实际中用得较多，原因来自各种各样的客观因素与主观因素限制。如，还有其他项目要在该谈判结束后进行、生产计划等。对于单方面限定时间的谈判，谈判另一方可以接受这一时间限定的条件，也可以拒绝这一条件以防止由于时间问题给己方带来的压力，甚至可以利用对方对"时间"的要求，向其讨要更好的条件。当然，并不排斥单方限时的对手是真实可靠、情出无奈。此时，若不认真配合，可能会失去交易；若硬要给对方施加压力，不但效果不好，还会为后面的谈判留下阴影。

当自己处在市场优势的情况下时，单方提出时限不失为一种积极的谈判手段。但是要防止自相矛盾的情况发生，也就是自己定的时限自己却没有遵守，结果导致对方趁机要求更多的利益，并且必然会抓住时机攻击："时间是您定的，谈不完贵方有责任。继续谈，我方可以配合，但贵方应有真正的时限，否则，继续谈下去又有什么意思呢？"为了防止这种情况发生，无论谈判结果是否成交，限时一到，即要结束谈判。

3. 突发性的时间限定

突发性的时间限定是指谈判双方已经约定好了谈判时间，但是谈判进程中对方或己方由于市场行情、外汇行情、公司内部重大事件等，而有一方要求提前或拖延谈判结束时间。还有一种可能是谈判有第三方潜在的参与，此时谈判的时间除了双方的需要外，还受第三方谈判进度的影响。第三方谈判进度(时间)，即是估量自己谈判结束时刻的标志。不过，第三方无权对己方限定谈判时间，该时间是通过谈判对手反映出来的，如对方会说："某某已将该条件调到某位置了，比贵方的谈判进度快""某某即将给我方最终报价，贵方何时做出最优惠方案"，等等，均反映出第三方的进度，也给出了己方可以继续谈判的时间。对第三方的时限掌握很重要。一般来讲，具有诚意的谈判对手会明示第三方最后谈判阶段的时间(时限)，以让己方有机会竞争，也有的对手出于偏见而冷落己方，或不成熟地简单对待参与竞争者，不给对方任何提示。这时，自己的能动判断就很重要。即使谈判对手没有明确地告知与第三方的进度，但是也可以通过自己的观察看出蛛丝马迹。例如，可参考谈判对手的人员安排，如人员安排由主力人员调换为一般人员，谈判气氛由理解变成施压等来判断。

在谈判期限方面，谈判高手往往建议不要事先做出具体规划。因为无论处在谈判的哪一个阶段，只要在脑海中有了结束谈判的想法，就一定会在某一方面做出妥协。不要给自己增加无谓的压力，试想在临近结束期限而谈判并没有实质性的进展时，自己的压力会有多大，会不会通过让步来严格遵守自己设定的谈判时间？这听起来比较荒唐，但事实通常就是这样。的确，谈判各方在时间上都会有相应的预期，谈判也不能无休止地进行下去，但谈判高手会淡化这个概念，他们会把全部精力放在谈判上，而把时间压力抛给对方。

(三)谈判结束的信号标志

当谈判一方想结束谈判时，他会采取向对方发出结束谈判的信号和采取结束谈判的策略来表达希望结束谈判的意愿。

结束谈判的信号
与标记.mov

结束谈判的信号由谈判人员以最少的言辞阐明自己的立场，在谈判中表达出一定承诺的意愿，例如，谈判人员说："好，这就是我方最优惠的条件，现在就看你方的态度了。"谈判人员在此时提出的意见非常明确和完整，没有不明之处，没有新的议案和新的见解；从语调和姿态来看，谈判人员完全是一种做最后决定的语调，并且坐直身体，文件也放在一边，目光坚定，回答问题也尽量简短；向己方阐述如果以目前的条件成交对双方是最有利的，并且一再强调对己方有利的原因。

如果谈判对手发出了以上结束谈判的信号，我方应该积极领会，抓住谈判结束的有利时机。

第二节　结束谈判的技术准备及谈判后的管理

经过谈判双方的共同努力，进入到谈判终局阶段，需要结束谈判，在结束谈判之前，除了运用谈判策略之外，还要为谈判成果的确定、签订谈判合同以及谈判后的管理做一些技术上的准备，同时监督合同的实施。只有这样，双方谈判成果才能准确地确定下来，同时促进双方的合作，并把谈判的收获变成真正的盈利。

一、了解结束谈判的技术准备

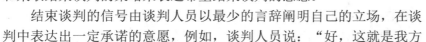

为了促成交易，协助签订具有正式法律效力的书面合同，在谈判即将结束时，谈判双方应该进行一系列的技术准备，主要包括以下几点。

了解结束谈判的
技术准备.mov

(一)给对方最后的小利

为了防止对方在谈判确定战果或签字时采用临阵反悔的策略，谈判人员应该把一些小利留到谈判最后来使用。谈判的小利能够使谈判对手的心理满足程度极大的提高，也可以防止对方在最后反悔要求好处时己方措手不及，失去更大的利益。因此，给对方一定程度的小利是结束谈判前必备的技术准备。

但是小利的施予要注意以下问题。

(1) 小利不要太早提出。太早提出小利的让步会让对方觉得自己在现阶段获得的价格不是己方的底线，因而继续纠缠，这样小利就不能起到促进谈判快速、益于签约的作用。

(2) 小利的让步幅度要适当。例如，如果是对方高层领导来组织签约，那么相对适度的让步既可以维护双方的关系，以便谈判后的管理和合作，也可以让对方感觉将要签约的条件已经是底线了。

(3) 小利让步之后态度必须坚定，也可以借此向对方索要相应的利益。

(二)对交易条件做最后明确和检查

通过最后对交易条件的明确和检查，可以帮助交易双方在签订合同之前对自己的利益有一个明确的认识，对自己的最后小利的制定给出一个设计，对以前谈判的成果进行全面的总结。检查的内容主要有：明确还有哪些问题没有得到解决；对自己期望成交的每项交易条件进行最后的决定；同时，明确自己对各项交易条件准备让步的限度、决定采取何种结束谈判的战术、着手安排交易记录事宜。检查的时间可以安排在谈判结束前一天的休息时间里进行，也可以安排一个正式的会议，并由本单位某个领导主持，这样的回顾和检查会议往往被安排在本企业与对方进行最后一轮谈判之前。这个阶段是谈判人员必须做出最后决定的时刻，并且面临着是否达成交易的最后抉择。因此，进行最后的回顾与检查，应当以协议对谈判人员的总体价值为根据，对那些本企业没有同意而未解决的问题，予以重新考虑，以权衡是做出相应让步还是失去这笔交易。

(三)在签订合同前确保交易条款的准确无误

在签订合同前，双方对彼此同意的条款应有一致的认识，要注意合同的细节，以确保合同名副其实，下面是最容易产生问题的几个方面。

(1) 价格方面的问题，即价格是否已经确定，缔约者是否能收回人工和材料价格增长后的成本；价格是否包括各种税款或其他法定的费用；在履行合同期间，如果市场行情发生了变化，那么成交的产品价格是否也随之变化；在对外交易中是否考虑汇率的变化；对于合同价格并不包括的项目是否已经明确；等等。

(2) 合同履行方面的问题。对合同履行方面涉及的问题有：对"履约"是否有明确的解释，是否包括对方对产品的试用，合同履行能否分阶段进行，是否已做了明确规定，等等。

(3) 规格方面的问题。对于产品和合同规格方面涉及的问题有：是否明确哪些问题运用哪些标准，哪些标准与合同的哪部分有关，对于在工厂或现场的材料与设备的测试以及它们的公差限度和测试方法是否做了明确的规定，等等。

(4) 仓储及运输等问题，即谁负责交货到现场，谁负责卸货和仓储，一些永久性或临时性的工作由谁来负责安排与处理，等等。

(5) 索赔的处理，主要是指当合同一方违约的情况下应如何处理，处理是否排除未来的法律诉讼，等等。

当然在这里不可能面面俱到，但是上述提到的问题大体上适用于各种谈判。由于谈判双方是在对某些问题的标准理解不一致的情况下签订的合同，如此会给双方带来极大的风险，因此，注意并解决好这些问题是非常重要的。

(四)谈判记录及整理

以往粗放型的谈判双方只关注怎样能够达到目标，目标是否已经达到了，而事实上，谈判的达成是一个过程，所以传统的谈判方式经常让谈判双方忘记谈判是从哪里开始的，以至于重复谈判成为一种很大的资源浪费。另外，对于已经通过谈判达成一致的内容，如果没有及时记录，对于将来达成具有法律效力的书面合同也是不利的。

如何避免重复谈判，并且在谈判终局阶段能够使双方把谈判已经有成效的内容确定下来，就需要在谈判的过程中进行谈判记录。每一个问题在谈成之后都要认真地记录下来，以防产生含混不清的地方，影响谈判终局合同的签订。可以以谈判记录本或谈判记录表的形式来做谈判记录。对于谈判实时记录本，可以有两种写法，如果场合准许可以进行现场记录，如果在谈判时需要看着对方的眼睛而不能现场记录，那就要在谈判结束后迅速总结记录己方得到的信息。对于谈判进度表，可以把谈判开始到达到目标之间分成若干块，比如"初步接洽，达成意向，达到目标"等三层进度，根据不同的谈判对象记录谈判进度。

通过谈判记录或条款可以表明双方在各点上均一致同意，通过每日的谈判记录，由一方在当晚整理就绪，并在第二天作为议事日程的第一个项目宣读后由双方通过，只有这个谈判记录通过后，才能继续进行谈判，如此可以促进谈判的进程，使双方对谈判的进程有一个共同的认识。

如果只需进行两三天的谈判，则由一方整理谈判记录后，在谈判结束前宣读通过。谈判记录另外一个主要的作用是帮助谈判终局阶段进行整理，从而作为签订正式的具有法律效力的书面合同的依据，即在谈判终局阶段，谈判人员应该检查和整理并共同确认谈判记录的正确无误，从而作为起草合同的主要依据。

二、谈判合同的签订

商务谈判合同的签订较为复杂，因为它涉及语言、民族习惯等多方面的问题，最主要的是法律限制的问题。但是无论是国内商务谈判还是国际商务谈判，谈判人员都应该了解一个有效合同最基本的内容和签订合同的注意事项。另外，谈判人员要明确签订合同应该遵循的法律和国际惯例等内容。

(一)谈判合同的构成

从形式来看，商务谈判的书面合同一般由约首、本文和约尾三部分构成。约首是合同的首部，用来表明合同的名称、编号，订约的日期、地点，双方的名称、地址、联系方式，订立合同的双方意愿，以及执行合同的保证等内容。约尾是合同的尾部，用来反映合同的效力、份数、附件和双方的签字等内容，也是合同中不可缺少的要件。本文是谈判各方协议的具体内容，也即合同的正文部分，根据《联合国国际货物销售合同公约》的规定，一个肯定的发盘由 3 方面内容构成，分别是货物名称、数量和价格。也就是说，当谈判双方就以上 3 点达成一致时即认为买卖合同成立。当然除了以上最基本的合同正文内容之外，还有其他很多内容或条款，如制定法律适用条款、管理条款、会计与审计条款、税收条款、许可证条款等，这些主条款之外的特殊条款有时会很隐性地改变谈判的条件，或给己方附加更多的条件，因此，这些是应该特别注意的。就谈判合同的主要条款来看，主要包括以下内容。

1. 标的

合同的标的是谈判双方订立合同的当事人权利和义务共同指向的对象。这个标的的形式是多种多样的，购销合同中指的是商品，劳务合同中指的是服务，在建设承包工程中指的是工程。标的的语言表达要准确，如果有统一标准的要用统一标准，如果是外文表达的一定要推敲翻译得是否准确，以防由于表达标的的问题造成分歧和纠纷。

另外，标的的内容中也应该包括标的物的数量，而且数量的确定不能用模糊的词语或中性的词语，如套、批等不能明确件数的表达就不能用。除了数量的问题，合同中关于标的的描述还应该包括标的的质量问题。关于质量的问题应该针对"过去、现在和未来"的思路来确定合同条款，即过去产品的设计、现在的质量标准和外观以及将来的质量隐患和服务等。另外，还要在标的的描述上注明产品的产地和出厂日期等内容。

2. 价格条款

价格条款是合同中最主要的条款，也是谈判最重要事项的锁定。价格条款不但要表明主要的标的价格，而且要表明关于合同标的涉及的税费、价格术语(离岸价和到岸价的问题)，价格是固定价还是可调价，兑换外汇等原因在银行涉及的手续费问题，等等。另外，价格条款是合同的主要条款，因此，缺少价格条款的商务合同一般是很难成立的，如果先订立了其他条款，而规定价格条款日后面议，会使合同在实际操作中的可行性降低，甚至当订立了价格条款后，发现其他条款都无效了，因此产生矛盾。

3. 违约责任条款和保证条款

在国际商务合同中，违约责任条款的约定甚为重要。违约责任条款的约定通常有两种方法：第一是约定专门的违约条款；第二是在质量责任、交付责任等约定的同时进行约定。违约责任的约定要注意不要以"依法承担违约责任""依法承担赔偿责任"等字眼来书写，违约责任条款应该明确违约责任实现程序、数额或计算方法，最简便明了的方式就是直接约定违约方支付违约金的具体数额。除了法定的基本条款之外，为了对国际经济活动中常见的问题有所预防，还应该立明免权、免责、保证、不可抗拒、不可预见等条款。另外，对于经济条件和政治条件变换而导致合同不能正常履行的问题的责任分配，也要在合同中规定。

当然除了以上的合同内容以外，合同中还会包括很多其他的内容和条款，如监督条款、技术培训条款、包装条款等内容，这些内容会根据谈判的事项不同而有所不同。

(二)谈判合同起草需要注意的事项

合同起草需要注意以下事项。

1. 合同文本的起草

一般来讲，文本由谁起草，谁就掌握主动权。起草一方的主动性在于可以根据双方协商的内容，认真考虑写入合同中的每一条款，而对方则毫无思想准备。所以，己方在谈判中，应重视合同文本的起草，尽量争取起草合同文本，如果做不到这一点，也要与对方共同起草合同文本。另外，如果用外文文本做基础，对己方也有诸多不利，不仅要在翻译内容上反复推敲，弄清外文的基本含义，还要考虑法律上的意义。因此，在谈判中，己方应该争取拟订合同谈判的草稿。在此基础上进行谈判，形势就会有利于己方。

2. 明确合同双方当事人的签约资格

合同是具有法律效力的法律文件。因此，要求签订合同的双方都必须具有签约资格。一般来讲，重要的谈判，签约人应是董事长或总经理。有时，虽具体业务谈判签约的不是上述人员，但也要检查签约人的资格。例如，了解对方提交的法人开具的正式书面授权证明，常见的有授权书、委托书等；了解对方的合法身份和权限范围，以保证合同的合法性和有效性。此外，不要轻易相信对方的名片，名片不能代替证书，有的人名片官衔很大，实际上却是空职。

3. 合同要明确规定双方应承担的义务、违约的责任

除了在合同中列明双方应承担的义务、违约的责任外，还应该确定如果一旦违约，对双方惩罚的有效性。

4. 合同中的条款应具体详细、协调一致

合同中的条款应具体详细、协调一致指的是在合同条款的设立和表述上应该做到一致性、协调性和互补性的统一。

5. 应该注意国际商务谈判的法律原则和国际惯例

在各种各样的涉外商务谈判中，《中华人民共和国民法典》合同编中有对涉外商务的基本法律要求。在国际商务活动中，还经常需要引用国际贸易惯例的规定。应当清楚的是，凡在依法成立的合同中明确规定的事项，都应当按照合同规定办理；对于合同中没有明确规定的事项，应当按照有关的法律或国际条约的规定来处理；对于合同和法律中都没有明确规定的事项，则应当按照有关国际惯例的规定来处理。

三、谈判后的管理

在双方经过谈判签订了协议之后，管理过程就变得十分关键了。管理过程的实施力度将决定双方能够从前一段所有的艰苦工作当中得到的真实收益。IT 咨询公司 Impact Innovations 的 COO Jon Piot 在谈到这个问题时说："如果没有有效的管理，承包商的工作重点随着时间的推移会同客户的商业需求产生分歧，这最终将导致双方合作的失败。"

谈判后的管理主要是密切关注谈判合同的履行，并且继续寻找谈判合同对己方有利的内容或损害己方利益的内容，因为任何合同都不是十全十美的，会存在很多的漏洞和不足，这往往就在合同履行中被发现。谈判后的管理至少应该做到以下几个方面。

第一，成立项目管理小组来保证合同的有效执行。在合同履行的过程中，由于外部条件的变化或其他原因导致谈判双方在某一条款或某一事项上违约，成立项目管理小组可以及时发现这些问题，采用逐笔或批量解决的方法来争取己方的利益。

第二，通过谈判后的管理堵住合同漏洞。

第三，搜索和跟踪项目信息。建立项目档案，明确专人负责跟踪，设法取得外商的项目负责人的姓名、地址、电话号码等基本资料，以便与外商建立联系。

第四，巩固已有的关系来促进双方的后续合作。可通过电话、传真询问项目的进展情况，重大节日对外商致以问候，出差时顺访，等等。为外商来访做好食宿、交通等活动安排。同时及时了解并帮助解决外商遇到的问题，如土地、厂房、原材料进口、产品出口等。

第五，合同履行遇阻的处理。当合同由于外界环境的变化而不能履行时，双方可以坐下来重新进行谈判。但是当合同履行受阻是由于谈判一方主观人为地设置的障碍时，谈判一方应该酌情警告或要求按照违约条款进行索赔。当要求索赔时，当事人也应该制定详细的索赔方案，如索赔的事项、索赔的依据、索赔的金额和时间等。

第三节　谈判结束的方法与技巧

一、比较结束法

(1) 有利的比较结束法。这是置对方以很高地位的成交法。

(2) 不利的比较结束法。这是根据对方的不利状况而设法成交的方法。

二、优待结束法

(1) 让利促使双方签约。让利给对方，如采用回扣、减价以及附赠品等方法。

(2) 试用促使对方签约。提议订购一笔少量廉价的样品，或者无偿试用。

三、利益结束法

(1) 突出利益损失，促使对方做出决定。对方如果不尽早购入他们所需的产品，会错过目前这一时期的所有利益。与不利的比较结束法相同。

(2) 强调产品的好处，促使对方做出决定。高度概括有利于成交的一切因素，与有利的比较结束法相同。

(3) 满足对方的特殊要求，促使对方做出决定。

四、诱导结束法

1. 诱导对方同意你的看法，最后迫使对方得出结论

问：你认为获得利润最重要的因素是经营管理方法了？

答：当然。

问：专家的建议是否也有助于获得利润呢？

答：那是没有疑问的。

问：过去我们的建议对你们有帮助吗？

答：有帮助。

问：考虑到目前市场情况，技术改革是否有助于生产一些畅销的产品呢？

答：应该说是有利的。

问：如果把产品的最后加工再做得精细一点，那是否有利于你们在市场上销售呢？

答：是的。

问：如果在适当的时间，以合理的价格销售质量较好的产品，你们是否会得到更多的订单？

答：会的。

问：在试用我们的技术以前，贵方还需要了解哪些情况吗？

答：不需要了。

问：我可以把你说的话向我们公司汇报吗？

答：当然可以。

2. 诱导对方提出反对意见，从而导致尽快成交

(1)　"嗯，我真不知道说什么好，这是一桩非常重要的买卖，我们确实需要时间进行考虑。"

(2)　"可以肯定，你们的产品还是不错的，不过我们还可以等一等再说。"

(3)　"嗯，我还是认为价格偏高了一点，这同我想象的大不一样，我不太喜欢这种装配方法。"

(4)　"我想同我们领导讨论一下再说，我自己不能决定。"

(5)　"没有，我想不出有什么具体问题。"

五、渐进结束法

1. 分阶段决定

双方把要讨论的问题分为几部分，一个阶段解决一部分问题，最后阶段解决了最后一部分问题，谈判也就结束了。

2. 四步骤程序法

第一，尽量总结和强调双方看法的一致点。第二，引导对方同意己方的观点，从而达到看法一致。第三，把所有尚待解决的问题和有争议的问题搁置一边，暂不讨论。第四，与对方一起商定讨论办法及怎样阐明一些重大问题，对方如有不同的看法，可在最后讨论。

3. 促使双方在重大原则问题上做出决定

一些辅助事项以及确切的说明和精确的计算等，由专业人员进行讨论，高层管理人员则洽谈那些简短、实际、集中的原则问题。如果整个商务谈判的内容较为复杂，谈判人员就最好将其分成两步走。

六、检查性提问结束法

在最后阶段采用这种方法，可以试探出马上签约的可能性。不仅可以在困境中得到订单，而且还可以排除一切误解，有针对性地解决问题。例如，"这种洗衣机对用户来说是值得的，你说对吗？""那最好马上展出这种洗衣机，并尽快销售出去，你说呢？"

对这种检查性质的问题，对方的反应可能有三种：肯定的回答、未置可否的回答和否定的回答。

七、必然成交结束法

1. 假定性成交

假定性成交是自动的成交，假定对方已完全同意，或者又在迟疑是否马上就做出决定，

因此，成交就成了当务之急。只要是产品的销售谈判，就可以采用选择方法去诱使对方做出决定，可以向对方提供选择的方面很多，如数量、质量、型号、颜色、交付条件和精细加工等。例如，可以采取以下方式。

(1) 做出直接或间接的表示。"现在订货，我们就能在本月交货。你们一年需要多少……"

(2) 呈请对方签字。

(3) 选择性成交。"你们现在需要 5 车汽水还是 8 车汽水？"

2. 自信必然成交

有产品及交易条件正符合对方要求的信念，谈判人员乐观、自信。具体方法要因实际情况而定。

3. 着眼于未来的成交法

诱导对方放眼未来，向对方描述购买和使用产品后的情况。这一方法的特点是绕过成交这一问题，去谈成交以后的事情。

八、趁热打铁结束法

在第一次谈判高潮时，对方做出决定的可能性最大，洽谈的要点也最清楚。不能总是把成交机会留给明天，必须抓住可以成交的瞬间，趁热打铁，避免唠叨太多，运用带有检查性质的提问，判断出对方做出决定的时机是否成熟。如果错过了一次结束的机会，下一次就千万不要再错过。

九、歼灭战结束法

将力量集中在说服对方接受某一对他做出决定有重大影响的问题上，没有必要对其他问题做长篇大论的介绍和解释，抓住主要矛盾打歼灭战，随着一两个重要问题的解决达到了预期的目的，谈判马上就可以结束了。

十、推迟决定结束法

如果对方确实有原因不能马上做出决定，应立即建议对方推迟做出决定，而不应错误地极力施压，这样做可以使双方真正建立起一种信任的关系。

对方确实需要与公司讨论和分析有关的事宜，就应该充分尊重，但不要让他们的讨论或研究与你无关，应主动与对方保持联系。具体做法：向对方提供一些有价值的资料，然后再由自己亲身取回；把产品留给对方试用，或者为其试装。

十一、书面确认结束法

谈判人员在洽谈期间提交书面意见书，在休会期间写确认信，高度概括双方在业务洽谈中已达成的协议，把对方所能得到的好处叙述一遍。

书面确认结束法的好处：表述更为准确，书面材料有助于思考问题，可以增加报价的可靠感，能够影响幕后人。

十二、结束洽谈的其他方法

(1) 从开始就保证终点的目标，有充分的理由可以说明没有必要对方案进行复议。

(2) 规定最后期限。谈判最后期限临近时，可借助这一无形的压力，向对方展开心理攻势，还可以用一些小的让步作为配合，给对方造成机不可失的感觉。

本 章 小 结

商务谈判结束的方式主要有三种：成交、中止和破裂。谈判结束的原则包括彻底性原则、不二性原则、条法原则和情理兼备性原则。结束谈判的技术准备包括给对方最后的小利，对交易条件做最后明确和检查，在签订合同前确保交易条款的准确无误，谈判记录及整理。谈判合同的构成包括标的、价格条款、违约责任条款和保证条款。谈判合同起草需要注意的事项包括合同文本的起草，明确合同双方当事人的签约资格，合同要明确规定双方应承担的义务、违约的责任，合同中的条款应具体详细、协调一致，应注意国际商务谈判的法律原则和国际惯例。谈判后结束的方法包括比较结束法、优待结束法、利益结束法、诱导结束法、渐进结束法、检查性提问结束法、必然成交结束法、趁热打铁结束法、歼灭战结束法、推延决定结束法、书面确认结束法等。

自 测 题

1. 谈判结束的原则包括哪些？
2. 结束谈判时需要什么技术准备？
3. 谈判合同起草需要注意哪些事项？
4. 谈判后结束的方法有哪些？

案 例 分 析

"后街男孩"在他们的第一张唱片合约上失败了，尽管当时唱片公司的总裁一开始对他们非常有兴趣。当他们正准备达成交易时，由于希望得到更多，以致拖延了谈判结束的时间。但是约翰·库加·米伦坎布开始对"后街男孩"的合约有所顾虑，最终这笔交易夭折了。这也就是为什么当他们在签订第二份合约时——好几个月以后，便感觉没有多少协商优势。在与唱片公司协商交易时，他们是非常难对付的。他们的执行官都是很有经验的谈判专家，而且由于一些唱片公司在市场中占有主导地位，他们便掌握了大部分杠杆足以影响市场。他们通常不会与对方谈条款，而是以命令式的口气让对方接受。尽管处于这种情况，"后街男孩"还是让他们在这笔交易上把价格增加了 30%。能做到这一点，"后街男孩"非常高兴。

(资料来源：本书作者整理编写)

思考题：从案例中可以看出，为了使谈判尽快结束可以采取什么技巧和方法？

阅 读 资 料

谈判后一个重要的技巧是正确处理文化差异。国际商务谈判后的管理涉及合同管理及后续履行行为。不同文化对合同的内容、合同的作用有不同的理解。美国文化强调客观性，注重平等观念，因此，往往依赖界定严密的合同来保障权利和规定义务。结果，美国企业之间的合同长达百页以上，包含有关协议各个方面措辞严密的条款，其目的是借此来保障公司不受各种争端和意外事故的伤害。此外，不拘礼节的美国文化一般将合同签字仪式视作既浪费时间又浪费金钱的行为，因此合同常常是通过寄发邮件来签订的。

那些注重关系的文化，其争端的解决往往不完全依赖法律体制，常常依赖双方间的关系。因此，在这些文化中，书面合同很短，主要用来描述商业伙伴各自的责任，有时甚至写得不严密，仅仅包含处理相互关系原则的说明而已。即便是针对复杂的业务关系而制定的详细合同，其目的也与美国人所理解的不同。此外，注重关系文化的管理者常常希望举行一个由各自执行总裁参加的正式签字仪式。

就合同后续履行而言，美国文化强调"把人和事区分开来"，感兴趣的主要为实质性问题，因此往往不太注重后续交流。但是在注重关系的文化中，保持与大多数外国客户的后续交流被视作国际商务谈判的重要部分，在合同签订很久以后，仍然会进行信件、图片和互访等交流。

(资料来源：甘华鸣，许立东. 谈判[M]. 北京：中国国际广播出版社，2001)

第八章　商务谈判的沟通技巧

【学习要点及目标】

通过对本章的学习，使学生了解商务谈判中沟通技巧的分类，掌握"观察""提问""回答""倾听""辩论"五个角度的沟通技巧，以及应对不同类型的谈判人员所使用技巧应注意的问题。

【引导案例】

中方某公司向韩国某公司出口丁苯橡胶已一年，第二年中方又向韩方报价，以继续供货。中方公司根据国际市场行情，将价格从前一年的成交价每吨下调了120美元(前一年为1200美元/吨)，韩方认为可以接受，建议中方到韩国签约。中方人员一行二人到了首尔该公司总部，双方谈了不到20分钟，韩方人员说："贵方价格仍太高，请贵方看看韩国市场的价格，三天以后再谈。"中方人员回到饭店感到被戏弄，很生气，但人已来到首尔，谈判必须进行。中方人员通过有关协会收集到韩国海关丁苯橡胶的进口统计数据，发现从哥伦比亚、比利时、南非等国进口量较大，从中国进口量也不少，中方公司是占份额较大的一家。南非产品价最低但仍高于中国产品价，哥伦比亚、比利时产品价均高于南非，在对韩国市场的调查中，批发价和零售价均高出中方公司现报价的30%～40%，市场价虽呈下降趋势，但中方公司的报价是目前世界市场同类产品中最低的，为什么韩方人员还说价格高。中方人员分析，对方以为中方人员既然来了首尔，肯定急于拿合同回国，可以借此机会再压中方一手。那么韩方会不会不急于订货而找理由呢？中方人员分析，若不急于订货，为什么邀请中方人员来首尔？再说韩方人员过去与中方人员打过交道，签过合同，且执行顺利，对中方工作很满意，这些人会突然变得不信任中方人员吗？从态度上看不像，他们不仅来机场接中方人员，而且晚上一起喝酒，保持了良好气氛。经上述分析，中方人员共同认为：韩方意在利用中方人员已出国的心理，再压价。经过商量，中方人员决定在价格条件上做文章。总的来讲，首先，态度应强硬(因为来之前对方已表示同意中方报价)，不怕空手而归。其次，价格条件还要涨回前一年的市场水平(1200美元/吨左右)。而且不必三天后通知韩方，仅一天半就将新的价格条件通知了韩方。

一天半后中方人员电话告诉韩方人员："调查已结束，得到的结论是：我方来首尔前的报价低了，应涨回去年成交的价格，但为了老朋友的交情，可以每吨下调20美元，而不再是每吨下调120美元。请贵方研究，有结果请通知我们，若我们不在饭店，则请留言。"韩方人员接到电话后一小时，即回电话约中方人员到其公司会谈。韩方认为：中方不应把报价再往上调。中方认为：这是韩方给的权利。我们按韩方要求进行了市场调查，调查结果表明，我们应该涨价。韩方希望中方多少降些价，中方认为此报价已降到底。经过几个回合的磋商，双方同意按中方来首尔前的报价成交。这样，中方成功地使韩方放弃了压价的要求，按计划拿回合同。

(资料来源：360 问答. https://wenda.so.com/)

<h1 align="center">第一节　商务谈判技巧概述</h1>

商务谈判是借助于谈判双方的信息沟通来完成的，而在实际谈判中信息的传递与接收主要是靠谈判人员之间的提问、回答、倾听以及辩论来进行的。因此，谈判人员在谈判过程中必须随时随地注意沟通技巧的运用，以便准确地掌握对方的内心想法和真实行动。这里引用著名的谈判大师杰勒德·I.尼伦伯格的一席话来说明谈判人员掌握正确的谈判方法、熟悉的谈判技巧，并善于结合谈判实践灵活运用的重要性。他这样描述成功的谈判者："成功的谈判者，必须把剑术大师的机警、速度和艺术大师的敏感、能力融为一体。他必须像剑术大师一样，以锐利的目光，机警地注视谈判桌那一边的对手，随时准备抓住对方防线中的每一个微小的进攻机会。同时，他又必须是一个细腻敏感的艺术大师，善于体会辨别对方情绪或动机上的最细腻的色彩变化。他必须抓紧灵感产生的那一刹那，从色彩缤纷的调色板上，选出最适合的颜色，画出构图与色彩完美、和谐的佳作。谈判场上的成功与胜利，不仅来自充分的模拟与训练，更关键的是自身的敏感与机智。"

一、对事不对人

在商务谈判中，人们往往过于关注己方的利益所得或立场，而忽视了谈判另一方的真实诉求和需要。谈判是通过人与人之间的交流来达成的，因此在谈判的过程中与另一方建立良好的人际关系以及相互信任的合作关系是十分重要的。特别是在谈判出现不顺利的时候，这种良好的关系将会有力地促进问题的解决。

由于谈判人员代表了各自组织的直接利益，因此在谈判过程中的紧张情绪非常容易引发对另一方的愤怒，尤其是在谈判出现极端对立的争执时，往往会导致谈判迅速陷入僵持状态或者不欢而散的谈判困境。谈判一方一旦把谈判冲突和另一方的谈判人员混为一谈，就更易凭直觉枉自猜测和误解另一方真实的想法。有效地避免以上的谈判困境就要求谈判人员在谈判过程中把问题和谈判对手分开。做到对事不对人应遵循以下原则。

(一)保证己方利益的同时，处理好与对方的人际关系

谈判就是要通过交流来实现各自的利益，但追求这种利益并不是要对另一方步步紧逼，丝毫不留回旋的余地。要想长久地维持组织的商业利益，保持和谈判另一方的良好合作关系，也许比某次谈判获得的利益更加重要，因为寻找另一个生意伙伴的成本要远远高于与现有伙伴维持关系的成本。再者，如果有良好的关系和信任作为基础，在己方发生危机时，这些相关的合作伙伴也会伸出援手。因此，即使谈判对己方完全有利，也要给对方留有一

定的利益空间和余地，这与把谈判过程中产生的问题和谈判人员分开并不矛盾，良好的人际关系是双方谈判顺利进行的基础。另外，维持合作关系并不是要混淆各方的利益，更不是拿利益来换取关系。

(二)理解谈判的另一方

理解是谈判的基础，然而要做到理解谈判的另一方并不容易。每个谈判成员的背景、资历不尽相同，尤其是在国际商务谈判中，双方之间文化的差异，导致价值观的不同，因此在沟通交流的过程中难免会有一些摩擦。尽管谈判双方围绕着一个相同的主题，但各自的利益却是大相径庭，因此在谈判过程中应当彼此理解，做到以下几点。

(1) 不要枉自猜疑对方，对于不清楚的地方，应及时询问对方，以求得答案。

(2) 不要因自己的问题而过分地指责对方，谈判中要注意"度"的把握。

(3) 调动对方的积极性，使其参与到谈判中来，并且开诚布公地讨论并分享己方对相关重要问题的理解。

(4) 谈判时要注意措辞，言语得当的同时，说话要给双方留有一定的余地。

(三)控制好双方的情绪

在商务谈判的过程中，双方对于某一问题的争执在所难免。关键是双方要控制好自己的情绪，对于双方迫切需要解决的问题不要太过于情绪化，更不要把产生问题的原因归咎于谈判人员的身上。因此，这就要求谈判人员首先要了解自己，把握自己在谈判过程中的情绪，同时也要理解对方产生的情绪，在适当的时候开诚布公地向对方表明己方此时的心情，在对方发泄情绪的过程中要保持适当的耐性，待对方发泄后才更有利于相关问题的顺利解决。

二、注重利益，而非立场

以往许多僵持很久的谈判都源于谈判双方过于重视己方立场或原则，往往将某项原则或某一立场视为谈判的重要条件。然而，被大多数人忽略的是在谈判双方对立的立场背后，既可能存在冲突的利益，还可能存在共同的或可以彼此兼容的利益。

在机械设备的出口贸易活动中，双方坚持各自的价格立场并不能有助于双方达成明智的交易。除价格立场背后还会有许多利益的存在，例如，双方约定采用何种贸易术语；交货时间的安排对谁更重要；价格中是否包括人员培训的费用；对于卖方，信用证付款条件是不是必需条件；买卖双方是想签订长期出口合同，还是一笔交易的合同；有关设备的易损件是否包括在此合同的报价中；等等。事实上，这些利益对双方而言并不一定是不可调和的。

由此可以看出，商务谈判人员必须彻底分析交易双方的利益所在，认清哪些利益对于我方是非常必要的，是绝对不能让步的；哪些利益是可以让步的，可以用来换取对方的条件。在商务谈判中，需要对双方的利益诉求做出准确判断后对对方做出合理的让步，需要注意的是，让步的谈判并不等于失败的谈判，在谈判中最忌讳的是随意做出不恰当的让步，任何让步都是建立在一定基础之上的。有经验的谈判人员会用对自己不重要的条件去交换对对方无所谓、但很有利己方的条件，以达成双赢的谈判。

在商务谈判中，利益的交换非常重要。双方谈判能否达到双赢，主要取决于双方让步的策略，即能否准确识别利益因素对于己方和对方的重要性。

识别利益因素往往依赖于双方之间的沟通。例如，谈判中，不妨向对方多问几个为什么，如"您为什么十分重视……""您为什么不可以接受……"等问题，以此来探求对方所要求的真实利益。在商务谈判中，对于利益层面的问题，应注意以下几点。

一是向对方积极陈述己方的利益诉求，以引起对方的注意并使对方满足己方的要求。

二是承认对方的利益所在，考虑对方的合理利益，甚至在保证己方利益的前提下努力帮助对方解决利益冲突问题，达到互利共赢的目的。

三是在谈判中坚持己方基本原则的同时，又要做到在一定条件下灵活处理某些特殊情况。

四是在谈判中对利益的诉求作硬式处理，而对人际关系作软式处理。在谈判中要强调己方为满足对方的利益所做出的努力，有时也要对对方的努力表示钦佩和赞赏。

三、创造双赢的解决方案

在许多商务谈判中，谈判人员注重追求单方面利益，坚持固守自己的立场，而不考虑对方的实际情况，谈判的结局往往并不理想。为什么谈判人员没能创造性地寻找解决方案，没有将谈判双方的利益实现最大化？有经验的谈判专家认为，导致谈判人员陷入谈判误区主要有如下四个障碍。

(一)过早地对谈判下结论

谈判人员往往单纯地看到对方坚持其立场，又盲目地不愿意放弃自己既有的立场，甚至担心寻求更多的解决方案会泄露自己的信息，降低讨价还价的能力。

(二)只追求单一的结果

谈判人员往往错误地认为，谈判只是在双方的立场之间达成一个双方都能接受的点，而忽略了对方的诉求。

(三)误认为一方所得即为另一方所失

许多谈判人员错误地认为，谈判本身是一场零和博弈，给对方所做出的让步就是己方的损失，因此没有必要再去寻求更多的解决方案。

(四)谈判对手的问题始终该由他们自己解决

许多谈判人员认为，谈判就是要满足自己的利益需要，替对方想解决方案似乎是多此一举，甚至是不必要的。

事实表明，只有双方都是赢家的谈判，才能建立持久的合作关系，双方才有可能在合作中获取各自的利益。因此，如何创造性地寻求双方都可以接受的解决方案是谈判的关键，特别是在双方处于僵局的时候更是这样。

为了使谈判人员走出误区，双方必须遵循如下的谈判思路和方法。

(一)将方案的创造与对于方案的判断行为分开

谈判人员应该先设计出多种方案，然后进行对比后再决策。比较有效的方法是采用所谓的"头脑风暴"式的小组讨论，即谈判小组成员彼此之间相互启发，创造出各种各样的想法和主意，而不是过早地对这些想法下结论。然后再逐步对创造的想法和主意进行评估和对比，最终决定谈判的具体方案。在谈判双方是长期合作伙伴的情况下，双方也可以共同进行这种小组式讨论。

(二)充分发挥想象力，扩大方案的选择范围

在小组式讨论中，参加者最容易犯的错误就是大家都在寻找最佳的方案。而实际上，在激发想象阶段并不是寻找最佳方案，我们要做的就是尽量扩大谈判的可选择余地。此阶段，谈判人员应从不同的角度来分析同一个可能在谈判中产生的问题，甚至可以就某些问题和合同条款达成不同的约束程度，例如，不能达成永久性的协议，可以达成阶段性的协议；不能达成无附加条件的协议，可以达成有附加条件的协议。

(三)找出双赢的解决方案

双赢在绝大多数的谈判中都是应该存在的，创造性的解决方案可以满足双方利益的需要，这就要求谈判双方能够识别共同利益所在。每个谈判人员都应该牢记：每个谈判都有潜在的共同利益，共同利益就意味着商业机会。另外，谈判人员还应注意谈判双方兼容利益的存在，不同利益并存时，并不矛盾或冲突。

(四)替对方着想，并让对方做出决策

让对方做出决策的方法是：使对方认为解决方案既合法又正当，同时对双方公平，满足双方的需求。另外，列举对方的先例，也有利于促使对方做出决策。

四、使用客观标准，破解利益冲突

在谈判过程中，尽管充分理解对方利益所在，尽力寻求各种互利的解决方案，非常重视与对方的发展关系，还是可能会遇到令人非常棘手的利益冲突问题。若双方就某一个利益问题争执不下，互不让步，

使用客观标准，
破解利益冲突.mov

即使强调"双赢"也无济于事。如国际贸易中的交货期长短问题、最终的价格条款的谈判问题等。

通常在上述情况下，谈判人员大多会采取立场式的谈判方法。这时，解决的方法是，一方如果极力坚持自己的立场，则另一方就不得不做出一定的让步来达成协议。为什么会出现这种情况呢？对于这种谈判，双方的假设前提是：我所失即你所得；谈判协议的达成取决于达成协议的意愿；不考虑其他因素，而只考虑单一价格因素。这样一来，谈判就势必演变成为一场意愿的较量，看谁最固执或谁最慷慨。在许多情况下，谈判有可能会陷入一场持久的僵局中，从而不利于谈判双方以后的进一步合作。

因此，在商务谈判中，谈判人员运用客观标准时，应注意以下几个问题。

(一)建立公平的标准

通常在商务谈判中，一般遵循的客观标准有市场价值、科学的计算、行业标准、成本、有效性、对等的原则、相互的原则等。客观标准的选取要独立于双方的意愿，要公平合法，并且在理论和实践上都具备一定的可行性。

(二)建立公平地分割利益的步骤

例如，在两个小孩分橙子的传统例子中，"一个切，一个选"；大宗商品贸易由期货市场定价进行基差交易；在两位股东持股相等的投资企业中，委派总经理采取任期轮换法；等等。以上这些都是通过步骤来分割利益的例子，目的是保证公平地分割利益。

(三)将谈判利益的分割问题局限于寻找客观依据

在谈判中，多问对方："贵公司提出这个方案的客观依据具体是什么？""为什么您会定这个价格？""您是如何计算出这个价格的？"将问题抛给对方后，让对方提供该问题的客观依据，这样有利于己方了解和把握对方的真实心理状态。

(四)善于阐述自己的理由并接受对方提出的合理的客观依据

己方一定要用严密的逻辑推理来说服对方；对方认为公平的标准必须对己方也公平；运用己方所同意的对方标准来限制对方的漫天要价，甚至可以在两个不同的标准里谋求折中。

(五)不要屈服于对方的压力

来自谈判对手的压力可以是多方面的，如私下的商业贿赂、以信任为理由迫使对方妥协、抛出不可让步的固定价格等。但是无论哪种情况，都要让对方陈述理由，知晓其原因，讲明对方所遵从的客观实际标准。这样就可以有效地解除对方所施加的压力，并把谈判中的相关问题恰当地处理好。

第二节　商务谈判中"观察"的技巧

谈判不仅是语言的交流，同时也是行为的交流。谈判中，我们不仅要听其言，而且还要观其行。伯明翰大学的艾文·格兰特博士说过："要留心椭圆形的笑容。"因为这种笑不是发自内心的。因此，在谈判中，我们可以通过仔细观察对方的言谈举止，捕捉其内心活动的蛛丝马迹；也可以揣摩对方的姿态神情，探索引发这类行为的心理因素。运用这种技巧，不仅可以判断对方的思想变化，决定己方对策，而且可以有意识地运用行为语言传达信息，促使谈判朝着有利于己方的方向发展。

姿态和动作语言所传递的信息是真实可信的。古诗云"此时无声胜有声"，人们通过姿势、动作等无声的语言传递的信息，有时可以代替甚至超过有声语言所起的作用。

人的举止包括身体动作、手势、面部表情等。本节仅就谈判人员的面部表情、上下肢及腹部的主要动作，以及它们所传达的信息和所代表的意义加以阐释。

一、面部表情

（一）眼睛所传达的信息

眼睛传达的信息.mov

谈判人员对于对方的意见和观点持不同的看法，或是发生分歧时，在发言中首先应对对方的观点和意见中的一部分略加肯定，然后以充分的根据和理由间接委婉地全盘否定。

"人的眼睛和舌头所说的话一样多，不需要词典，却能够从眼睛的语言中了解整个世界，这是它的好处。"这是爱默生关于眼睛的一段精辟论述。眼睛具有反映人们深层心理活动的功能，其动作、神情、状态是最明确的情感表现，因此眼睛被人们称为"心灵的窗户"。

眼睛的动作及所传达的信息主要有以下五个方面。

1. 根据目光凝视讲话者时间的长短来判断听者的心理感受

通常情况下，人与人进行交谈时，视线接触对方脸部的时间在正常情况下应占全部谈话时间的 30%～60%。超过这一平均值，可认为对谈话者本人及谈话内容具有一定的兴趣；低于这个平均值，则表示对谈话者和谈话内容不感兴趣。

2. 眨眼频率有不同的含义

正常情况下，一般人每分钟眨眼 5～8 次，每次眨眼一般不超过 1 秒钟。如果每分钟眨眼次数超过这个范围，一方面表示神情活跃，对某事物有着浓厚的兴趣；另一方面也表示个性怯懦或羞涩，因而不敢直视对方，做出不停眨眼的动作。在谈判中，我们通常是指前者。从眨眼时间来看，如果超过 1 秒钟，一方面表示对谈话内容的厌烦，不感兴趣；另一方面也表示自己比对方优越，因而对对方不屑一顾。

3. 倾听对方谈话时，几乎不看对方是一种试图掩饰的表现

据一位有经验的海关工作人员介绍，他在检查过关人员已填好的报关表时，通常还要再问一句："您还有什么东西需要申报吗？"这时，这位工作人员的眼睛不是看着报关表，而是注意过关人员的双眼，如果过关者不敢正视他的双眼，那么就表明此人在某些方面可能有试图掩饰的嫌疑。

4. 眼睛瞳孔所传达的信息

眼睛瞳孔放大，炯炯有神，表示此人处于欢喜与兴奋状态；瞳孔缩小，神情呆滞，目光无神，愁眉苦脸，则表示此人处于消极、戒备或愤怒的状态。实验证明，瞳孔所传达的信息是无法用人的意志来控制的。现代的企业家、政治家或专业赌徒为了防止对方察觉到自己瞳孔的变化，往往喜欢佩戴深色眼镜。如果谈判桌上有人戴着深色眼镜，就应加以提防，因为你很有可能遇到了一位有经验的谈判对手。

5. 眼神闪烁不定所传达的信息

眼神闪烁常被认为是掩饰的一种手段或是人格上不诚实的表现。一个做事虚伪或者当场撒谎的人，其眼神常常闪烁不定，以此来掩饰其内心的秘密。

(二)眉毛所传达的信息

眉毛和眼睛的配合是密不可分的，二者的动作往往共同表达一个含义，但单凭眉毛也能反映出人的许多情绪变化。

人们处于惊喜的状态时，眉毛上耸，即所谓的喜上眉梢；处于愤怒或生气状态时，眉角下拉或倒竖，人们常说的"剑眉倒竖"，即形容这种发怒的状态；眉毛迅速地上下运动，表示赞同或者愉快；紧皱眉头，表示人们处于困窘、不愉快、不赞同的状态；表示询问或疑问时，眉毛会向上挑起。

上述有关眉毛传达的动作语言是不容忽视的。人们常常认为没有眉毛的脸十分可怕，因为这给人一种毫无表情的感觉，难以琢磨对方的真实心理状况。

(三)嘴的动作所传达的信息

人的嘴巴除了说话、吃喝和呼吸以外，还可以做许多动作，借以反映人的心理状态。例如，紧紧地抿住嘴，往往表现出意志坚决；噘起嘴表示不满意、生气或者受到委屈；遭受失败时，人们往往咬嘴唇，这是一种自我惩罚的体现，有时也可缓解焦虑的心情；嘴角稍稍向后拉或向上拉，表示听者比较注意倾听；嘴角向下拉，是不满和固执的表现。

与嘴的动作紧密联系的是吸烟的姿势。在现代社会中，吸烟能够表现出一个人情绪的变化。谈判中，吸烟的姿势具有较强的表现力，而且也是评判一个人态度的重要依据。吸烟所能传达的信息可概括为以下几点。

(1) 吸一口烟后，将烟向上吐出，往往表示吸烟者积极、自信，因为此时伴随吸烟动作的身体上部姿势，也是向上昂起的；而当将烟朝下吐时，则表示吸烟者情绪消极、意志消沉、有疑虑，因为此时身体上部的姿势是向下的，即所谓的"垂头丧气"。

(2) 烟从嘴角缓缓吐出，给人一种神秘、捉摸不定的感觉，一般反映出吸烟者此时的心境与思维是曲折回荡的，力求从纷乱的思绪中找出一条令人意想不到的途径。

(3) 吸烟时不停地磕烟灰，表示内心有冲突或不安。这时的吸烟已不是一种简单的生理需要，而是吸烟者减缓和消除内心冲突与不安的一种道具。因为内心冲突和不安往往使人手足无措，通过不停地磕烟灰这个动作，可以使人的手有事可做，从而转移了冲突与不安。

(4) 烟灰烧了很长，却很少拿起来抽，表明吸烟者在紧张思考或等待紧张情绪的平复。因为大脑专注于某个问题的思考，而暂时忘记了吸烟一事。

二、上肢的动作语言

手和臂膀是人体比较灵活的部位，也是使用频率较多的部位。借助手势或与对方手的接触，可以帮助我们判断对方的心理状态。同时，也可借此将某种信息传递给对方。

(1) 拳头紧握，是向对方挑战或自我紧张的一种体现。握拳的同时如伴有手指关节的响声，或用拳击掌，则表示向对方无言地威吓或发出攻击的信号。一般只有在遇到外部的威胁或挑战时，人们才会紧握拳头，准备进行抗击。

(2) 用手指或手中的笔敲打桌面，或在纸上乱涂乱画，往往表示对对方的话题不感兴趣、不同意或不耐烦。这样做，一方面可以打发和消磨时间，另一方面也起到暗示或提醒对方注意的作用。

（3）两手手指并拢并置于胸前上方呈尖塔状，表示充满信心。这种动作在西方国家较为常见，特别是在主持会议、领导者讲话、教师授课等情况下常见。它通常可表现出讲话者的高傲与独断的心理状态，起到一种震慑听讲者的作用。

（4）手与手连接放在胸腹部的位置是谦逊、矜持或略带不安的心情的反映。在给获奖运动员颁奖之前，主持人宣读比赛成绩时，运动员常常有这种动作。

（5）吸手指或指甲，成年人做出这样的动作是不成熟的表现，因此在商务谈判中应禁用此动作。

（6）握手所传达的信息。握手的动作来自原始时代的生活，原始人在狩猎或战争时，手中常持有石块和棍棒等武器，如果是没有任何恶意的两个陌生人相遇，常常是放下手中的所有东西，并伸开手掌，让对方摸一摸自己的掌心，以此来表示手中未持武器。久而久之，这种习惯逐渐演演变成为今天的"握手"动作。

原始意义的握手不仅表示问候，而且也表示一种信赖、契约和保证之意。标准的握手姿势应该是，用手指稍稍用力握住对方的手掌，对方也用同样的姿势用手指稍稍用力回握，用力握手的时间为1～3秒钟，如果双方握手与标准姿势不符时，便有除了问候、礼貌以外的附加意义，主要包括以下几种情况。

第一，如果感觉对方手掌出汗，表示对方处于兴奋、紧张或情绪不稳定的心理状态。

第二，如果对方用力握手，则表明此人具有好动、热情的性格，这类人往往做事情喜欢主动。美国人大都喜欢采用这种握手的方式，这与他们好动的性格是分不开的。如果感觉对方的握手不用力：一方面，可能是该人个性懦弱，缺乏气魄；另一方面，可能是对方傲慢矜持、爱摆架子的表现。

第三，握手前先凝视对方片刻，再伸手相握，在某种程度上，这种人是想在心理上先战胜对方，将对方置于心理上的劣势地位。先注视对方片刻，意味着对对方的一个审视，观察对方是否值得自己去同其握手。

第四，用双手紧握对方一只手，并上下摆动，往往是表示热烈欢迎对方的到来，也表示真诚感谢，或有求于人，或肯定契约关系等含义。在影视作品或是生活中，我们常常可以看到，人们为了表示感谢对方、欢迎对方或恳求对方等，会用双手用力去握住对方的一只手。

三、下肢的动作语言

腿和足部往往是最先表露潜意识情感的部位，主要的动作和所传达的信息如下。

（1）摇动足部，用足尖拍打地板，抖动腿部，都表示焦躁不安、无可奈何、不耐烦或欲摆脱某种紧张感等。通常，在候车室等车的旅客常常伴有此动作，谈判中这种动作也很常见，因此可以根据足部的动作揣测对方的真实心理状态。

（2）双足交叉而坐，这对男性来讲往往表示在压抑自己的情绪，如对某人或某事保留自己的态度，表示警惕、防范，尽量压抑自己的紧张或恐惧。对女性来讲，如果再将两膝盖并拢起来，则表示拒绝对方或一种防御的心理状态，这往往是比较含蓄而委婉的举动。

（3）分开腿而坐，表明此人很自信，并愿意接受对方的挑战。如果一条腿架到另一条腿上就座，一般在无意识中表示拒绝对方并保护自己的势力范围，使之不受他人侵犯。如果频繁变换腿的姿势，则表示此人情绪不稳定、焦躁不安或不耐烦。

四、腹部的动作语言

腹部位于人体的中央部位，它的动作带有极丰富的表情与含义。

(1) 凸出腹部，表现出自己的心理优越、自信与满足感，可谓腹部是意志和胆量的象征。这一动作也反映了扩大势力范围的意图，是威慑对方、使自己处于优势或支配地位的表现。

(2) 解开上衣纽扣露出腹部，表示向对方公开自己的势力范围，对对方不存戒备之心或接受对方。

(3) 抱腹蜷缩，表现出不安、消沉、沮丧等消极情绪支配下的防卫心理，病人、乞讨者常常具有这样的动作。

(4) 腹部起伏不停，反映出兴奋或愤怒；极度起伏，意味着即将爆发的兴奋与激动状态。

(5) 轻拍自己的腹部，是风度、雅量的体现，同时这一动作也包含着经过与对方一番较量之后的得意心情。

以上是谈判及交往中常见的形体语言及其所传达的信息。当然，这些形体语言仅仅是就一般情况而言的，不同的民族、地区，不同的文化层次及个人修养，其动作、姿态及所传达的信息都是不同的，应在具体环境下区别对待。另外，在观察对方动作和姿态时，不能只从某一个孤立的、静止的动作或姿态去判断，而应分析和观察其连续的、一系列的动作，特别是应结合对方讲话时的语气、语调等进行综合分析，这样才能得出比较真实、全面、可信的结论。

第三节　商务谈判中"提问"的技巧

商务谈判中经常会运用到提问作为试探对方需求、掌握对方心理活动、表达自己真实情感的手段和方法。在商务谈判中如何进行提问有着较强的技巧，重视和灵活运用提问的技巧，不仅可以引起对方的兴趣，获取对谈判有用的信息，还可以把握谈判的方向。具体而言，提问的类型、时机和要诀等需要掌握。

一、商务谈判中提问的类型

(一)封闭式提问

封闭式提问是指在特定的问题中能带出特定的答复的问句，如用"是"或"否"进行回答。例如，"贵公司的联合收割机是否存在增值服务的可能？""我们在选择商品付款时，能否使用 FOB 术语代替 CIF 术语？"，等等。封闭式提问的问句可以令提问者获取一定有价值的信息，而这样的答复往往不需要对方进行太多的思考就可以给予，因此是一种相对简便的提问方式。

(二)澄清式提问

澄清式提问是针对对方的回答重新提出问题，使对方确认或进一步澄清原先回答的一种提问方式。例如，"贵公司谈判人员刚才说针对该批大宗货物可以给予一定的优惠，这是否意味着您具备全权与我们进行谈判？"澄清式提问的作用在于它可以确保谈判双方在叙述"同一语言"的基础上进行沟通和协调，而且还是针对对方的话语进行信息反馈的有效方式，这是双方密切配合的最佳方式。

(三)强调式提问

强调式提问着重强调的是己方的观点和对方的立场，提出的问题自然是明确对方立场的同时，进一步强调己方的观点，使对方更真切地体会到己方的谈判思路。例如，"贵公司刚才提到的合同不是要经过司法公证后才能使用吗？""按照我们事先的要求，我们的观点是否已经阐述得十分清晰了？"

(四)强迫选择式提问

强迫选择式提问是将己方的意见抛给对方，让对方在一个规定的范围内进行选择回答，回答的范围相对较窄。

例如，"商品买卖成交后，支付佣金是符合国际贸易惯例的，我们从美国供应商那里一般可以得到 4%～6%的佣金，这点望贵公司知晓。"在提出这一问题之前，一方应该事先约定"支付佣金"这一承诺。但如果没有这一前提条件，直接强硬地迫使对方在一个狭窄空间进行选择，可谓咄咄逼人，气场十足，有可能使谈判陷入僵局的状态。因此，在使用这种提问方法时，应确保己方已经充分地掌握了主动权，可以随时把控谈判的局面，否则谈判的局面很有可能出现破裂。此外，在使用强迫选择式提问时，应尽量做到语气、语调适中、措辞得体适当，避免给对方留下野蛮专横、不通情理的印象。

(五)多层次式提问

多层次式提问是包含多个主题的复句，即一个问句中包含多个内容，通过这样的问句达到"一箭多雕"的目的。例如，"贵公司能否就该合同产生的背景、法律效力以及违约责任的相关情况进行解读"？这类问句往往因为包含多个主题使对方难以全面把握，使用得当可以对对方起到一定的震慑作用，但使用该方法时，最多不要超过三个主题。

二、商务谈判中提问的时机

(一)在对方发言完毕后提问

一般情况下，当对方在发言时不要急于提出自己的问题，因为贸然打断别人的发言是一种不礼貌的行为，这样容易引起对方的反感。因此，当对方发言时，我们需要做的就是认真地倾听对方的讲话，当发现问题不便提问时，可将想问的问题及相关延伸问题记录下来，待对方发言完毕后再进行提问。这样一方面反映出己方的个人修养，另一方面也可以全面地了解对方的观点和意图，避免误解或曲解对方的真实意图，提高了谈判的效率。

(二)在对方发言停顿或间歇时提问

在商务谈判时，对方的发言有时比较冗长或者离双方谈判的主题太远，那么就可以在对方语气停顿、整理资料或相互商讨时提出自己的问题，这是己方掌握谈判进程、争取谈判主动性的必然要求。例如，"贵公司刚才说的细节问题我们以后会具体研究，如果我们两家公司在进行战略合作时，您的重点要求有哪些"？这样一来，可以结束对方非重点的叙述，做到有效地把控谈判的方向。

(三)在己方发言前后提问

在商务谈判中，轮到己方发言时，可在叙述己方观点之前对对方的发言进行提问，此时的提问不必要求对方回答，而是自问自答，这样是在明确对方意图的基础上争取己方在谈判中的主动地位，也是避免对方影响己方的发言。例如，"您方才的发言想要说明什么问题呢？我方的理解是……对于这个问题，我方有几点想法想和您沟通一下"。

在充分表达自己观点的基础上，为了使对方沿着我方的谈判思路发展下去，通常是提出进一步要求，使对方进行答复。例如，"我方对于这批大宗货物出口付款方式的基本立场就是这样，您对此还有什么看法吗"？

三、提问的要诀

提问的要决.mov

(一)要事先准备好问题

在商务谈判模拟阶段，最好提出一些对方不能迅速回答的问题，以期收获意想不到的效果。己方有经验的谈判人员，经常会提出一些听上去很普通并且容易回答的问题，但这个问题的背后一般是所要提出重要问题的前奏，此时如果对方思想比较松懈，面对突如其来的问题往往措手不及，己方会收到意想不到的效果。

(二)避免提出阻止对方让步的问题

在商务谈判中，并不是所有让对方"措手不及"的问题都是己方需要的，我们需要考虑到对方的感受，往往有些问题的提出会给双方的谈判带来一定的麻烦，导致谈判不能顺利进行。因此，提问时不仅要考虑好己方的退路，同时也要考虑对方的感受，把握好最佳时机。

(三)不强行追问

如果对方给己方提供的答案不够完整，甚至是避而不答，此时己方不要强行追问。可以等待时机成熟时，再对刚才不满意的答案重新进行提问，这样做以表示对对方的尊重。

此外，在适当的时候，可以将一个已经发生，并且答案也是己方知晓的问题提出来，验证对方的诚实度，以及对方处理事情的态度。这样做可以给对方一个暗示，即己方对整个谈判过程中的相关细节是有所了解的，相关对方的信息己方也是充分掌握的，以达到暗示的目的。

(四)耐心地等待对方做出回答

当己方给对方提出一个问题后，应该是闭口不言的，如果对方也是沉默不语的，则无形中给对方施加了一种压力。此时，己方保持沉默，将回答问题的权利交给对方，即对方应该予以回答打破沉默。换句话说，此时打破沉默的责任应该交由对方来完成。

(五)提出问题的句子尽量简短

在商务谈判中，提出问题的句子越简短越好，而由此问句引出的回答越长越好，这是提出问题一方所期待的。相反，如果提出的问题比对方的回答还要长时，那么提问者会处于较为被动的地位，显然其提出的问题是失败的。

(六)以真诚的态度提问

当谈判的一方提出某一个问题时，对方不感兴趣或是不愿展开回答时，己方可以变换一个角度，并用真诚的态度打动对方，以此激发对方回答问题的兴趣。事实证明，真诚的态度会使对方愿意回答，也有利于双方在情感上的沟通和协调，这样有利于整个商务谈判的顺利进行。

四、其他注意事项

(一)谈判中不应提出的问题

(1) 不应提出关于个人生活的问题。对于大多数国家和地区的人来讲，回避询问个人生活的问题已经形成一种习惯，这一点在国际商务谈判中要尤其注意。例如，对方的婚姻状况、家庭情况、女士或者配偶的年龄等相关问题都不应该涉及。此外，提问时也不应该涉及对方的国家或地区的政党、宗教等方面。

(2) 不应提出带有敌意的问题。在与不同国家或地区的商人进行谈判时，切忌以敌对的心理进行谈判。在谈判进行时应避免提出那些可能会刺激对方产生敌意的问题，这样的问题一旦暴露，在伤害对方情感的同时，也损害了双方的利益，从而对谈判的最终结果造成相当大的影响。

(3) 不要指责对方品质或信誉方面的问题。如果直接指责对方在某个问题上不够诚实，这样会给对方带来不快，而且在一定程度上影响了彼此之间的相互信任和真诚合作。有时还会引起对方的不满，甚至是愤恨，严重影响了谈判的顺利进行。事实上，双方在商务谈判时的真假虚实很难用"诚实"二字来进行衡量和判断。

(二)注意提问的语速

提问时的语速太快，容易使对方感到你没有充足的耐心或者是在审问对方，这样极易导致对方的反感；反之，如果说话的语速太慢，容易使对方感到困意、沉闷，甚至是不耐烦，从而削弱了提问的力量。因此，提问时语速应该适中，既要使对方听懂我方提出的问题，又不使对方滋生负面的情绪，这样的提问语速才是商务谈判中最佳的语速。

(三)注意对方的心境

谈判人员受情绪波动的影响在所难免。谈判中，要随时留心对方的心境，在己方认为最适合的时候，提出自己的问题。这样会得到事半功倍的效果。例如，对方心境好时，常常会轻易地满足你提出的要求，而且变得粗心大意，甚至透露一些意想不到的信息。此时应该抓住时机，巧妙地提出问题，通常会有意外的收获。

第四节 商务谈判中"回答"的技巧

在商务谈判中有问必有答，问和答之间相辅相成。问得不恰当，不利于答；答得不好，同样也会使己方陷于被动的局面。谈判人员对所说的每一句话都应该负责，这都将被对方视为承诺，因此会给答复的人带来一定的精神负担和心理压力。一个谈判人员水平的高低在很大程度上取决于其回答问题的水准。

商务谈判中"回答"
的技巧.mov

一、给自己留有充足的思考时间

在商务谈判的过程中，回答问题的速度并不是越快越好。急着回答问题的人通常认为，如果对方问话与己方答复之间的间隔时间越长，就会让对方感觉己方对此问题缺少准备或缺乏谈判实力；如果回答得很迅速，就显示出己方已有充分的准备，也显示了己方的实力。其实不然，谈判经验告诉我们，在对方提出问题之后，你可通过一些细微的动作(拿起桌上的水杯喝水，自然而放松地整理着手里的相关谈判资料，整理自己的着装如领口或袖口等相关动作)来延缓时间，以便充分地考虑对方提出的问题。

二、针对真实心理进行答复

谈判的另一方在谈判桌上提出问题的目的往往是令人捉摸不定的，而动机也往往让人看不透，如果在没有经过深思熟虑、弄清对方的真实动机之前，就按照常规贸然做出回答，效果往往不佳。如果经过周密思考，一层一层逐步推敲，这样就可以准确地判断对方的真实用意，便可以在谈判中做出高水平的回答。因此，正确地把握对方的真实心理就显得尤为重要。

三、不要彻底地回答

商务谈判中并非对方提出的任何问题都要回答，有些问题可以回答，而有些问题并不值得回答。在谈判中，对方提出问题要么想了解己方的观点、立场和态度，要么想确认某些事情的正确性。对此，我们要根据具体情况而定，对于应该让对方知晓或者需要表明己方态度的问题，要认真、准确地回答；而对那些可能会有损己方形象、泄露商业机密或一些无聊无趣的问题，不予理睬就是最好的回答，但应注意礼貌。当然，用外交活动中的"无可奉告"一词来拒绝回答，也是回答这类问题的好办法。

总之，回答问题时可以将提问者的问话范围缩小，或者不做正面回答，或者对答复的前提加以修饰和说明以缩小回答范围。例如，对方询问己方产品质量如何，己方不必详细介绍产品所有的质量指标，只需回答其中主要的某几个指标，从而呈现质量很好的印象。又如，对方对某种产品的价格表示关心，直接询问该产品的价格。如果和盘托出地回答对方的问题并把价格如实相告，那么，在进一步的谈判时可能使己方陷入被动局面。因此，应该首先避开对方的注意力并转移话题，做出这样的答复："我相信产品的价格会令贵公司满意，请允许我方的技术人员先把这种产品的几种优越性能介绍一下。我相信贵方会对这种产品感兴趣的。"

四、避正答偏式的回答

有些情况下，对方提出的某个问题己方可能很难直接从正面进行回答，但又不能拒绝回答相关问题。此时，谈判桌上的高手往往采用避正答偏的办法来处理这种情况，具体做法是：在回答这类问题时故意避开对方提出问题的实质，而将话题引向其他方向或角度，借以破解对方的进攻。例如，可与对方讲一些与此问题既有关系，但关系并不紧密的内容，表面上看是回答了问题，其实多数回答并无实质性的作用，有效地避开了问题。

五、不要轻易回答拿不准的问题

参与谈判的所有人都非全能全智，在商务谈判的模拟阶段尽管已经进行了充分的准备，但在实际中也经常会遇到难以回答的问题。此时，谈判人员不能为了维护己方的面子而牵强作答，因为这样的结果有可能损害自己的利益。例如，我国某跨国公司与加拿大外商独资企业就合资建厂的相关事宜进行谈判时，对方询问是否具备有关减免税收的政策。此时中方代表恰好对此不是很了解，但为了自己的面子，就针对该问题盲目地给予了肯定的答复，结果使己方陷入十分被动的局面。

经验和教训一再告诫所有谈判人员，对于不清楚或者拿不准的问题应该坦率地告知对方，或暂时不回答，以避免付出惨痛的代价。

六、重申和打岔

在商务谈判中，要求对方再次阐明其所问的问题，实际上是为己方争取思考问题的时间的好办法。在对方再次阐述问题的过程中，应该抓紧时间考虑如何针对对方的提问做出回答。当然，这种巧妙的心理不应被对方察觉，以防止对方加大对己方的进攻力度。

有人打岔是件好事，因为这可以给己方赢得更多的时间来进行思考。有些富有谈判经验的谈判人员，估计谈判中会碰到一些自己一时难以回答而又必须回答的、出乎意料的棘手问题。因此，为了赢得更多的宝贵时间，模拟谈判时就事先在本组内部安排好某个人，专门在关键时间打岔。打岔的方式也是多种多样的，如借口有电话打进来、外边有紧急的文件需要谈判小组的领导来签字等。

总之，在实际谈判过程中，回答问题的要诀在于明确可以进行回答的内容，而不必考虑回答的问题对方是否会满意。由此可见，谈判桌上的双方在谈判的实力上斗智斗勇，而回答的艺术性及技巧性也应该是谈判人员熟练加以掌握的。

第五节　商务谈判中"倾听"的技巧

在商务谈判中，我们了解和把握对方观点与立场的主要手段及途径就是"听"。从心理学和日常生活经验来看，当我们专注地倾听对方发言时，就表示己方对讲话者的发言感兴趣或者重视，从而给对方一种满足感，这样可以增强双方之间的信赖感，同时，准确地提出己方的方针和政策。正如美国科学家富兰克林曾经说："与人交谈取得成功的重要秘诀，就是多听，永远不要不懂装懂。"因此，作为商务谈判人员，一定要学会如何"听"，在认真、专注倾听的同时，积极地对讲话者的发言做出反应。

一、倾听的障碍

大量的研究表明，即使是积极地听对方发言，听者也仅仅能记住不到50%的发言内容，并且其中只有大概 30%的发言内容按原意听取吸收，30%被曲解了，另外大约 40%的发言则被遗忘。一系列试验表明，当听者无法接受讲者的观点时，心中自然会产生抵触情绪，以致不愿接收这些信息，这便成了谈判过程中倾听的障碍。

在商务谈判中，谈判人员彼此频繁地进行着微妙、复杂的信息交流，如果谈判人员一时疏忽，将会遗漏这些信息。为了能够听得完全、清晰，就必须了解倾听的障碍。在人们相互交流的过程中，倾听的障碍主要有以下几种。

(一)判断性障碍

心理学家通过多年的实践得出一个结论：人们都喜欢对别人的发言进行判断和评价，然后根据自己的思维方式决定赞成或反对，但根据个人的信念做出的反应往往是有效倾听的严重阻碍。一般听者的反应会干扰对方讲话，打乱对方的思维过程，从而不可避免地引起对方采取防御手段，使对方很难坚持自己的观点，力争隐藏自己的思想和感情。即使是赞美对方的话，也会造成一定的障碍，因为赞美往往使对方陶醉其中，从而不能维持原来的思维过程。

(二)因精力分散、思维较慢造成的少听或漏听

商务谈判是一项十分耗费精力的活动。如果谈判日程安排过于紧张，谈判人员得不到充分休息，此时会出现因精力不集中产生少听或漏听的现象，特别是在谈判的中后期。一般来说，谈判人员精力和注意力的变化是呈现一定的规律的：在开始时精力比较充沛，但持续的时间比较短，占整个谈判时间的 8%～13%。如果谈判的总时间是一小时，精力旺盛的阶段只有不到 10 分钟；如果是一项超过了 6 天的谈判，只有前 3 天为精力旺盛期。谈判过程中，精力趋于下降的时间较长，占整个时间的 83%左右。谈判要达成协议时，又出现

精力充沛期，因为当人们意识到双方达成协议的时刻就要来到时，精力会突然复苏并高涨，但时间也很短，占整个时间的3%～9%。此后，任何的拖延都会使精力迅速下降，直至精力全部用尽。

另外，由于人与人之间客观上存在着思维方式的不同，如果一方的思维属于收敛型，而另一方的思维属于发散型，那么由于收敛型的人思维速度较慢，发散型的人思维速度较快，双方就很难做到听与说的一致，让收敛型思维的人去听思维速度较快的发散型思维的一方的发言时，收敛型思维的人就会因思维跟不上对方或因双方思路不同造成听的障碍，这也是导致在商务谈判中少听和漏听的原因。

(三)带有偏见地听

在谈判桌上，以下几种常见的偏见也会造成倾听的障碍。

1. 先把别人要说的话设定标准或作价值估计，然后再去听别人的话

当对方正在讲话的时候，有这种偏见的听者往往会在心里判断：对方接下来要说的是不重要的、没有吸引力的、太复杂的、老生常谈的内容。于是他便一边听一边希望对方赶紧把话题转入重点或者结束讲话，这样就不能真正理解对方的话。

2. 因为讨厌对方的外表而拒绝听对方讲话的内容

即使对方的话很重要或者有许多值得注意的地方，也会因为讨厌其外表而不想听其讲话的内容，故不能从其中获取有价值的信息。

3. 在对方讲话时伪装自己很注意地听，这也是一种偏见

伪装的听者一般的特征，就是双眼直视讲话者，做出一副洗耳恭听的样子，却在思考着其他事情。另外一种伪装者喜欢试着去记住别人的每一句话，却把话题的主要意义忽视了。这种伪装地听的直接后果就是很容易使对方产生误会，影响双方的沟通。

(四)受倾听者各方面的限制而听不懂对方的讲话内容

商务谈判总是针对专业知识而进行的。因此，如果谈判人员对专业知识掌握得有限，在谈判中一旦涉及这方面的知识，就会造成由于知识水平的限制形成的倾听障碍。特别是在国际商务谈判中，语言用词和习惯上的差异也会造成倾听者的接收障碍。一词多义的现象在英语中十分常见，语言本身的细微差别对未受过专门语言训练的人来说难以体察得到。例如，英语中常用的词语只有500～600个，但每个词可以有20～25种不同的解释，这会给翻译人员带来困惑，形成听力障碍，进而对整个谈判进程造成一定的影响。

(五)周围环境的干扰形成的听力障碍

在倾听时，如果把注意力放在周围环境的事物上，就不能完全地接收对方的讲话，在碰到对方的讲话中有出乎意料的信息或隐含意义而一时难以理解时更是如此。

二、如何做到有效地倾听

(一)倾听的规则

1. 清楚自己倾听的习惯

首先要了解，你在倾听别人讲话方面有哪些不良习惯，你是否对别人的讲话匆忙做出判断，是否经常打断别人的讲话，是否经常制造交往的障碍。了解自己倾听的习惯是正确运用倾听的技巧的前提。

2. 全身心地注意

要与说话者面对面地沟通，同他保持适当的目光接触，要以你的姿势和手势证明你在倾听。无论你是站着还是坐着，都要与对方保持最适宜的距离。说话者都愿与认真倾听的人交往。

3. 把注意力集中在对方所说的话上

不仅要努力理解对方语言的含义，而且要努力理解对方语言表达时的感情。

4. 努力表达出理解

在与对方交谈时，要有适当的互动性，要努力弄明白对方到底想说什么。如果能全神贯注地倾听对方的讲话，不仅表明你对他持称赞态度，使对方感到你理解他的情感，而且有助于更准确地理解对方所传递的有效信息。

5. 倾听自己的讲话

倾听自己的讲话对培养倾听他人讲话的能力是特别重要的。倾听自己讲话可以使你了解自己，一个不了解自己的人，是很难真正了解别人的。倾听自己对别人讲些什么是了解自己、改善倾听习惯与态度的手段，如果不以人为镜，就不会理解别人如何对自己讲话，当然也无法改变和改善自己的习惯和态度。

(二)倾听的技巧

在商务谈判中，可以将倾听的技巧归纳为"五要"和"五不要"，以此促进谈判的顺利进行。

1. "五要"

"五要"是归纳对倾听有帮助的几种做法，分别包括以下内容。

(1) 要专心致志、集中精力地倾听。专心致志地倾听，要求谈判人员在听对方发言时要聚精会神，同时，还要配以积极的态度去倾听。据心理学统计证明：一般人说话的速度为每分钟120～200字，而听话和思维的速度，要比说话的速度快4倍左右。因此，经常是说话者的话还没有说完，听话者就能理解大部分了。这样一来，听者常常由于精力的富余而"开小差"。也许恰是这时，对方讲话的内容与我们理解的内容有偏差，或是对方传递了一个重要信息，如果没有领会或出现理解错误，会造成事倍功半的后果。为了做到专心致志，就要避免心不在焉、"开小差"的现象发生。即使是自己已经熟知的话题，也不可充耳不闻，万万不可将注意力分散到研究对策问题上去。集中精力地听是倾听艺术中最基本、最重要的内容。在倾听时注视讲话者，主动与讲话者进行目光对视，并做出相应的表情以鼓励讲话者。例如，可扬一下眼眉，或是微笑、赞同地点头，抑或是否定地摇头、不解地皱眉头等，这些动作配合，可帮助我们集中精力并起到良好的倾听效果。

作为一名商务谈判人员，尤其应该养成耐心地倾听对方讲话的习惯，这也是个人修养良好的标志。在商务谈判过程中，当我们不太理解对方的发言，甚至难以接受时，千万不能塞住自己的耳朵，表现出抵触的态度，因为这样做会对谈判的过程非常不利。

(2) 要通过记笔记来集中精力。通常情况下，人们当场记忆并将内容全部保持的能力是有限的，为了弥补这一不足，应该在倾听对方说话时做大量的笔记。记笔记的好处在于两个方面：一是笔记可以帮助自己回忆和加深记忆，而且也有助于在对方发言完毕之后就某些问题向对方提出质询，同时还可以帮助自己做充分的分析，理解对方讲话；二是通过记笔记，可以给讲话者留下重视其讲话的印象，会对讲话者产生一种积极的鼓励作用。对于商务谈判这种信息量较大且较为重要的活动来讲，一定要做记录，过于相信自己的记忆力而很少动笔作记录，对谈判来讲是不利的。因为在谈判过程中人的思维在高速运转，大脑接收和处理大量的信息，加上谈判现场的气氛很紧张，对每个议题都必须认真对待，所以只靠记忆力是办不到的。

实践证明，即使记忆力再好也只能记住大概内容。因此，记笔记是不可缺少的环节，这也是比较容易做到的用以克服倾听障碍的好办法。

(3) 要有鉴别地倾听对方的发言。在专心倾听的基础上，为了达到良好的倾听效果，可以采取有选择性、有鉴别性地来倾听对方的发言。通常情况下，人们有时表达一个意思要绕着弯子讲许多内容，从表面上听不出什么是重点。因此，听话者就需要在用心倾听的基础上，鉴别传递过来的信息的真伪，这样才能抓住谈判的重点，并且收到良好的倾听效果。

(4) 要克服先入为主的倾听习惯。先入为主地倾听，往往会扭曲说话者的本意，忽视或拒绝与自己心愿不符的意见，这种做法实为不利。因为听话者是按照自己的主观框架来听取对方的谈话，其结果往往是使听到的信息扭曲地反映到自己的脑海中，导致自己接收的信息不准确、判断失误，从而造成行为选择上的失误，所以必须克服先入为主的倾听做法，将讲话者的意思听懂、听全、听透。

(5) 要创造良好的谈判环境，使谈判双方能够愉快地交流。人们都有这样一种心理，即在自己熟悉的环境里交谈，无须分心于熟悉环境或适应环境；在自己不熟悉的环境中交谈，则往往容易变得无所适从，导致正常情况下本不该发生的错误。可见，有利于己方的谈判环境，能够增强自己的谈判地位和谈判实力。

2. "五不要"

"五不要"是几种在倾听时不好的做法。

(1) 不要因轻视对方而抢话、急于反驳而放弃倾听。人们在轻视他人时，常常会不自觉地表现在行为上。例如，对对方的存在不屑一顾，或对对方的谈话充耳不闻。在谈判中，这种轻视的做法百害而无一利。因为这不仅表现了己方的狭隘，更重要的是难以从对方的谈话中得到己方需要的信息。同时，轻视对方还可招致对方的敌意，甚至导致谈判关系的破裂。

谈判中，抢话的现象也是经常发生的，抢话不仅会打乱别人的思路，也会影响自己倾听对方的全部讲话内容。抢话不同于问话，问话是由于某个信息或意思未能记住或理解而要求对方给予解释或重复，因此问话是必要的。抢话是指急于纠正别人说话的错误，或用自己的观点来取代别人的观点，这是一种不尊重他人的行为。因此，抢话往往会阻塞双方的思想和感情交流的渠道，对营造良好的谈判气氛非常不利，对良好的倾听更是不利。

另外，谈判人员有时也会在没有听完对方讲话的时候，就急于反驳对方的某些观点，这样也会影响倾听效果。事实上，如果我们把对方的讲话听得越详尽，反驳时就越准确、有力；相反，如果在对方谈话的全部内容和动机尚未全面了解时，就急于反驳，不仅显得浅薄无知，而且常常还会使己方在谈判中陷入被动地位，对己方十分不利。

(2) 不要使自己陷于争论。当你内心不同意讲话者的观点时，对他的发言不能充耳不闻，不能只等着自己发言。一旦发生争吵，也不能一心只为自己的观点找根据而拒绝倾听对方的发言。如果不同意对方的观点，也应等对方发言之后，再阐述自己的观点。

(3) 不要急于判断而耽误倾听。当听了对方讲述的有关内容时，不要急于判断其正误，否则会因分散精力而耽误倾听下文。虽然人的思维速度快于说话的速度，但是如果在对方还没有讲完的时候就去判断其正误，无疑会削弱己方听话的能力，从而影响倾听效果。因此，切记不可为了急于判断问题而耽误倾听。

(4) 不要回避难以应付的话题。在商务谈判中，往往会涉及一些诸如政治、经济、技术以及人际关系等方面的问题，可能会使谈判人员一时回答不上来。这时，切记不可持回避作答的态度，因为这样恰恰暴露了己方的弱点。在遇到这种情况时，我们要有信心、有勇气去迎接对方提出的每一个问题。另外，为了培养自己急中生智、举一反三的能力，应在模拟谈判时多加思考、多加训练，以便自己在遇到问题时不慌不乱。

(5) 不要逃避交往的责任。交往的双方缺一不可，且每个人都应轮流扮演倾听者的角色。作为一个倾听者，任何情况下如果不完全理解对方的用意，就应该用各种方法使其明白这一点。此时，可以向对方提出问题加以核实，或者积极地表达出你听到了什么，你的理解是什么，或者请对方纠正你听错之处。

如果能从以上几个方面进行努力，谈判过程中"倾听"的障碍就可以减轻或消除，也就很少或不会发生因听不见、听不清、听不懂出现双方相互猜忌、争执不下的现象。

第六节　商务谈判中"辩论"的技巧

"辩论"最能体现谈判的特征，谈判中的讨价还价就集中体现在"辩论"的环节上。谈判中的"辩论"与"观察""提问""回答""倾听"有所不同，它具有谈判双方相互依赖、相互对抗的二重性特征，是人类语言艺术和思维的综合运用，在谈判中具有较强的技巧性。

商务谈判中"辩论"
的技巧.mov

一、观点明确，立场坚定

商务谈判中"辩论"的目的，是论证己方的观点，反驳对方的观点。辩论的过程就是通过摆事实、讲道理，充分地说明己方的观点和立场。为了能更清晰地论证己方的观点和

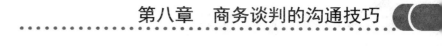

立场的正确性及公正性，在辩论时要运用客观材料以及所有能够支持己方论点的证据，增强己方的辩论效果，从而达到反驳对方观点的目的。

二、思维敏捷、严密，逻辑性强

商务谈判中的辩论，往往是在双方进行磋商的过程中遇到难以解决的问题时才发生。一个优秀的谈判人员，应该头脑冷静、思维敏捷、辩论严密且富有逻辑性，只有具有这种素质的人才能应付各种各样的困难，摆脱困境。任何成功的辩论，都具有思维敏捷、逻辑性强的特点。为此，商务谈判人员应加强这方面基本功的训练，培养自己的逻辑思维能力，以便在谈判中以不变应万变，特别是在谈判条件旗鼓相当的情况下，谈判人员在相互辩驳的过程中思维敏捷、严密，逻辑性强，在谈判中才能立于不败之地。

三、掌握大原则，不纠缠细枝末节

在辩论过程中，要有战略性眼光，掌握大的方向、前提及基本原则。辩论过程中不要在细枝末节的问题上与对方纠缠不休，但在主要问题上一定要集中精力，把握主动。在反驳对方的错误观点时，要切中要害，做到有的放矢。

四、辩论时应掌握好进攻的尺度

辩论的目的是要证明己方立场、观点的正确性，反驳对方立场、观点上的不足，以便能够争取有利于己方的谈判结果。切不可认为辩论是一场对抗赛，必须置对方于死地。因此，辩论时应掌握好进攻的尺度，一旦已经达到目的，就应适可而止，切不可穷追不舍。在谈判中，如果对方被己方逼得陷于绝境，往往会产生更强的敌对心理，甚至反击的念头更强烈，最终会对双方的合作产生不利影响。

五、态度客观公正，措辞准确严密

文明的商务谈判准则要求不论辩论双方如何针锋相对，争论多么激烈，谈判双方都必须以客观公正的态度、准确严密的措辞进行严谨的辩论，切忌用侮辱诽谤、尖酸刻薄的语言对对方进行人身攻击。如果违背了这一准则，其后果只能是损害自己的形象，降低谈判的质量和谈判的实力，不会给谈判带来任何帮助，反而可能置谈判于破裂的边缘。

六、妥善处理辩论中的优劣

在商务谈判的辩论中，双方可能在某一阶段你占优势、我居劣势，可过一段时间又出现相反的局势，呈现此消彼长的更替局面，在处于两种不同的状态时，就必须妥善处理好辩论中的优势和劣势，这是衡量商务谈判是否合理的一个必要条件。

处于优势状态时，谈判人员要注意利用优势，并注意借助语调和手势的配合，渲染己方的观点，以维护己方的立场，切忌表现出轻狂、放纵和得意忘形的不良姿态。要时刻牢记谈判中的优势与劣势是相对而言的，而且是可以转化的。而当己方处于劣势时，要记住这是暂时的，应沉着冷静，从容不迫，既不能怄气，又不能沮丧。在劣势状态下，只有沉着冷静，思考对策，保持己方阵脚不乱，才会对对方的优势构成潜在的威胁，从而使对方不敢贸然进犯。

七、注意辩论中个人的举止和气度

在辩论中，一定要注意个人的举止和气度，适当的行为是个人修养的具体表现。语调高亢、指手画脚等行为都有损个人的谈判形象。辩论中良好的举止和气度，不仅会给对方留下良好的印象，而且在一定程度上可以促进谈判气氛的积极发展。

本 章 小 结

在商务谈判中，双方的沟通十分必要，因此沟通技巧也显得尤为重要，这也决定着双方谈判是否能够达到理想的效果。本章着重从商务谈判中"观察""提问""回答""倾听"和"辩论"五个角度进行分析和阐述，从而把握不同背景、不同场合下相关沟通技巧的应用。在整个商务谈判过程中，正确地使用沟通技巧可以使谈判的局势变不利为有利，从而促进谈判进程的顺利发展。

自 测 题

1. 怎样通过观察对方的眼睛来推测对方的谈判心理？
2. 在商务谈判中向对方提问应注意哪些因素？
3. 在商务谈判中回答对方问题时应注意哪些问题？
4. 针对相关问题与对方进行辩论时，应有哪些需要注意的地方？

案 例 分 析

在美国的一个边远小镇上，由于法官和法律人员有限，因此组成了一个由12名农民组成的陪审团。按照当地的法律规定，只有当这12名陪审团成员都同意时，某项判决才能成立，才具有法律效力。有一次，陪审团在审理一起案件时，其中11名陪审团成员已达成一致看法，认定被告有罪，但另一名认为应该宣告被告无罪。陪审团内意见不一致导致审判陷入了僵局。其中11名陪审团成员企图说服另一名陪审团成员，但是这位陪审团成员是一位年龄很大、头脑很顽固的人，就是不肯改变自己的看法。从早上一直到下午审判还不能结束，11名陪审团成员有些心神疲倦，但另一位陪审团成员还没有丝毫让步的意见。

就在11名陪审团成员一筹莫展时，天空突然布满了阴云，一场大雨即将来临。此时，正值秋收过后，各家各户的粮食都晒在场院里。眼看一场大雨即将来临，11 名陪审团成员都在为自家的粮食着急，他们都希望赶快结束这次判决，尽快回去收粮食。于是都对另一位陪审团成员说："老兄，你就别再坚持了，眼看就要下雨了，我们的粮食在外面晒着，赶快结束判决回家收粮食吧。"可那位陪审团成员丝毫不为之所动，坚持说："不行，我们是陪审团的成员，我们要坚持公正，这是国家赋予我们的责任，岂能轻易作出决定，在我们没有达成一致意见之前，谁也不能擅自作出判决！"这令那 11 位陪审团成员更加着急，哪有心思讨论判决的事情。为了尽快结束这令人难受的讨论，11 位陪审团成员开始动摇了，考虑开始改变自己的立场。这时一声惊雷震破了 11 位陪审团成员的心，他们再也坚持不住了，纷纷表示愿意改变自己的态度，转而投票赞成那一位陪审团成员的意见，宣判被告无罪。

（资料来源：本书作者整理编写）

思考题：谈谈你读了此案例后的感想。

阅 读 资 料

观察出真正的老板

真正的老板，是指真正有权决定购买的人。在商务谈判的过程中，谈判的对象是否有购买权这一点非常重要。对于既没有决定权，又没有能力去说服上级的人，无论你做多少工作，费多少时间，说多少好话，最终仅仅是一次洽谈而已。结果，犹如两条平行线，永远不会相交一样。有一个生动的例子，你听后也许会有很大启发。

大约在 20 年前，黑岩正幸先生已是全日本有名的推销员了。他曾两次拜访过一位顾客，但没有做成什么生意，当他抱着极大的希望第三次来到这位很有可能成交的顾客家里时，受到了主人的热情欢迎。夜深了，黑岩先生上完厕所来到走廊时，他听到了似乎是老太婆的沙哑声音："老实说，那人让我讨厌了。前天那人来了，今天又来了，却连一句'你好'都不问候我。即使买东西我也绝不花钱从他手里买。我省着钱，连一条电热毯也舍不得买，我可没有那么多钱呀……。"

这位老太太的声音是从刚才黑岩先生所在的房间传来的。"这不分明是在说我吗？"黑岩先生想，"真是意外的伏兵，我受到了极大的阻力。我做梦也没想到是老太太掌管财权。"黑岩先生觉得那天不宜久待，不久便告辞了。

究竟是怎么回事呢？怎样才能缓解老太太的不满呢？第二天整整一天黑岩先生都在思考这件事。当路过一家电器商店门口时，他突然有了一个想法。

黑岩先生马上来到村公所查阅了那户人家的户口卡片，得知再过 20 天将迎来老太太七十大寿。他觉得再没有必要啰唆什么了，便以"祝贺您七十大寿"为名向老太太赠送了一条电热毯。因为那天晚上老太太叨唠着自己为了省钱舍不得买它。

意想不到的暗中的反对者——老太太拿到生日礼物(电热毯)时由惊变喜，给了黑岩先生从没有过的好态度，这令黑岩先生心中有了一丝的安慰。

黑岩先生原以为做出购买决定的人应是他家的户主，即 43 岁的老太太的长子，但实际上老太太却是幕后决定者。

（资料来源：本书作者整理编写）

第九章　商务谈判中的伦理与法律问题

【学习要点及目标】

通过本章的学习，使学生了解商务谈判中相关的伦理问题，明确商务谈判中签订合同的注意事项，履行合同规定的义务的内容，以及贯彻实际履行和适当履行的相关原则，明确谈判协议的变更和解除的基本内容。

【引导案例】

甲、乙双方于 2012 年 7 月 12 日签订了一份简单的购销合同，约定乙方向甲方购买 50 万米涤纶哔叽。由于当时货物的价格变化大，不便将价格在合同中定死，双方一致同意合同价格只写明以市价而定，同时双方约定交货时间为 2012 年年底，除上述简单约定合同中便无其他条款。合同签署后，甲方开始组织生产，到 2012 年 11 月底甲方已生产 40 万米货物。为防止仓储货物过多，同时便于及时收取部分货款，甲方遂电告乙方，要求乙方先交付已生产的 40 万米货物，乙方复函表示同意。货物送达乙方后，乙方根据相关验收标准组织相关工作人员进行了初步检验，认为货物中的跳丝、接头太多，遂提出产品质量问题。但乙方考虑到该产品在市场上仍有销路，且与甲方有多年的良好合作关系，遂同意接收了该批货物，并对剩下的 10 万米货物提出了明确的质量要求。在收取货物的 15 天后，乙方向甲方按 5 元/米的价格汇去了 200 万元人民币货款。甲方收到货款后认为价格过低，提出市场价格为 6.8 元/米，按照双方合同约定的价格确定方式，乙方应按照市场价格，即应按 6.8 元/米补足全部货款，但是乙方一直未予回复。

2012 年 12 月 20 日，甲方向乙方发函提出剩下货物已经生产完毕，要求发货并要求乙方补足第一批货物货款。乙方提出该批货物质量太差，没有销路，要求退回全部货物，双方因此发生纠纷并到法院进行诉讼。

第一节　商务谈判中的伦理

商务谈判中的伦理应用更多是指商务伦理学，商务伦理学是伦理学的一个分支和重要组成部分。理解和把握商务伦理学，首先必须清楚商务伦理与伦理的具体关系。

一、商务伦理的含义

商务伦理的含义.mov

伦理是指人与人相处的各种道德准则，在一般意义下，伦理指向道德。在中国"伦"和"理"原本是分开的，是两个独立的汉字，其最早见于《易经》《诗经》等经典名著。两者连用为一个词最早见于《礼记·乐记》中："凡音者，生人心者也；乐者，通伦理者也。"伦即人伦，一般可以理解成人际关系；理即治理，一般可以解释为事物的原理以及发展规律。伦理，即为人际关系的道德准则，应该做出规范。

商品交换是与秩序同行的，在商务谈判中商业的主体必须遵守相应的规则，才能保证商业活动的正常进行，自古以来就有如"童叟无欺"之类的公平交易的准则来规范着商业活动，这也是商务伦理发展的萌芽。随着人类社会的进步，商品交换活动频繁。随着商业的产生和不断进步，商品交换活动中伴随的规则逐渐形成，这就促使人们对于有关商业道德进行系统的思考，商务伦理随之产生。

商务伦理是指在商业活动中人与人相处的各种道德准则，是商业发展过程中为了维持商品交换的自由公平而在特定的道德、习俗标准下形成的各种伦理规范的总和。它应用伦理学的方法和原理来探讨具体的商业活动中的道德问题，将具体的道德标准应用到现代的商业环境中。

二、商务伦理的特征

为了更好地认识商务伦理，首先要明确商务伦理的一般特征。商务伦理作为伦理学的重要组成部分，不仅具备伦理学的特点，同时也有自身的特性。商务伦理的主要特征如下。

(一)主观性和客观性相统一

商务伦理的演化过程是一个理论间更新迭代的过程，也是人们在商业活动中不断完善和总结的成果。同时，商务伦理是前人在认识论下用辩证逻辑解读出来的产物，商务伦理需要人们在思想上存在动态的认识，并且只有在人们内心接受、认可的时候才能指导人们的行为，发挥出商务伦理对商业活动的调节作用，众多学者称这种特性是商务伦理的主观性。人们利用商务伦理调整相互关系的前提条件是人们之间存在商业活动关系，而商业活动关系的存在是由客观的社会物质生活条件所决定的，此即为商务伦理的客观性。

(二)理想性和现实性相统一

商务伦理的理想性反映了人们对商务伦理的调节作用的期待，商务伦理自觉发挥能动性，进而客观地反映现实情况，同时对商业活动起到积极的引导作用。事实上，商务伦理是从客观的商业活动中抽象出来的，用其反过来指导商业活动会造成一定的被动和滞后，这种被动性和滞后性被众多学者称为商务伦理的现实性。

(三)阶级性和全民性相统一

商务伦理具有鲜明的阶级性，同时又存在全民性。在阶级社会里，不同阶级的商务伦理道德反映了本阶级在商业活动中的利益和需求，他们往往利用这种阶级特有的道德规范去约束和评价他人，把本阶级的商务伦理作为保护自己的手段和工具。同时，商务伦理又具有全民性，主要表现在商业活动过程中，有很多基础的道德规范、风俗习惯，这是人们愿意遵守的，因而这种基础的伦理具有普适性，有利于公平正义的实现。

三、商务伦理学说

近年来，随着商务谈判理论的飞速发展，商务伦理学作为商务谈判中一门需要挖掘的新兴学科，已经引起了伦理学界的普遍关注。研究商务与伦理间的联系已经成为商务伦理学研究的热点话题，但目前学术界对商务与伦理的纽带关系并没有形成统一的认识，下面主要阐述三种观点。

(一)二律背反学说

二律背反学说认为，商务和伦理之间的关系是相互矛盾的，但持此学说的学者内部又存在一定的分歧，他们对是否绝对背反有着不同的看法。

一种观点认为，商务与伦理的二律背反是绝对的。有学者从人的本性出发，认为商业行为本身并不包含道德伦理，相反，商业行为与道德伦理之间存在着冲突和对抗。因为商务活动仅出于双方的利害考虑，以追求利益最大化为动力。而道德是超功利的，是以个人自愿的、并非出于利害考虑的利他精神为基础的。

另一种观点强调，商务与伦理的二律背反并不是绝对的，而是相对的。有学者提出，商务与伦理的二律背反实际是历史评价与道德评价之间的背反。二律背反学说在一定条件下是成立的，即使用道德的主观评价和客观评价；同时分析整体的历史趋势与具体特殊阶段，或从某个社会阶段的认识来分析某个特定的现象和阶段时，二律背反学说才存在。但是这种二律背反学说并不是永恒的，两者最终会达到统一。

(二)内在相关学说

随着市场商务体制的逐步建立与不断发展，商务与伦理之间的必然联系逐渐成为学者们的共识。而对两者之间必然联系的认识主要包括以下三种观点。

1. 内在论

内在论观点认为，商务活动的本质是一种关系行为，任何个人的商业行为总是反映商业活动中人与人之间的利益关系。商务谈判中的伦理关系就是在这种关系发生矛盾、冲突并需要协调处理使其和谐稳定的过程中形成的。

2. 本质一致论

有学者提出，完善意义上的商务是理性商务，商务与伦理是互为目的、互为手段的，二者在现象上虽然表现形式不同，但在本质上是完全一致的。

3. 相互渗透论

相互渗透论将社会有机体分为三个层面，分别是外在的物质层次、中间的体现管理水平的制度层次以及内在的包括伦理在内的观念层次三个基本层面。该观点认为，社会有机体三个层面的变革创新与发展都离不开道德的调整，彼此之间是相互渗透的，由此得出商务与伦理之间的关系是相互作用、共同影响、协调发展的结论。

(三)对立统一学说

对立统一学说认为，商务与伦理的关系是既相互背离又相互支撑的。一种观点认为，商务与伦理的背离是基于两个方面，即价值取向与变革规律的差异。一方面，商务行为与伦理行为作为人行为中的两个维度，指向了人不同的价值选择倾向，必然产生商务与伦理的冲突与背离；另一方面，商务与伦理各自具有动态的自我否定规律，且两者又相互交融，体现出内在的互补性。另一种观点认为，商务与伦理是不可抽象分裂的，存在着具体冲突。这是以实践的分化为客观基础，在此基础上产生的不同伦理思想及其发展为主观前提，并以不同的实践方式、不同的伦理思想在同一社会时空并存。在历史发展进程中商务与伦理总体是一致的，但在同一具体历史时期却存在冲突。因此，商务与伦理的冲突本质是内在关联、统一本质基础上的主体冲突、实践冲突。

关于商务与伦理的关系，除了上述几种主要观点外，学者们关于该领域的研究还有其他的观点。功利主义者往往用商务原则完全代替伦理规范；道德决定论者认为，道德理性高于商务理性道德原则，完全可以取代商务原则；部分学者则否认商务与伦理的任何联系，认为市场上的事情本身无所谓道德不道德，商务不是伦理考虑的对象；部分学者认为，商务学家不重视道德规则，谈道德则被认为是"不务正业"的表现。学者们在不同的角度运用不同的研究方法得到了不同的学术观点，这也是理论研究和发展的常态，理论界关于商务与伦理关系的讨论还将继续下去。

四、商务伦理的基本原则

商务伦理是处理企业与利益相关者之间关系的规范，其作为经济活动中的软约束能够弥补正式制度的不足。同时，商务理论是商务活动有序发展的基础和保障。因此，对商务伦理的讨论，我们要明确其内在的基本原则。

(一)平等互利原则

商业活动的实现往往以某些交易行为作为载体，交易发生的前提条件之一就是明确双方权利义务关系，确定交易主体的地位，而交易行为的最终结果则是双方利益的实现。在商务活动中，尤其是在国际商务谈判的过程中，企业间的交易不仅体现企业与企业之间的关系，还体现国家与国家之间的关系。因此，平等性原则是要求商务活动要在尊重各自权利上实现公平竞争的基础。同时，互利性原则是揭示商务活动的内在要求，即交易的达成是基于利益的共赢，而非一方受损、一方得益的博弈。

1. 平等自由

平等是人们在社会交际中追求政治、经济、文化等方面拥有同等权利的权利。在经济活动中，平等有两层含义，即交易双方地位的平等性以及交易过程中的公平。在面临信息不对称的情况下，企业有义务向利益相关者披露产品服务的真实情况。从交易过程来看，公平公正是商务伦理的内在准则。竞争作为一种经济现象，是市场经济发展的产物。资本增值的内在要求表现为资本竞争的过程。同时，竞争实质是资本运转过程中利益分配的活动。商务活动的竞争主要表现为市场的竞争，也就是行业内部的竞争。经济资源的有限性使经济主体不可避免地展开角逐。然而，竞争并不意味着有我没你、你死我活的恶性商业活动，现代企业之间更多地表现为一种合作与依存的友好关系。因此，市场经济下的有序竞争要求企业在遵守法律、法规的前提下，加强行业自律，实现竞争的公平公正。交换自由是商务伦理的重要原则。市场经济本质是自由的，交换自由是市场经济的内在要求。马克思认为，"从交换行为本身出发，个人，每一个人，都自身反映为排他的并占支配地位的(具有决定作用的)交换主体。因而这就确立了个人的完全自由：自愿的交易，任何一方都不使用暴力"。商务活动本质上是一种交换行为，存在于市场经济中的流通环节。因此，自由交换应是商务伦理的基本准则。商务伦理的自由主要表现为：一方面卖方自主决定出售何种商品和服务，另一方面买方则根据自身的需求来购买何种消费品和服务。同时，交换过程始终建立在自愿的基础之上，如果没有交换的自由交易就无法正常完成，市场竞争势必会陷入一种无序状态。例如，在商务活动中时有出现的垄断行为、强买强卖等，都违背了交易自由的原则，长此以往会影响商业活动的正常秩序。因此，交换自由是一切商务活动的基础，倘若没有这一前提，就谈不上商务活动的互惠互利。

2. 互惠互利

互惠互利是商务伦理的一个重要概念，也是经济活动的本质要求，它制约着商务交往过程中的一系列评判标准。在社会交往过程中，不同个体在追求利益的过程中必然呈现部分共同特征，即共同利益，这是社会得以维系和发展的重要条件。然而，个体活动都或多或少地表现出对自身特殊利益的追求。商务交往过程中的互惠互利原则是指经济主体能够从交易中获得好处。从伦理的角度来看，互惠互利是指各方以正当手段追求自己合理利益的同时，不损害或者兼顾对方的利益，力求实现双方交易目标，实现帕累托最优效应。互惠互利原则主要包括两层含义：一是增加新的利益；二是在没有或不能增加利益时，维持既有利益。因此，在商务活动中，互惠互利不仅意味着交易双方利益的必然增加，也包括交易在现状的维持下不损害自身和对方的利益。

互惠互利是针对企业的经营活动所提出的基本概念。在劳动分工的背景下，企业经营活动的核心是与消费者产生联系并发生交易行为，这种联系伴随着企业经营实践的始终。在商务活动中，交易行为只有在双方互惠互利的条件下才可能发生。同时，生产者希望在交易中的利润最大化，消费者希望从交易中获得自身最大的需求。也就是说，商务活动的主体都是带着各自的需求参与市场活动的。因此，在交易过程中只有遵循互惠互利的原则，才能将市场活动延续下去。互惠互利原则要求企业在交易行为中，正确地评价自身利益以及利益相关者的利益，在"利己"与"利他"的价值追求中寻求到平衡点。

(二)诚实守信原则

诚实守信原则是道德范畴的重要内容，是商业道德中的基本准则。诚实就是忠诚老实，不讲假话，不歪曲事实，不隐瞒自己的观点，光明磊落，处事实在。守信就是遵守诺言，讲信誉，重信用，履行自己应承担的义务，从而取得信任。诚和信是一个事物的两个方面，诚是信的基础，信是诚的表现形式。诚实之人行动上必然守信，守信之人在社会上必能赢得别人的信任，在健康社会中这是一个良性循环。诚实守信多指一种观念和品质，它存在于人与人社会交往及组织间的各类社会实践活动中，也是调整人与人、人与社会之间关系的重要准则。因此，诚实守信具有明显的社会性和实践性。

诚实守信既是社会道德的基本要求，也是商务伦理的基本原则。诚信在商务活动中的要求主要体现为诚实无欺、恪守诺言，它是规范商业活动有序进行的基本法则。在儒家道德体系中，诚信被屡屡提及。例如，在传统价值体系核心的儒家"五常"中，"信"是与仁、义、礼、智相并列的道德准则。孟子认为，"善人也，信人也"。也就是说，善的本源应当是恪守内心的道德准则，诚信待人。此外，在古代朴素的商业准则中，也有关于诚信的论述。管子认为"是故非诚贾不得食于贾"，意即不讲诚信的人不能从事商业活动，也无法从中获利。这里的"诚贾"就是指讲求诚信的商人，可见，信用是商人的立身之本。此外，在中国的经济文化传统里，徽商以儒家的"仁""义"作为道德规范，以"诚""信"作为商贸法则，树立了"道德"与"盈利"共存的经营理念，成为传统商界的典范。

然而，传统的信用观念主要强调个体的修养和自律，并没有强调对经济活动主体的外部约束。现代市场经济，无论是市场环境还是市场交易过程，都面临很多不确定的因素。对今天的商务伦理而言，诚实守信不仅是商业发展的必然要求，也是市场经济条件下社会发展的外部要求。加强商务伦理的信用建设对于克服社会信用危机有着十分重要的作用。当前中国社会信用危机不仅表现在商业领域，还表现在社会交往的其他方面，"诚信"观念的弱化都有不同程度的表现，如政府公信力的下降、公民信用滑坡等。现实社会中大量不诚信行为的存在，主要是因为市场失灵和政府失灵的存在。一方面，市场机制尚未健全，无法通过市场本身的奖惩机制来约束参与者，也就是说，单靠市场自身的运行无法达到褒奖守信者、惩罚失信者的作用。根据"经济人"假设，市场中的个体都以追求自身利益最大化为目标，一旦失信的好处大于守信的好处，则人们会选择背信弃义。另一方面，法律、法规的不完善以及政府在市场监管方面的效率低下，客观上也使失信行为缺乏外部的有效约束。正因为市场失灵和政府失灵的存在，经济活动要求伦理道德的约束。与法律规则相比，伦理规范能够内化为经济主体的自觉行动。

在商务活动中，诚信是营造良好投资环境的重要砝码。伴随着经济全球化的进程，我国经济的外贸依存度逐年提高，跨国贸易投资已成为我国经济活动的重要组成部分。然而，经济主体对投资对象及投资环境的选择既注重硬件条件，也强调软件因素。同时，一国的商业文化越来越多地影响到投资者的决策。假设在其他条件不变的情况，如果诚信度越高，则被吸引的投资者就越多，经济活动就越频繁，商务活动也就能获得持续发展和良性循环。

(三)商业良心和商业精神

在商务活动过程中，经济主体除了遵循上述的平等互利、诚实守信原则之外，还必须恪守商业良心，弘扬商业精神。这里的商业良心和商业精神主要是指企业的社会责任感。社会责任感既包括提升经济活动的外部正效应，也包括注重人的全面发展。

企业的经营者和管理者首先要认识到商务伦理在企业发展中的重要地位和作用，认识到商务伦理建设的必要性，切实重视本部门的道德建设。在商务伦理建设过程中，可结合企业文化和企业精神来展开。一方面，将商务伦理的原则和要求纳入企业文化的建设中来，在企业文化中充分表现出企业道德风貌。另一方面，在企业精神的建设中体现道德教育的重要性，树立起企业的道德形象。另外，商务伦理建设还应与商业管理相结合，将道德规范纳入管理工作中，促进管理工作的合理化。在管理工作中体现尊重、平等、公正等道德要求，这样可以使管理工作更加有效和有序，也能对商务伦理建设起到积极的促进作用。

在商务伦理建设中道德教育是必不可少的环节。在进行道德教育与宣传时，首先，应加强对行业管理者和领导者的道德教育和规范。其次，要加强员工的思想道德建设，培养员工良好的职业道德品质和习惯。通过道德教育培养领导的道德表率，培养员工的道德自律，这是商务伦理建设的目标。

商业良心和商业精神所体现的社会责任感要求企业能够将自己获利的行为与人的协调发展、社会进步以及稳定的可持续发展等价值观念相契合。这一价值取向主要体现在以下三个方面。

1. 制定科学合理的企业决策机制

企业决策是统领企业发展方向，确定企业发展目标，制定企业行动方案的基本决定。伦理因素应当贯穿企业决策的始终，成为指导企业决策的价值准则。企业决策如果缺乏伦理制约，就会使企业在逐利的过程中，忽视经济活动的外部效应，导致商业活动的外部偏失。企业进行任何的商业活动都必须兼顾外部效应，注重经济社会的可持续发展。因此，企业要树立全球家园意识和可持续发展伦理观念，把企业的发展目标建立在一定的伦理规范上，从而指导企业的经济活动。可持续发展观念要求企业坚持经济效益、社会效益、环境效益、生态效益的协调，确立经济、人口、环境、生态相协调的可持续价值观，认真落实节约资源和保护环境基本国策，建立低投入、低消耗、能循环、可持续的国民经济体系和资源节约型、环境友好型企业，实现物质循环、理念循环的有机统一。

2. 实现对员工的全面关怀

企业总是通过制定各种规章制度来规范员工的行为，这种外在规范容易忽视员工的尊严以及个人权利，妨碍员工的精神追求和自我实现，拉远了企业与员工的距离，不但与人的全面发展不协调，也对公司长远的发展不利，具有明显的局限性。同硬性的规章制度相比，商务伦理具有多方面的优越性。在员工心中贯彻商务伦理的观念，促使硬性的规范转变为员工的自我信仰，培养员工的归属感，使员工按照商务伦理的要求自我规范、自我约束、自我评价。通过商务伦理将行为规范内在化，还可以让员工在遵守伦理规范的过程中产生自豪感和满足感。

3. 设定理性和谐的目标模式

理性和谐是企业道德活动达到的理想目标模式，也是企业商业精神的体现。早在古罗马时期，柏拉图就在《理想国》一书中体现了理性和谐的思想，他认为理性、意志、欲望三个方面构成了人的灵魂，理智的德行是智慧，意志的德行是勇敢，欲望的德行是节制，其实质是要以智慧、意志控制欲望、情绪，从而创造出一种以理性为基础的和谐生活。我国传统的儒家思想认为，人性经常容易被物欲困扰，人们应该"发乎情而止乎礼"，自愿用理性来引导自己，在物欲与道义的追求上达到平衡。儒家重视和谐地处理彼此之间的关系，要尽量避免冲突，协调地解决矛盾。

企业在经营过程中，首先应保持理性，从自身的实际情况出发，理性分析市场需求，准确预测市场未来的发展变化，并据此制订科学合理的计划。另外，和谐也是企业经营过

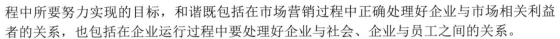

程中所要努力实现的目标,和谐既包括在市场营销过程中正确处理好企业与市场相关利益者的关系,也包括在企业运行过程中要处理好企业与社会、企业与员工之间的关系。

综上所述,商业活动需要坚持平等互利原则,诚实守信原则;在恪守商业良心、弘扬商业精神的基础上,坚持理性和谐的目标模式,将商务伦理与商业实践结合起来。这样才能保证商业活动高效有序地进行,实现资源利用最大化与可持续发展的同步进行,促进社会不断地进步。

第二节 商务谈判中的法律

商务谈判的成功意味着双方就各自的观点达成了一致的立场。要达到这样的谈判目的,谈判人员必须掌握商务谈判签约适用的法律、商务谈判合同履行的条件、商务谈判合同的让与和消灭的生效,以及产生商务合同纠纷时处理的方式。

一、商务谈判中适用的法律

(一)国际商法

就法律术语来讲,国际商法是指调整国际商事活动主体在从事国际商事交易活动中所形成的各种关系的法律规范的总和。各国缔结有关国际商事的国际条约或公约是形成统一的国际商法的重要渊源,可分为以下两种。

1. 属于统一实体法规则的国际条约

属于统一实体法规则的国际条约如 1980 年的《联合国国际货物买卖合同公约》、1978 年的《联合国海上货物运输公约》《联合国国际汇票和国际本票公约》等。

2. 属于冲突法规则的国际条约

属于冲突法规则的国际条约如《国际货物买卖合同法律适用公约》《产品责任法律适用公约》等。

另外,国际贸易惯例也是国际商法的重要渊源。贸易惯例虽然不是法律,不具有法律的普遍约束力,但是,按照各国的法律,一旦当事人在合同中采用了某项惯例,它就对合同双方当事人具有约束力。有些国家的法律还规定,法院有权按照有关的贸易惯例来解释双方当事人的合同。目前在国际经济贸易中影响最大的贸易惯例是国际商会制定的《国际贸易术语解释通则》(2020 年修订本)和《跟单信用证统一惯例》(UCP600)。

国际商法调整的范围十分广泛,除了调整传统商事活动如货物贸易外,还要调整近几十年来出现的各种新的贸易形式,如服务贸易、技术贸易、国际投资、国际融资、国际租赁与合作等形式,人们将调整这些交易的法律统称为国际商法。在商务谈判活动中发生的合同签约与履行问题主要适用于国际商法。

在国际经济活动中,调解的法律、法规纷繁众多,尽管国际商法是调解国际商务活动的主要法律体系,比较重要的国际经济法、国际贸易法、国际私法也都属于国际性法律范畴,但在签订商务谈判合约时,我们应该注意到它们的调整对象和调整范围的不同。首先,国际商法不同于国际经济法。国际经济法调整的主体比较广泛，除了各种企业组织外，还包括国家和国际组织，而国际商法主要调整各类企业组织贸易中的问题。此外，它们适用的原则也不同，调整的对象也有差异。其次，国际商法不同于国际贸易法。国际贸易法突破了传统的商法界限，具有国家调整和管制贸易的内容，属于国家管理商事活动的公法内容，而国际商法一般属于私法领域，企业之间的贸易纠纷主要是国际商法调整的内容。最后，国际商法不同于国际私法。国际私法是以涉外民商事关系为调整对象，并以解决法律冲突为中心任务，采取的是直接和间接的调整方法。而国际商法的调整内容是以权利、义务为主，一般采取直接调整方法。

我国商法主要是在 1993 年之后陆续颁布的，有《中华人民共和国海商法》《中华人民共和国公司法》《中华人民共和国合伙企业法》《中华人民共和国个人独资企业法》《中华人民共和国民法典》等。对外谈判签约主要应考虑上述法律条款以及这些法律在国际商法体系中的地位和相互关系，注意法律的适用性。

(二)不同法系的差别

法系是根据法的历史传统及特点对各国法律所进行的分类，凡属于同一历史传统且具有相同特点的法律即构成一个法系。目前，世界上主要有两大法律体系，即大陆法系和普通法系，对国际商法实施影响最大的也是这两大法系。我们在订立合同并解决合同纠纷时必须考虑上述两大法律体系的判定标准和裁决依据。

1. 大陆法系

大陆法系又称民法法系或罗马法系，是指以古代罗马法为基础而形成和发展起来的法律体系的总称，其标志是 1804 年颁布的《法国民法典》和 1900 年颁布的《德国民法典》。大陆法系的结构特点是强调成文法的作用，注重法律的系统化、条理化、逻辑化和法典化。它将法律分为公法和私法两大部分：公法可细分为宪法、行政法、刑法和诉讼法等；私法又分为民法和商法。目前，世界上采用大陆法系的国家主要是欧洲大陆国家，如瑞士、西班牙、葡萄牙、意大利、比利时、卢森堡、荷兰、奥地利、丹麦、挪威、芬兰、瑞典、希腊等国，此外，整个拉丁美洲、非洲的一部分、中东的一些国家，以及日本、泰国等均属于大陆法系国家。

2. 普通法系

普通法系又称英美法系，是指以英国普通法为基础而形成和发展起来的法律体系的总称。普通法系具有两大特点：一是法律的二元性结构，二是重视程序法。普通法系分为普通法与衡平法两部分。普通法与衡平法的相同之处是都属于判例法，但也有不同。首先，救济方法不同。普通法以金钱赔偿和返还财产作为主要救济方法；而衡平法可以采用特殊方法赔偿。其次，诉讼程序不同。普通法在审理案件时需设陪审团，采取口头询问和答辩；而衡平法则不设陪审团，但需采取书面诉讼程序。再次，法院的组织系统不同。普通法归法院的王座法庭管辖；而衡平法归法院的枢密大臣法庭管辖。最后，法律术语不同。法官在审理案件时均使用各自特有的法律术语。

适用于英美法系的国家和地区主要有加拿大、英国、美国、澳大利亚、新西兰、爱尔兰等。

3. 大陆法与普通法的区别

大陆法与普通法的区别可概括为如下几点。

(1) 法律判以处罚的出发点不同。大陆法系继承和发展了罗马法，以成文法作为法律的主要渊源。普通法则继承发展了日耳曼的习惯法，以判例法作为法律的主要渊源。

(2) 法律重心不同。在大陆法系国家，权利与义务关系由明确的法律规则预先加以界定，主要是根据实体法。英美法系则以诉讼法为核心，法院在审理案件时注重诉讼程序。

(3) 法律的推理方式不同。大陆法系实行从一般规则到个别案例判决的演绎法，法意识是一般性的、抽象的，逻辑方法是演绎的，以法规为大前提，以事实为小前提，再引出结论。英美法系实行从判例到判例，进而总结出法律一般规则的归纳法，法意识是具体的、实际的，法官判案是对照有关判例，最后才做出判决。

(4) 司法机关作用的形式不同。在大陆法系国家，司法机关必须根据成文法的条文从事司法活动，司法机构与立法机构相比处于从属地位。在英美法系国家判例是英美法系的主要渊源，判例是由高等法院的法官发现和创造的，再由立法机关制定成文，因此，司法机构较立法机构地位优越。

商务谈判合同条款要注意双方缔约国家适用法律体系的差别而产生的冲突，上述两大法律体系在主要条款适用的条件、判罚的出发点、执行判决的程序上都有很大差别。因此，要保证合同条款的有效性以及出现纠纷的合理解决，签约方最好请律师参加谈判活动，仔细检查合同条款有可能出现的问题，以及适用的法律体系。

二、商务谈判中合同履行及应注意的问题

(一)合同履行的含义

合同履行，是指合同的双方当事人正确、适当、全面地完成合同中规定的各项义务的行为。全部完成合同规定的义务，为全部履行；部分完成合同规定的义务，为部分履行。在各国的法律中都要求当事人要严格按照合同的规定，遵守诚实守信的原则来履行合同的内容。在大陆法系国家，合同履行制度大多规定在民法的债编中，是债履行的一项内容。英美法系的成文合同法都明确规定当事人必须严格按照约定条款履行合同义务，对于合同履行标准、时间、地点以及替代履行等都有明确规定。我国的《中华人民共和国民法典》合同编对此也做了详细的规定。

(二)合同履行的原则

履行合同时应当遵循下列两项原则。

1. 全面履行原则

当事人应当按照约定全面履行自己的义务，即按照合同规定的标的及其质量、数量，由适当的主体在适当的履行期限、履行地点以适当的履行方式，全面完成合同义务。当事人一方在履行中对合同约定义务的任何一个环节的违反，都是违反了全面履行原则。

2. 实际履行原则

实际履行原则指当事人只能按照合同约定的标的履行，不能用其他标的代替，也不能以支付违约金或赔偿金来代替。因此，要求双方在谈判中，对有关标的物内容的讨论要尽可能明确、清楚、详尽，并在合同中明确规定供货一方交付产品的质量、性能、规格、特点等方面内容以及检验的标准。

(三)合同履行中的抗辩权

在当事人双方互负义务的合同中，如果合同没有约定义务履行的先后顺序，当一方先履行自己的义务、对方当事人可能会不履行自己的义务，而使先履行义务的一方遭受损害时；或者，如果先履行义务一方正在履行中，而后一方已不可能履行义务，会给先履行义务的一方带来严重影响时，先当事人可享抗辩权。这些抗辩权利的设置，使先当事人在法定情况下可以对抗对方的请求权，使先当事人的拒绝履行不构成违约，更好地维护先当事人的利益。抗辩权分为以下三种。

1. 同时履行抗辩权

当事人互负到期债务，没有先后履行顺序时，应当同时履行。一方在对方履行之前有权拒绝其履行要求，一方在对方履行债务不符合约定时，有权拒绝其相应的履行要求。

2. 先履行抗辩权

当事人互负债务，有先后履行顺序，先履行一方履行债务不符合约定时，后履行一方有权拒绝其相应的履行要求。

3. 不安抗辩权

不安抗辩权的行使分为两个阶段。第一阶段为中止履行。先履行债务的当事人有确切证据证明对方有下列情形之一的，可以中止履行：经营状况严重恶化；转移财产、抽逃资金，以逃避债务；丧失商业信用；有丧失或者可能丧失履行债务能力的其他情形。第二阶段为解除合同。当事人依照上述规定中止履行的，应当及时通知对方。对方提供适当担保时，当事人应当恢复履行。中止履行后，对方在合理期限内未恢复履行能力并且未提供适当担保的，中止履行的一方可以解除合同。但是，不安抗辩权的行使是有一定条件和限制的。如无确切证据证明对方没有丧失履行能力而中止履行的，或者中止履行后，对方提供适当担保时而拒不恢复履行的，不安抗辩权人承担违约责任。

(四)合同履行的例外

法律规定，当事人在正常情况下应履行合同，否则应承担违约责任。但在特殊情况下，导致合同无法履行，或虽然可以履行但会增加当事人的负担，对此，法律上作为例外原则来处理。

1. 情事变迁原则

情事变迁原则是指在合同成立后，因不可归责于双方当事人的原因发生情事变更，致使合同条件不成立，允许当事人变更合同内容或解除合同。它是大陆法系中的一项特有原则，在其他一些国家的法律中也有明确规定。

2. 合同落空

合同落空的具体含义相当于大陆法系中的情事变迁，但它是英美法系中的概念，主要是针对协议签订后，不存在履行条件时的处理。《中华人民共和国民法典》合同编对此也有规定，不具备实际履行的情况包括：以特定物为标的协议，当标的物毁损、灭失时，实际履行协议已不可能；由于债务人延迟履行标的物，标的物交付对债权人已失去实际意义，如供方到期不交付原材料，需方为免于停工待料，设法从其他地方取得原材料，如再交货，对需方已无实际意义。

3. 法律或协议本身明确规定，不履行协议，只负赔偿责任

例如，货物运输原则一般规定，货物在运输过程中毁损、灭失时，只由承运方负担赔偿损失的责任，不要求做实际履行。

4. 不可抗力

不可抗力是指合同订立后发生的，不可归责为当事人任何一方，且当事人不能预见、不能避免、不能克服的意外事故，它也是当事人对于情事变迁原则和合同落空原则的一种主动适用。一旦发生这些意外事故，当事人可以延迟履行或者解除合同，任何一方不得请求损害赔偿。不可抗力事故包括两类情况：一类是自然原因引起的，如水灾、旱灾、火灾、冰灾、地震、火山爆发、泥石流等；另一类是社会原因引起的，如政府行为(政府禁令、征用、没收等)、社会异常行为(工人罢工、国家战争、骚乱等)和经济事件(金融危机、物价下跌)等。谈判人员可以在签订合同时，约定哪些情况属于本合同的不可抗力事故。美国习惯上认为不可抗力事故仅指由于自然力量引起的事故，而不包括由于社会力量引起的意外事故，所以，美国的买卖合同一般不使用"不可抗力"一词，而称为"意外事故条款"(contingency clause)。

英美国家的法律将不可抗力事故称为合同落空，是指合同签订以后，不是由于合同双方当事人的自身过失，而是由于签订合同以后发生了双方当事人意想不到的情况，致使签约目的受挫，据此未能履约，当事人得以免除责任。但是构成合同落空是有特定条件的。

三、商务谈判中合同的违约及处理方法

(一)违约的含义

违约是指合同当事人不履行合同或不完全履行合同所规定义务的行为。例如，合同成立后，卖方不能按照合同规定的时间、地点交货；或者买方不能及时交付货款；等等。除不可抗力原因外，违约方都要承担违约责任，守约方则有权依据合同或相关法律启动违约救济。

(二)违约条件

各国对违约的构成条件规定不一。在大陆法系国家，违约责任的构成条件较为复杂，主要有：当事人有不履行合同或不完全履行合同的行为；一方当事人违反合同给对方造成

财产上的损失；损失必须是由违约行为造成的；违反合同一方主观上存在过错；等等。在英美法系国家，只是简单认定当事人违反合同约定即构成违约，既不强调主观过错，也不强调给对方造成的损害。《联合国国际货物销售合同公约》也未明确规定违约必须以当事人有无过失为条件。该公约第二十五条规定，只要当事人违反合同的行为结果使另一方当事人蒙受损失，即构成违约。《中华人民共和国民法典》合同编的规定和英美法系类似。

(三)违约的表现形式

对于违约表现形式，各法系规定也不相同。大陆法系规定违约有两类：给付不能和给付延迟。英美法系将违约分为违反条件和违反担保。违反条件是指违反合同的重要条款，其法律后果是非违约方有权要求解除合同。违反担保是指违反合同的次要条款或辅助条款，但非违约方不能要求解除合同，只能请求赔偿。

此外，《联合国国际货物销售合同公约》将违约分为根本性违约、非根本性违约和预期违约等不同情况，美国将违约分为重大违约和轻微违约。《中华人民共和国民法典》合同编中将违约分为不能履行、不履行、不完全履行、履行延迟和预期违约等几种情况。一般不存在免责，都应向对方承担违约责任。

(四)违约的救济方法

违约的救济方法是指合同当事人的合法权益遭到损害时，法律上给予受损害一方的补偿方法。违约的救济方法一般分为以下几种。

1. 实际履行

实际履行是指合同一方违约时，另一方可以要求违约方继续按照合同规定的条件履行义务，也可以在针对违约提起的诉讼中，要求法院判令违约方按合同约定履行义务。实际履行是大陆法系国家对违约采取的最主要的救济方法。一般情况下，只要债务人不履行债务，债权人都可以要求实际履行，法院也会满足债权人实际履行的要求。但这种救济方法实现的前提条件是必须存在能够实际履行的可能性。例如，在货物买卖中，特定交易的货物已经毁损、灭失，实际履行已无意义，所以，只能采取其他救济方式。在英美法系中没有规定实际履行的救济方法，法院也很少做出实际履行的判决。一方不履行合同义务时，唯一的救济方法是提起违约诉讼，要求损害赔偿。但在《联合国国际货物销售合同公约》中，对实际履行的规定是，一方面，允许当事人要求违约方实际履行合同；另一方面，允许法院依据其国内法进行判决。所以，谈判人员一定要注意，在这种情况下，如果在大陆法系国家的法院起诉，就会得到实际履行的救济，但如果是在英美法系国家的法院起诉，就很难得到实际履行的救济。《中华人民共和国民法典》合同编将实际履行作为主要的违约救济方法。

2. 损害赔偿

损害赔偿一般指当事人违约后，依法赔偿对方因其违约所受损失的补救形式。大陆法系遵循的是过错原则，认为损害赔偿责任成立要有三个条件：有损害事实；原因归责于债务人；上述两条有因果关系。英美法系则坚持严格责任，主张损害赔偿责任，只要有一方当事人违约这一事实就够了。损害赔偿的方法主要有恢复原状和金钱赔偿。《联合国国际货物销售合同公约》规定，只要合同当事人一方没有履行合同义务，对方当事人就可以要求损害赔偿，而无须证明对方违约是否出于过失。《中华人民共和国民法典》合同编的规定与该公约类似。这些差异看起来简单，但出现纠纷时的处理却大相径庭，差别极大，需要谈判人员有所了解和准备。

3. 解除合同

解除合同是指合同当事人依据合同的约定或法律的规定行使解除权，终止合同权利、义务的行为。这种情况下的解除合同不同于正常情况下的解除合同，所以，违约救济的解除合同需要适用前提，这一点各国差异较大，参照违约形式分类有不同的处理标准。英美法系规定违约中只有违反条件时才能解除合同。

4. 违约金

各国法律对于违约金的性质规定也有差异，谈判人员需要注意。违约金是一方或双方违约后向对方支付的金钱。关于违约金的性质，是具有补偿性质还是惩罚性质各国规定各有不同。例如，德国法律规定违约金具有惩罚性，大陆法系和英美法系都认为违约金不具有惩罚性，只具有补偿性。《中华人民共和国民法典》合同编规定，违约金具有补偿性和惩罚性两种作用。

第三节　商务谈判合同的让与和消灭

一、合同的让与

合同的让与是指合同主体发生变更，合同当事人将合同权利义务转让给第三人，由新的合同当事人代替旧的合同当事人，但是合同的客体并没有发生变化。

合同的让与有两种情况：第一种是原债权人将其债权转让给新债权人，从而使新债权人取代原债权人的地位，称为债权让与；第二种是原债务人将债务转让给第三人，由新债务人代替原债务人负担债务，称为债务承担。

1. 债权让与

债权让与时，债权人不必征得债务人的同意，就可以将债权转让给第三人。第三人基于债权人债权的转让，取得了债权人的地位，成为新的债权人，如果债务人不履行义务，新的债权人有权以自己的名义向债务人提起诉讼，请求法院判决债务人履行债务。

债权让与涉及三个方面：让与人，即出让债权的当事人；受让人，即从债权转让中取得债权的当事人；债务人。债权让与实际上是让与人与受让人之间订立的一种合同，合同成立后，债务人就要向新的债权人履行债务，因此与债务人的关系密切。在债权让与中，也应当注重保护债务人的权利。

英国法对合同权利的转让规定得比较严格，英国 1925 年财产法规定了债权让与的三个要求：必须以书面形式，并由受让人签字；债权让与必须是绝对的、无条件的、全部的债权，而不是部分债权；必须以书面形式通知债务人。在某些情况下，虽然债权让与欠缺所要求的条件，但如果当事人确有债权让与的意思表示，衡平法仍认为有效。

美国的《统一商法典》则认为，除当事人另有约定外，买方和卖方都可以把他们的权利转让给第三人，除非这种转让会大大改变对方的义务，或者增加对方的负担，或严重损害对方获得索偿的机会。如果债权人把同一债权先后转让给两个人，英国相关法律规定首先把债权让与的事实通知债务人的受让人取得该项债权，而美国法则认为第一受让人应取得该项债权。

法国相关法律也规定了债权让与制度，债权人有权不经债务人同意而把债权转让给第三者。在法国法中，债权让与是一种买卖行为，让与人是作为卖方出售债权，受让人作为买方购买债权。在债权让与中，让与人和受让人之间债权让与合同一成立，就发生效力，让与人就不能再把该项债权转让给其他人。而对于债务人，必须在接到债权让与通知后，或者在公证文书中对债权让与做出承诺后，才能发生效力。如果债权人在订立债权让与合同后，又将同一债权转让给他人，到底由谁取得债权，则与英国相关法律相似，取决于谁先把债权让与的事实通知给债务人。

《中华人民共和国民法典》合同编也规定了债权让与制度。在债权让与中，并不要求征得债务人的同意，但是债权人转让权利，应当通知债务人，如果未通知，则对债务人不发生效力。

2. 债务承担

债务承担是由新的债务人代替原债务人履行债务，新债务人被称为承担人。与债权让与不同，债权让与一般不会影响债务人的履约能力，但债务承担却是更换债务人，不同债务人的履约能力有可能不同，就可能会对债权人的利益带来严重影响。因此，各国法律对这一问题有着不同的规定。

英美法中，英国法要求合同的债务，非经债权人的同意，不能转移。如需要进行债务转移，要采取债务更新的办法，即应债务人的请求，债权人同意新的债务人代替原债务人履行债务的一种新的合同。更新后，原债务人的债务解除，并把这项债务加于新的债务人身上。美国法对此规定比较灵活，它在债务并不一定非由原债务人履行的情况下，允许他人代替原债务人履行债务，但是原债务人并不因此解除自己的义务。如果代为履行义务的一方没有履行，原债务人仍应承担责任。

法国法原则上允许由他人代替债务人向债权人履行债务。《法国民法典》规定，债亦可由在其中并无利害关系的第三人清偿。在法国法中，债的转移也要通过债的更新实现，即消灭旧债务、成立新债务。

《中华人民共和国民法典》合同编也允许债务人将合同的义务全部或者部分转移给第三人，但是将合同义务转移，应取得债权人的同意。债务人转移债务后，新债务人对于不是专属于原债务人自身的、与主债务有关的从债务，也要承担。

二、合同的消灭

合同的消灭是指合同双方当事人权利、义务的终止，即合同关系在客观上不复存在。合同的消灭是英美法的概念，在大陆法中，合同是债的一种，所以合同的消灭包括在债的消灭之中。

1. 英美法对合同的消灭的规定

在英美法中，合同的消灭有以下几种方式。

1）　合同因双方当事人的协议而消灭

合同是依双方当事人的协议而成立，当然可以因双方当事人的协议而解除。但是双方协议解除一方履行合同的义务，必须有对价，否则不能强制履行；如果协议免除的是各自对尚待履行合同的义务，就不需要另外的对价。协议方式消灭合同有以下几种做法。

(1)　以新的合同代替原合同，原合同消灭。

(2)　更新合同。与以新合同代替原合同类似，不同之处在于，合同更新至少要有一个新的当事人加入，新加入当事人享有原合同权利并承担原合同义务。合同更新后，原合同消灭。

(3)　依照合同自身规定的条件解除合同。

(4)　弃权。合同一方当事人自愿放弃依合同所享有的权利，从而解除对方的履约责任。

2）　合同因履行而消灭

这是合同消灭的主要原因，合同一经履行完毕，债权债务关系即告消灭。

3）　合同因违约而消灭

违约当然不能导致合同消灭，当一方当事人表示不愿意履行合同，以自己的行动使履约成为不可能或不履行其合同义务时，可能使对方取得解除合同的权利，导致合同的消灭。

4）　依法使合同归于消灭

合并、破产和擅自修改书面合同是法律规定合同消灭的主要条件。

2. 大陆法对合同消灭的规定

大陆法对合同消灭规定的情形主要有以下内容。

(1)　清偿。清偿是债务人向债权人履行债的全部内容。债权人接受债务人对债的清偿时，债的关系即告消灭。

(2)　提存。提存是指债务人履行债务时，由于债权人受领迟延，债务人有权把应给付的金钱或者其他物品寄托于法定场所，从而使债的关系归于消灭。提存的条件是债权人受领迟延或不能确定谁是债权人。

(3)　抵销。如果两个人彼此互负债务，而且债务种类相同，并均已履清偿期，因而双方均得以其债务与对方的债务在等额的范围内归于消灭。

(4)　免除。债权人免除债务人的债务，也就是债权人放弃其对债主张的权利。

(5)　混同。混同是指债权人与债务人同属于一个人，即一个人既是债权人又是债务人。因此债的关系已无存在的必要，归于消灭。

3. 《中华人民共和国民法典》合同编关于合同消灭的规定

《中华人民共和国民法典》合同编并无合同消灭的概念，但是规定了合同权利义务的终止。从规定上看，合同权利义务终止的情形同大陆法中合同消灭的情形是相同的。因此在我国，可以将合同权利义务的终止看作合同的消灭。《中华人民共和国民法典》合同编规定了合同权利义务终止的情形：债务已经履行；债务相互抵销；债务人依法将标的物提存；债权人免除债务；债权债务同归于一人；法律规定或者当事人约定终止的其他情形。

第四节　商务谈判协议纠纷的处理

在国际贸易合同履行中，发生矛盾、纠纷也是正常现象，但处理起来极其复杂。这一方面关系到合同当事人双方切身的经济利益，关系到合同能否继续履行的问题，但更重要的是，国际贸易纠纷解决由于适用的法律不同，调解程序差异较大，有效调解与处理十分困难。

在国际商务交易实践中，谈判协议纠纷的处理一般有四种方式：协商、调解、仲裁与诉讼。协商与调解是我们比较熟悉的解决方式，过程相对简单，所以本节以仲裁和诉讼两种解决方式为重点，将处理纠纷的方式加以介绍。

(一)协商

协商是指在争议发生后，由双方当事人自行磋商，各自做出一定的妥协和让步，在双方都可以接受的基础上达成和解，消除纷争。协商的好处是不必经过仲裁和诉讼程序，可节省仲裁和诉讼等相关费用，气氛比较融洽，有利于双方贸易关系继续友好的发展。

因此，在许多情况下，争议双方都愿意通过协商，各自做出一定的让步，相互承担一些损失，力求协商解决问题，而不愿意诉诸仲裁或司法诉讼。在国际贸易的业务中如果一旦发生争议，都会首先要求通过协商的方式来解决。

(二)调解

在国际贸易实践中，协商的方式并不能解决所有的争议及问题。当争议发生后，若双方都坚持自己的观点，不肯让步，争议就无法通过协商的方式来解决。在这种情况下，可将争议提交专门机构，由专门机构派专人进行调解。在调解时，调解委员会根据案情分别找双方当事人进行磋商，提出双方都可以接受的意见，达成和解。

1979年，联合国国际贸易法委员会第十二次会议讨论了该会起草的《调解规则草案》，规定了以下内容。

(1)　《调解规则草案》适用于当事人通过协议提交的有关合同争议或非合同性法律关系引起的争议。

(2)　调解员为一至三名。调解员为一名时，若双方不能就调解员人选达成协定，每一方都可以请求经双方商定的当局加以指定。

(3)　调解员的任务是协助双方当事人友好地解决争议。因此，应考虑合同条款、适合合同的实体法以及有关的贸易习惯和正义的具体情况等。

(4)　调解员审查书面材料后，可以邀请双方当事人同其会晤。

(5)　调解员认为有一种方法可以使双方当事人接受时，可以拟订解决办法的相关条件，供当事人双方进行参考。如双方对争议的调解达成协议，应草拟并签署和解协议书。和解协议书一经双方当事人签字，即对他们产生相应的约束力。

【资料链接】

意大利一家公司向我国一家公司购买了几十万吨的 12mm 线材，但他们接货后，却以我方延期交货构成违约为由拒付几十万美元的货款。我方公司由于对交易免责条款的法律规定不清楚，盲目与对方交涉了三个月未果。最后，中方公司聘请了律师与意方公司交涉。律师了解到，我方之所以延迟一天交货，是发生水灾，冲毁铁路所致。证据拿到后，我方考虑各种原因，决定先与意方公司法庭外调解。经过我方律师有力、有理、有节的一番交涉后，意方公司终于支付了全部货款。双方纠纷的根本原因就是中方不知道不可抗力在合同执行中的免责作用，既没有通知对方延迟交货的原因，也没有利用这一点去追索货款。

(资料来源：本书作者整理编写)

(三)仲裁

仲裁的含义和特点.mov

1. 仲裁的概念

仲裁又称"公断"，是指合同双方当事人根据所达成的协议内容，自愿将相互之间的争议交给第三者，任其评断是非并做出裁决。仲裁既具有一定的灵活性，又有法律强制性，它是使用非常广泛的解决争议的一种形式。在国际商务谈判中，很重要的一项协商内容就是合作双方出现矛盾时的解决办法，因此，仲裁是不能遗漏的一项条款，因为按照国际公约的规定，如果双方当事人在合同中未能就争端的解决提出仲裁的建议，就不能申请相关部门受理仲裁。

2. 仲裁的特点

与调节和诉讼相比，仲裁具有如下特点。

第一，自愿性。双方当事人在争议发生后可选择仲裁的方式来解决争议，同时可约定或选择仲裁机构、仲裁员、仲裁事项、仲裁规则、仲裁地点等。

第二，排他性。在存在有效仲裁协议的条件下，法院不得受理仲裁协议规定提交的争议。

第三，保密性。仲裁一般不需公开审理，可以最大限度地保护仲裁各方的商业秘密，对交易双方的关系损害较小。

第四，专业性。国际商事争议中涉及专门性或技术性的问题时，法院的法官难以有效给予公正的裁决。因此，仲裁员都是相关领域的专家或知名人士，能够从专业角度做出科学的裁决。

第五，终局性。与诉讼不同，仲裁具有终局性，形成对双方当事人均有法律约束力的裁决，并不得提出上诉，可以节约时间和费用。

总之，仲裁比较灵活，并且具有与法院判决相同的法律效力，因此在国际经济贸易活动中，双方当事人一般更愿意选择仲裁作为解决争议的手段。国际货物买卖合同中，一般都包含通过仲裁解决争议的仲裁条款。

3. 仲裁协议的形式及内容

国际商事的仲裁协议是指在国际商务活动中，争议当事人自愿把相互间的争议交付给仲裁机构来解决。根据国际公约的规定，仲裁机构只能受理当事人根据仲裁协议提交的案件。一般国际商事仲裁协议有以下形式。一是口头的仲裁协议和书面的仲裁协议。绝大多数国家都采取书面协议的形式，个别国家如日本和瑞士等也有口头协议的约定形式。二是仲裁条款和单独仲裁协议。当事人在争议发生前，为了使争议能够得到迅速、有效的解决，一般都在国际商事合同中事先约定将未来可能的争议提交仲裁的条款，这就是仲裁条款。单独仲裁协议是指当事人在争议发生之前或之后，就该争议的仲裁问题单独达成的协议。

仲裁涉及的内容比较多，主要包括以下几个方面。

(1) 确定仲裁事项，即提出仲裁的争议范围。世界各国对可仲裁的事项不是无限制的，一般都在仲裁法中概括地规定。如工业产权和版权的有效性纠纷、涉及公共利益的破产案件、证券交易的案件和反垄断案件等纠纷不得提出仲裁等。

(2) 确定仲裁地点。这是很重要的问题，仲裁地点涉及解决争议适用的法律体系，如果当事人未确定适用哪国法律，仲裁机构一般根据仲裁地的冲突规则确定适用的法律，而各国的法律规则差异较大，当事人通常只对本国的法律比较熟悉，对国外的仲裁制度和法律不大了解，继而使己方处于不利地位，选择本国作为仲裁地点是最理想的。如果实际情况与预计出现偏差，最后的妥协是选择第三国作为仲裁地。

(3) 仲裁机构及分类。己方仅仅考虑仲裁地点的选择是不够的，同一地点存在着不同的仲裁机构。仲裁机构分为常设机构和临时机构，一般选择常设机构更有优势。

(4) 仲裁裁决的效力。这是指裁决对双方当事人的约束力。裁决一般具有终局性，裁决效力越大，对当事人约束力越强，执行裁决也越顺利。

(四)诉讼

1. 诉讼及司法管辖权

国际商事诉讼是指通过诉讼的方法来解决国际商务活动中的争议或纠纷。由于国际上没有专门受理国际商事的法院，也没有形成统一的诉讼法，所以国际商事诉讼是解决国际商务活动中纠纷的主要方式，其涉及国际商务活动争议案件行使管辖权的问题。

各国是按照各自的民事诉讼法决定对国际商事案件的管辖，因此会导致管辖权的冲突。目前，大多数国家的法律都承认协议管辖的原则，即除某些专属管辖的案件外，当事人可以事先约定，如果将来发生争议，应由哪一国管辖。

一般来说，司法管辖有两个标准：属地管辖和属人管辖。属地管辖权侧重于法律事实或法律行为的地域性质或属地性质，强调一国法院对于其所属国领域内的一切人和物以及法律事实和行为都具有管辖权，管辖权的基础就是被告人在法院所属国境内设有住所或习惯居所，或者是物之所在地或法律事实和行为发生地位于该国领域内。属人管辖权侧重于诉讼当事人的国籍，强调一国法院对于其本国国民参与的诉讼具有管辖权，管辖权的基础就是诉讼当事人中有一方是法院所属国的国民。对外贸易案件多以属地管辖为原则。

2. 诉讼程序

各国法院在审理商事诉讼案件时的做法有所不同，但主要包括以下几部分。

(1) 起诉。原告向法院起诉，应提交起诉书及相应的起诉书副本和有关证明，并委托诉讼代理人。法院收到原告起诉书及副本后，加盖收文公章、交原告或其诉讼代理人。将副本转送被告，并限定一定期限内提出答辩和指定诉讼代理人。期限届满，法院确定审理日期，通知当事人或诉讼代理人出庭。

（2）担保。为了保全请求权的行使以及保证损失得到赔偿，在案件获得解决以前，受损方可以要求责任方先提供必要的担保。

（3）审判。不论被告在限定期限内是否提出答辩或逾期不做答辩，法院均可确定开庭日期。如被告或其他代理人接到开庭通知却不出庭应诉，法院可以在被告缺席的情况下进行案件审理。

（4）执行。按照法院审理的最终结果，双方接受法院的裁决，即执行裁决。

本 章 小 结

商务谈判中的商务伦理是人们在从事经济活动中的道德准则，在实践中多是指一种商业道德。在商务谈判中，正确地把握商务伦理的特征，可以促进谈判的顺利进行。

合同一经双方签订，就成为约束双方的法律性文件，双方必须履行合同规定的义务，否则就必须承担法律责任。同时，合同还是仲裁机构处理矛盾纠纷的主要依据。合同文本的起草很重要，它关系到谈判双方哪方先掌握谈判的主动权。起草合同方可以根据双方协商的内容，仔细考虑写入合同中的每一条款，安排条款的顺序或解释有关条款，斟酌选用对己方有利的措辞。此外，谈判协议的变更、解除、转让与纠纷处理应在协商的基础上进行，并根据客观情况决定。

自 测 题

1. 商务伦理的特征有哪些？
2. 商务伦理的基本原则有哪些？
3. 违约的救济方法有哪些措施？
4. 试论述如何利用调解与仲裁处理合同纠纷。

案 例 分 析

京东商城是一家自营式的 B2C 网络零售平台，主营 3C 产品。随着网络零售行业的不断发展，各平台之间的竞争日趋激烈，淘宝和天猫的联盟更是让京东面临着更大的压力，同行业对手的扩张使京东更有筹划长远发展的必要。1 号店也是定位于 B2C 模式的网上超市，主营日化、食品、快销等品类。京东与 1 号店之间在商品品类、管理系统、配送体系等方面的融合可以为彼此带来更大的发展空间，创造出更多的价值。因此，京东通过收购 1 号店进行了扩张，为长远发展做了铺垫。

（资料来源：乐国林，艾庆庆，孙秀明. 商务谈判：实务技巧与国际适应[M]. 北京：经济管理出版社. 2019）

思考题： 京东商城在收购 1 号店过程中需要注意哪些事项？

阅 读 资 料

寻求外部利益的补偿

我国一个经贸代表团访问一个发展中国家,这个国家在连年战争之后百废待兴,十分需要建造几个化肥厂来支持农业的复兴。在我方提出了一揽子方案后,该国的谈判代表认为价格太贵,希望降低 30%。我方经过分析,认为他们提出价格太贵是由于要引进的项目很多,在支付能力上有困难。于是我方详细地介绍了设备的性能,强调了项目投产对发展农业生产的重要性。与此同时,我方又提出从设计、制造、安装、调试、人员培训等方面提供一揽子服务,对方经过反复比较、分析,最后确认我方的报价是合理的,最终将消极价格转变为积极价格,以双赢的价格促成了这笔交易。

如果我方是买者,也可以利用积极价格与消极价格的原理,通过谈判促成交易。

例如,上海某机械厂计划引进西欧某公司的一条生产线,西欧的这家公司由于热切地希望进入中国市场,报出了十分合理的价格:80 万美元。由于种种原因,当时机械厂用于购买生产线的外汇只有 50 万美元额度,差距很大。因此,这是一项十分艰巨的设备引进的价格谈判。厂方先请外方的销售经理汤姆先生来上海进行具体的商务谈判。汤姆先生来沪后,厂方先安排他参观了有关用户,向他发出了我们有购买诚意的信号。同时又介绍了该厂在中国同行业中的地位。这些引起了对方的兴趣。于是,厂方乘机提出如果这笔生意做成,将协助这家公司在上海举办展销活动,并负责邀请中国的有关企业来参观。该公司的产品优秀,在世界各地都有其产品,而在中国却没有销售,因此公司对进入中国市场有兴趣。听了这些介绍以后,汤姆先生考虑再三,表示这次只收设备的成本费,把报价降到了70 万美元。

然而,厂方只有 50 万美元,还差 20 万美元。于是,厂方扣除国内能配套的部分设备,使价格降到 60 万美元。此时对于外方公司来说已经不能再降了,而对于厂方来说还差 10 万美元。外方公司与厂方反复研究后,决定舍弃 5 万美元可以在今后再行订购的备件,使双方之间的距离缩小到只有 5 万美元。这时厂方再次深切表态,说只要同意再降 5 万美元,将免费向外方介绍一家外地的买主,并言明对此价格严守秘密不向任何人透露。汤姆先生经过反复比较,终于下决心按50 万美元成交。汤姆先生确实受到了积极价格的吸引,作出了重大让步。而厂方也未食言,在此后介绍这家西欧公司与外地的企业成交了两台同类设备。在不到一年的时间里,这家公司连续在中国卖出了十多台设备,使其进入中国市场的愿望得以实现,保证了它的长远利益。

(资料来源:于博远. 商务谈判理论与实务[M]. 哈尔滨:哈尔滨工业大学出版社,2009)

第十章　商务谈判的文化、礼仪与禁忌

【学习要点及目标】

通过本章的学习，使学生了解商务谈判的文化、礼仪与禁忌，掌握文化差异对国际商务谈判的影响，了解国际商务谈判的迎送、安排住宿等各个环节的基本礼仪，熟悉作为商务谈判人员的个人礼仪，了解各国社交、商务的一些禁忌。

【引导案例】

张某今年大学毕业，刚到一家外贸公司工作。一天，经理交给他一项任务，让他负责接待一个最近来公司的法国谈判小组。经理说，这笔交易很重要，让他好好接待。张某认为这很容易，他大学时经常接待外地同学，难度不大。于是他粗略地考虑了一些接待顺序，就准备开始他的接待活动。张某提前打电话和法国人核实了一下来宾的人数、乘坐的航班以及到达的时间。然后，张某向单位要了一辆车，用打印机打了一张 A4 纸的接待牌儿，还特地买了一套新衣服，到花店订了一束花儿。他暗自得意，一切都在有条不紊地进行。到了对方来的那一天，张某准时到达了机场。可是他等了很久也没有看见对方的踪影。他环顾四周，发现有几位外国朋友比他等得还久。张某想，有可能就是这几位吧。于是又举了举手中的接待牌儿，但对方没有反应。等到人群散去很久，张某仍然没有接到客人。于是，他去问讯处问了一下。问讯处的工作人员告诉他，该国际航班已提前 15 分钟降落。张某怕弄错了，赶紧打电话回公司。公司同事回答说还没有人来，张某只好继续等。周围只剩下那几位老外了，他上前一询问得知正好就是这几位。张某赶紧道歉，并献上由八朵花儿组成的一束玫瑰。对方的女士看着他，一副很好笑的样子接受了鲜花。接着，张某引导客人上车。他让司机把车直接开到公司指定的酒店。谁知因为旅游旺季，房间早已客满，而张某没有提前预订，当然没有房间。他只好把他们一行拉到一个离公司较远的、比这家条件要差一些的酒店。至此，对方也露出非常不快的神情。张某把他们送到房间，一心将功补过的他决定和客人好好聊聊，这样可以让他们消气。谁知在客人房间待了半个多小时，对方已经有点儿不耐烦了。于是他告辞，并和他们约定，晚上 7 点在宴会厅宴请他们。

到了晚上 7 点，张某在大厅等待客人，可是又没等到。张某只好请服务员去通知法国人，就这样直到 19:30 分客人才陆续到齐。经理已经在宴会大厅门口迎接客人了。张某赶紧给双方做了介绍，双方寒暄后进入宴会厅。张某看着宴会桌不免有些得意，心想幸亏我提前做了准备，给他们安排好了座位，这样总万无一失了吧。谁知经理一看，对方的主谈人正准备按照张某放的座位牌坐下，赶紧请对方坐到正对大门的座位。让张某坐到刚才那个背对大门的座位，并狠狠地瞪了张某一眼。张某有点莫名其妙，心想怎么又错了吗？这时突然有位客人问他的座位在哪里。原来张某忙中出错，把这位客人的名字给漏掉了。法国人都露出了一副很不高兴的样子，好在经理赶紧打圆场，神情愉快地和对方聊起一些趣事，对方才不再板起面孔。一心想弥补过失的张某在席间决定陪客人吃好喝好，频频敬酒，弄得对方有些尴尬，经理及时制止了张某。席间，张某还发现自己点的饭店的招牌菜——辣椒炒泥鳅，老外几乎都没动，他尽力劝对方尝尝，经理告诉张某不要劝，张某不知自己又错在哪里。幸亏谈锋颇健的经理在席间和客人聊得很愉快，客人很快忘记了这些小插曲。等双方散席后，经理当夜更换了负责接待的人员，并对张某说，你差点儿坏了我的大事，从明天起请你另谋高就。张某就这样被炒了鱿鱼，但他始终不明白自己究竟错在哪里了。

(资料来源：蒋小龙. 商务谈判与推销技巧[M]. 北京：化学工业出版社，2015)

第一节　文　　化

文化是一个民族或群体在长期的社会生产和生活中的价值观念、宗教信仰、生活方式、思维方式、行为准则、风俗习惯等各方面所表现出来的区别于另一个民族或群体的显著特征。商务谈判是建立在双方共同意愿之上的，即需求利益的共同点。但同时谈判也受到双方不同的政治、经济、文化等多种因素的影响，而其中文化是最难把握的，如果你在谈判中掌握了对方的文化特点，那么就掌握了一定的优势。

国际商务谈判不论是从谈判形式，还是从谈判内容来讲，远比国内商务谈判要复杂得多。这是由于谈判人员来自不同的国家，其语言、信仰、生活习惯、价值观念、行为规范、道德标准乃至谈判心理都有极大的差别，而这些都是影响谈判进行的重要因素。世界各民族由于各自特定的历史和地域而逐渐形成了自己独有的文化传统和文化模式。文化无形地存在于人们的周围，对国际商务谈判产生微妙的文化差异影响。其对国际商务谈判行为的影响集中反映在三个层面上：语言及非语言行为、价值观和思维决策过程。

一、语言及非语言行为差异与国际商务谈判行为

语言是由语音、词汇、语法构成的符号系统，是文化的重要载体之一，也构成了不同文化间的重要区别。尽管语言是最难把握的文化要素，但是成功的国际商务谈判人员必须善于交流，不仅要学会运用语言，而且还要能够透彻地理解语言差异。事实上，国际商务中的语言差异往往意味着商务信息上的巨大差异。

语言技能，特别是外语技能是国际商务谈判的一个重要工具，其差异性是最直观、明了的。解决语言差异问题的方法也很简单，如雇用一位翻译或者用共同的第三语言交谈。模拟谈判研究表明，谈判人员所使用的语言行为在各种文化中具有较高的相似性。但不管如何，其差异性还是显而易见的。在不同的语言中，作为信息交流技巧的种种语言行为方式的使用频率呈现一定的差异性，如果不了解这些差异，就很容易误解谈判对手所传递的信息，从而影响商务谈判目标的实现。

人们在实际交流过程中，除了使用语言符号之外，还使用非语言符号。非语言符号的一个重要特征就是社会性。因此，非语言符号的词义和应用在很大程度上受文化的影响。在不同文化下，相同的非语言符号经常具有不同的甚至是完全相反的含义，如表 10-1 所示。

表 10-1　两种文化中同一非语言符号的含义对照

语言符号	对照	
点头	同意(中国人)	不同意(希腊人)
摇头	不同意(中国人)	同意(希腊人)
跷大拇指	高度赞扬(中国人)	离开(希腊人)
讲话时抬下巴	自信和礼貌(英国人)	傲慢自大或摆架子(美国人)
双手举过头顶鼓掌	战胜对手后的骄傲(美国人)	友谊(俄罗斯人)

(资料来源：关世杰. 跨文化交流学：提高涉外交流能力的学问[M]. 北京：北京大学出版社，1995)

非语言行为方面的文化差异较为隐蔽，往往难以被意识到。另外，不同文化间还存在着交流技巧的差异，如沉默时段、插话次数和凝视时间差异。在商务谈判中，谈判人员会以非语言的更含蓄的方式发出或接收大量比语言信息更为重要的信息，而且所有这类信号或示意总是无意识地进行的。因此，当外国伙伴发出不同的非语言信号时，具有不同文化背景的谈判对手极易误解这些信号，而且其还意识不到所发生的错误。这种不知不觉中所产生的个人摩擦如果得不到纠正，就会影响商务活动的正常开展。

🌐【资料链接】

美国肯沃公司是一家专营制造壁纸印刷设备的公司，他们同江苏一家壁纸印刷公司就设备购买问题进行谈判，该公司之前从未有过境外业务。中方代表到达美国时，恰逢公司总裁查理伯顿和市场总监菲尔雷恩斯休假，中国公司的李经理一行只见到了肯沃的高级销售代表和生产经理。随后，美方的谈判代表团来到中国进行考察谈判，他们到达当天，李经理亲自到机场迎接，安排他们住进当地一家新酒店，并举行了有多位市政府高级领导参加的欢迎晚宴。这一系列的举动都让美方对接下来的谈判充满信心。第二天，在中方人员的陪同下，美国客人参观了附近的景点，事实上，他们已经迫切地想要开始相关的谈判事宜，但是仍然被安排在晚餐后休息。第三天，双方终于坐下来开始讨论，议程进行得相当缓慢，在中方按部就班地介绍了公司历史、企业文化、经营理念等与销售合作无关的信息后，美方代表忍无可忍，不耐烦地打断了介绍人："为什么总是在介绍一些无关紧要的内容，难道你们认为我们是如此无知吗？如果对这些信息都不了解，怎么可能会一无所知地坐在这里跟你们谈判？现在这些就是在浪费时间。"

(资料来源：许莹. 文化因素对中美商务谈判的影响[D]. 上海：华东师范大学出版社，2012)

二、价值观差异与国际商务谈判行为

各国商务文化千姿百态、各不相同，其根本原因在于文化价值观的差异。国际商务谈判中价值观方面的差异远比语言及非语言行为的差异隐藏得深，因此也更难以克服。价值观差异对国际商务谈判行为

价值观差异与国际
商务谈判行为.mov

的影响主要表现为因客观性、时间观、竞争和平等观等差异引起的误解。

(一)客观性

商务谈判中的客观性反映了行为人对人和事物的区分程度。西方人特别是美国人具有较强的客观性，如"美国人根据冷酷的、铁一般的事实进行决策""美国人不徇私""重要的是经济和业绩，而不是人"及"公事公办"等话语就反映了美国人的客观性。因此，美国人在国际商务谈判时强调"把人和事区分开来"，他们感兴趣的主要为实质性问题。

相反，在世界其他地方，"把人和事区分开来"这一观点被看作一派胡言。例如，在裙带关系十分重要的东方和拉丁美洲文化中，经济的发展往往是在家族控制的领域内实现的。因此，来自这些国家的谈判人员不仅作为个人来参与谈判，而且谈判结果往往会影响到自己，个人品行和实质问题成了两个并非不相干的问题，而且实质上两者不可分割。

(二)时间观

不同文化具有不同的时间观念。例如，北美文化的时间观念很强，对美国人来说时间就是金钱；而中东和拉丁美洲文化的时间观念则较弱，在他们看来，时间应当是被享用的。

爱德华·T.霍尔把时间的利用方式分为两类：单一时间利用方式和多种时间利用方式。单一时间利用方式强调"专时专用"和"速度"。北美人、瑞士人、德国人和斯堪的纳维亚人具有此类特点。单一时间利用方式就是线性地利用时间，仿佛时间是有形的一样。直率是单一时间利用方式这一文化的表现形式。而多种时间利用方式则强调"一时多用"。中东和拉丁美洲文化具有此类特点。多种时间利用方式涉及关系的建立和对言外之意的揣摩。在多种时间利用方式下，人们有宽松的时刻表、淡薄的准时和迟到概念、意料之中的延期。对付这些就需要有较深的私交和"静观事态发展"的耐性。

因此，在国际商务谈判中，当两个采用不同时间利用方式的谈判人员遇到一起时，就需要彼此调整，以便建立起和谐的关系，并要学会适应不同时间利用方式的工作方式，只有这样才能避免由于"本地时间"与"当地时间"不一致所带来的不安和不满。

【资料链接】

有一次，中日进行花布出口谈判，日方代表一行 5 人乘坐早班机到达首都国际机场，但在出站口焦急等待 20 分钟仍没有看到前来接机的中方人员，接到的只是中方代表打来表示歉意的电话，因为早晨堵车，现在中方接机人员仍困在高架桥上下不来。日本是一个非常注重时间观念的国家，不认为堵车是不能准时到达可以原谅的理由，造成了日方代表心中的不快，后来在谈判中虽然中方代表做出了很大让步，但日方代表的态度异常坚决，结果这场谈判仍以失败告终。

思考题：中方代表在谈判过程中处于不利地位的原因是什么？

（资料来源：崔叶竹，杨尧. 商务谈判与礼仪[M]. 北京：清华大学出版社，2020）

(三)竞争和平等观

国外有专家借助模拟谈判的实验结果来反映竞争和平等观念差异对国际商务谈判的影响。模拟谈判实验观察了来自不同文化的商人小组参加同样的买卖游戏所得到的谈判"蛋糕”，以此来体现商务谈判的竞争和合作的关系。考察模拟实验的结果表明，就美国文化和日本文化而言，日本人最善于做大“蛋糕”，而美国人的“蛋糕”大小一般。相反，美国人对利润的划分相对而言较日本人公平，日本人划分“蛋糕”的方式较为有利于买方。事实上，在日本，顾客被看作上帝，卖方往往会顺从买方的需要和欲望；而美国的情况完全不同，美国的卖方往往更多地将买方视为地位相等的人，这也符合美国社会奉行的平等主义价值观。在许多美国经理看来，利润划分的公平性似乎比利润的多少更为重要。

🌐【资料链接】

杰西从澳大利亚来到葡萄牙参加商务谈判。一天杰西的谈判对手奥西瓦邀请杰西到他家去吃饭，杰西愉快地接受了奥西瓦的邀请。到了他家没一会儿晚餐就开始了，使杰西感到惊奇的是端菜的不是他的妻子，而是他雇用的女佣人，对此她什么也没说，只是暗暗地想这么小的房子根本就用不着雇个佣人。当女佣人给他们上菜的时候，杰西问了她的家庭情况并问她在这里干了多久。然而，女佣人却什么都不愿意说，而且感到很紧张。正在这时女佣人一不小心把菜汤洒在了杰西的胳膊上，奥西瓦的妻子见后气得几乎要破口大骂。奥西瓦也难以容忍此事，就大声命令她滚到厨房里去再也别出来，女佣人一声不吭地进了厨房。就这样他们三个人在很别扭的气氛中吃完了这顿饭。奥西瓦为什么要当着客人的面对女佣人大喊大叫呢？当杰西问那个女佣人问题时，她为什么不肯回答？杰西和主人之间的紧张情绪是什么因素造成的？

(资料来源：本书作者整理编写)

三、思维决策过程差异与国际商务谈判行为

进行国际商务谈判时，来自不同文化背景的谈判人员往往会遭遇思维方式上的冲突。以东方文化和英美文化为例，两者在思维方面的差异有如下三点。一是东方文化偏好形象思维，英美文化偏好抽象思维。二是东方文化偏好综合思维，英美文化偏好分析思维。综合思维是指在思想上将各个对象的各个部分联合为整体，将其各种属性、方面、联系等结合起来；分析思维是指在思想上将一个完整的对象分解成各个组成部分，或者将其各种属性、方面、联系等区别开来。三是东方人注重统一，英美人注重对立。例如，中国哲学虽不否认对立，但比较强调统一的方面；而西方人注重把一切事物分为两个对立的方面。

例如，在美国，如果有一半的问题被确定下来了，那么谈判就算完成了一半。但是在日本，谈判一半时，有时就什么事也没定下来，有时就突然间一切又全定下来了。结果是美国谈判人员常常在日本谈判人员宣布协议之前就做出了不必要的让步。美国谈判人员所犯的这种错误反映出来的是双方思维及决策方式上的差异。对于美国谈判人员来说，商务谈判是一个解决问题的活动，双方都满意的交易就是答案。而对于日本谈判人员来说，商务谈判是建立一种长期的、互利的业务关系，经济问题仅仅是谈论的话题而不是内容，谈判进展不能以已经解决了多少问题来衡量，只要建立了一种可行的、和谐的业务关系，细节问题就会自行解决。因此，美国的谈判人员必须了解日本谈判人员这种全盘考虑的方法，必须对看似杂乱无章的一揽子问题同时做好谈判准备。

【资料链接】

一家美国公司就合资问题与中国公司举行谈判。在第一轮会谈后，双方在深圳的金碧酒店签署了一系列的合作意向书，统称为金碧协定书。3 年后，出于业务发展的需要，双方需要坐下来重新就有关问题进行谈判，这次的谈判进行得并不是很顺利，中美双方在很多方面无法达成共识。为了解决冲突，中方的谈判代表多次强调双方要坚持金碧协定书的原则。美方谈判代表霍克洛夫先生非常气愤，大声质问："闭嘴，这些东西都是 3 年前签订的，我们要知道的是现在的情况。资本、技术发展水平，还有中国的市场在过去的 3 年里肯定都发生了变化，我们需要了解的是现在的水平，所以你为什么不停止坚持那些所谓的金碧协定书呢？"中国的谈判代表听到这里也生气地反问："那么你是要准备背叛约定吗？"霍克洛夫先生反驳道："那不是一份合同，那仅仅是一纸声明！"谈判进行到此陷入了僵局，双方都不打算让步，面临的结果就是谈判破裂。之后，考虑到双方之前的合作基础，美国方面接受了中方提出的寻求第三方出面调解的建议。经过第三方的调解，中美双方重新回到谈判桌上，最终就合作事宜达成协定，签署了相关合同。

(资料来源：许莹. 文化因素对中美商务谈判的影响[D]. 上海：华东师范大学出版社，2012)

第二节　礼　　仪

一、商务谈判礼仪的含义和特征

(一)商务谈判礼仪的含义

在西方，"礼仪"一词，最早见于法语的 Etiquette，原意为"法庭上的通行证"。但它在英文中就有了礼仪的含义，即"人际交往的通行证"。礼仪是指人们在人际交往中为了互相尊重而约定俗成、共同认可的行为规范、准则和程序，它是礼貌、礼节、仪表和仪式的总称。

所谓商务谈判礼仪，是指人们在从事商品流通的各种经济行为中，应当遵循的一系列行为规范。商务谈判礼仪与一般的人际交往礼仪不同，它体现在商务活动的各个环节之中。

(二)商务谈判礼仪的特征

随着知识经济和信息技术的快速发展，经济全球化增强，现代商务环境的变化越来越大，商务交流的手段越来越多，商务谈判礼仪也呈现一些不同于以往的新特点。

1. 规范性

规范性是指待人接物的标准做法。商务谈判礼仪的规范性是一个舆论约束，它与法律约束不同，法律约束具有强制性。不遵守商务谈判礼仪，后果可能不会很严重，但有可能会让你在商务场合被人笑话。比如，我们在吃自助餐时，要遵守相应的基本规范，如多次少取，这是自助餐的标准化要求，若不遵守，你就会弄巧成拙、贻笑大方。因此，在商务交往场合，我们一定要遵守商务谈判礼仪的规范性，如何称呼客人、如何打电话、如何做介绍、如何交换名片、如何就餐都是有一定规范的。

2. 普遍性

当今社会是商业的社会，各种商务活动已渗透到社会的每一个角落，可以说，只要是有人类生活的地方，就存在着各种各样的商务活动，就存在着各种各样的商务谈判礼仪规范。

3. 差异性

差异性即到什么山上唱什么歌，跟什么人说什么话。在不同的文化背景下，所产生的礼仪文化也不尽相同。商务谈判礼仪的主要内容源自传统礼仪，因此具有差异性的基本特征。

在商务交际场合，我们要根据对象的不同，采用不同的礼仪规则。比如，在宴请客人时，我们需要优先考虑的问题是什么呢？优先考虑的应该是菜肴的安排。要问清对方不吃什么，有什么忌讳的。不同民族有不同的习惯，我们必须尊重民族习惯。

除了民族禁忌之外，还要注意宗教禁忌问题。

4. 技巧性

商务谈判礼仪强调操作性，这种操作是讲究技巧的，这种技巧体现在商务活动的一言一行中。比如，招待客人喝饮料，就有两种问法，一是"请问您想喝点什么？"二是"您喝……还是……？"第一种问法是开放式的，给客人选择的空间是无限的，这种方式可能会产生一种后果，客人的选择超出你的能力范围时会带来尴尬和不便；第二种是封闭式的，就是一种技巧性比较强的方式，可以有效地避免上述情况的出现。

5. 发展性

时代在发展，商务谈判礼仪文化也在随着社会的进步不断发展。20 世纪七八十年代，人们一般通过电报、信件等传递各种商务信息，而在今天，人们常用的则是电子邮件、视频、电话等这些随着时代进步而产生的新生事物。

二、商务谈判礼仪的作用

自古以来，我国素有"礼仪之邦"的美称，崇尚礼仪是我国人民的传统美德。随着我国现代经济的高速发展，礼仪已渗透到社会生活的方方面面。尤其在商务活动中，礼仪发挥着越来越重要的作用。

(一)规范行为

礼仪最基本的功能就是规范各种行为。在商务交往中，人们相互影响、相互作用、相互合作，如果不遵循一定的规范，双方就缺乏协作的基础。在众多的商务规范中，礼仪规范可以使人明白应该怎样做，不应该怎样做，哪些可以做，哪些不可以做，有利于确定自我形象，尊重他人，赢得友谊。

(二)传递信息

礼仪是一种信息，通过这种信息可以表达出尊敬、友善、真诚等感情，使别人感到温暖。在商务活动中，恰当的礼仪可以获得对方的好感、信任，进而有助于事业的发展。

(三)增进感情

在商务活动中，随着交往的深入，双方可能都会产生一定的情绪体验。它表现为两种情感状态：一种是感情共鸣，另一种是感情排斥。礼仪容易使双方互相吸引，增进感情，带来良好的人际关系的建立和发展。反之，如果不讲礼仪，粗俗不堪，那么就容易产生感情排斥，造成人际关系紧张，给对方留下不好的印象。

三、商务谈判的基本礼仪

礼仪是文化因素的产物，懂得把握和运用商务礼仪，将会为商务谈判的成功奠定基础，甚至在某些情况下，它可以决定一次商务谈判的成功与失败。在国际商务活动中，礼仪是增进彼此友谊和相互信赖的催化剂，要成就一次成功的谈判，第一印象非常重要，礼仪在其中便发挥了很大的作用。商务谈判礼仪是日常社交礼仪在商业活动中的具体体现。同时商务谈判，特别是对外谈判，由于本身的商业性、涉外性和正规性，对礼仪方面有着一些特殊的要求，大致有以下几方面内容。

(一)迎送

迎接为谈判礼节的序幕，事关谈判氛围之情状。利益对抗较剧烈的双方，可以因为迎接之周到得当，先入为主地为谈判准备好恰当氛围及情感基础，会化解双方矛盾，促进谈判的成功。利益较为协调的双方，也可能因迎接不热情、不得当，导致双方情绪对立，谈判氛围恶化，使谈判无功而返。

当然，出于谈判策略的要求，主方既可以热情招待使双方达成朋友关系，使客方自愿出让一些谈判利益；也可能在谈判利益较强的情况下，利用傲慢的态度，怠慢招待，给对方造成强大的心理压力，使客方在心理上有低主方一等的感觉，进而在谈判过程中可以处处遵循主方的意愿。在政治谈判中，后者可能使用概率相对更多一点，在此本着双方平等互利的原则，介绍一些使双方都不失礼的接待之礼。

1. 掌握对方状况

要将迎送来宾工作进行得圆满顺利，达到双方都满意的效果，接待方有关人员首先应对来访人员的具体状况予以充分掌握，这是接待人员做好迎送工作的基本保证。

1) 主宾的个人简况

对于对方主宾的简况，如姓名、性别、年龄、籍贯、民族、单位、职务、职称、党派以及文化程度、宗教信仰、生活习惯、家庭状况、政治倾向、业务能力、社会评价等，均应一清二楚。对对方其他来宾的情况，亦应尽可能有所了解。

2) 来宾的总体情况

在迎送活动中，一些有关来宾的总体情况，如具体人数、性别概况、组团情况以及负责人等，接待人员也应予以关注。

3) 来宾的整体计划

接待对象在来访之前，必定会制订其具体访问计划。对其来访计划，特别是访问目的、指导方针、大致安排等，接待人员应有一定程度的了解。

4）来宾的具体要求

在迎送活动开始前，以及在其具体进行中，接待人员对于对方所提出的要求或者意见、建议应认真听取，予以充分考虑。

5）来宾的抵达时间

对于来宾正式抵达时间，如具体日期、具体时间及其相关的航次、车次、地点，接待人员应当掌握充分，并且予以再三核对，以免在具体工作中出现重大差错。

2. 安排住宿

住宿是容易被忽视或有些让主方接待人员惶恐不安的问题，同时住宿又是个极其重要的环节，它是给客人留下的最初和最长久的印象，如果客人在生活方面感到不满或休息不好，就很可能导致谈判的失败。比如，客人已经到达，主人才手忙脚乱地为客人联系住宿，会让客人有不被重视的感觉，给客人留下心理阴影。当然，在我国目前阶段，对一些中小企业来讲，更常见的问题可能是接到外商来华通知后，严阵以待、手足无措，高标准接待造成无谓的浪费，也使客人无所适从。

事实上接待的问题并不难解决，在为客人解决住宿问题时，可采用两种方式。其一，客人自行解决，主方接待人员只需为其提供一定的协助，如代为预订，或为其提供建议、咨询。其二，主方解决，即主方负责解决与客人住宿相关的一切问题。至于究竟应采用何种方式，通常由宾主双方提前商定。

当由主方负责解决外方客人的住宿时，主要应当注意如下几点。

1）慎重选择住宿地点

根据惯例，目前国内在接待外方客人时，通常都会将对方安排在条件优越、设备齐全、服务与国际水准接轨的涉外饭店住宿。

在选择适合外方客人住宿的涉外饭店时，除了考虑外宾的个人习惯与要求之外，还要注意以下七点。

第一，拟请外宾住宿地点的知名度。

第二，拟请外宾住宿地点的服务质量。

第三，拟请外宾住宿地点的周边环境。

第四，拟请外宾住宿地点的交通、医疗条件。

第五，拟请外宾住宿地点的配套设施，尤其是通信设施。

第六，拟请外宾住宿地点距接待单位、机场、港口、车站及工作地点路程的远近。

第七，主方用以安排外宾住宿的经费预算状况。

2）充分尊重外宾的生活习惯

接待人员在为外方客人安排住宿地点时，不能想当然地自作主张，应当掌握并尊重对方独特的生活习惯，争取做到以下四点。

首先，尽量不安排同性别的外宾共居一室。在很多国家里，唯有同性恋者才会与同性别的成年人住在一起，所以不要冒犯对方的此种禁忌。

其次，努力为外宾创造出良好的卫生条件。外方客人通常都非常重视个人卫生，因此应将其安置在配有浴室和单独卫生间的房间中。

再次，充分保证外方客人住处的安静。接待人员为外宾安排的住所应远离噪声源，使其能安静地休息。

最后，严格做到外方客人的休息不被干扰。根据国际惯例，不宜在饭店的客房之内会客。因此，主方人员尽量不要进入外宾临时下榻的客房，以免干扰对方。

3) 细心照顾外宾的生活起居

接待人员在安排外方客人住宿时，在力所能及的前提下，应对对方体贴入微，尽量满足对方的合理生活需要。

(1) 就近住宿。若所接待的外宾不止一人，接待人员应尽量安排其在同一饭店、同一楼层或相邻楼层住宿，以便其相互关照或集体行动。

(2) "主随客便"。在照顾外方客人的生活时，既要周到热情，又不能大包大揽，限制对方的个人自由，为对方平添麻烦。

(3) 安排闲暇活动。在不影响外方客人个人休息或整体接待计划的前提下，应当在对方的闲暇时间适当为之安排一些文艺、娱乐、健身、游览、购物之类的活动项目。

(4) 满足合理需要。对于外宾在生活方面所提出的要求，理当予以满足。但是，其所提要求必须合情合理，而且必须符合我国法律和有关规定。

住宿安排好之后，切记应将宾馆的名称、房号、电话以及起止日期通知对方，以便对方能直接同宾馆联系或直接前往。

3. 迎接方式

迎接人员应当准确掌握对方抵达时间，提前到达机场、车站或码头，以示对对方的尊重，只能由你去等候客人，绝不能让客人等候你。同样地，送别人员亦应事先了解对方离开的准确时间，提前到达客人住宿的宾馆，陪同客人一同前往机场、码头或车站，亦可直接前往机场、码头或车站恭候客人，与客人道别。

提起迎接外国客人，前些年在国际机场常看到这样的情景，公司总经理带领一大群职员，在出口处举行盛大的欢迎仪式，鲜花、标语好不热闹。而客人却不自然地站着，勉强应付着这意外的场面(旅途劳顿，形象不佳，现在客人最想的可能就是休息)。中国人常讲礼多人不怪，但一般的商务交往大可不必这样隆重，这样反倒衬托出主方没有经历过世面，国际交往经验少，遇到外国客人诚惶诚恐的样子。

其实，迎接外国客人一般来讲，只要派一名身份与对方相称的人员去迎接，随行带一名秘书，有必要的话再加一名翻译就够了。

客人到达后，通常只需稍加寒暄，即陪客人前往宾馆，在行车途中或在宾馆简单介绍一下情况，征询一下对方意见，即可告辞。

4. 送鲜花的方法

爱花是人类的天性。一束花，几枝玲珑剔透的枝叶，让人忽然眼前一亮，能把阴沉、烦闷、忧郁一扫而光，使人们在赏心悦目之余，陶醉在安静祥和之中。

但说到给外宾送花，常在机场看到有人手捧一大束鲜花迎接外宾的情景，本以为浪漫的外国客人会因此很高兴，但见面后才发现这束鲜花成了累赘，客人推着很多行李，实在无法捧着一大束花，反而一路把装饰很好的花束搞得变了形。其实，要想送花，不妨在预定好宾馆之后，在客人未到达之前，在其房间里放一个花篮或一束鲜花，使他们感到意外的惊喜，如此可能收到意想不到的效果。

外国人喜欢送鲜花不假，但接送鲜花的礼仪却是很多，中国人往往容易忽视这些礼节，认为只要送漂亮的鲜花对方就会高兴，结果往往适得其反。

(1) 当且仅当有夫妇同来，或者是一行中有女士时才送花，如果对方没有女士不要送花，尤其当对方是男士，我方以女士名义送花是失礼的。

(2) 对方客人是女性时，我方送花一定要注意送花者名义的选择。最好以我方某女性的名义、公司的名义或我方负责人妻子的名义，切忌以我方男士的名义送花给交往不深的女性。

(3) 如果对方是夫妇同来，最好以我方负责人夫妇的名义或者以公司的名义送花。

综上可以看出，以公司名义送花是最保险的方法，但这样会显得不亲切，不如以个人名义送花效果好。

至于鲜花的选择，更是名目繁多，各国都有其喜欢和忌讳的鲜花品种，这里不再赘述，一般鲜花店会给您提供很切实的指导。总的来讲，大多数国家忌讳使用菊花，尤其是白菊花，其一般是葬礼时使用的。

【资料链接】

有一次，中意两国进行纺织品出口谈判，中方代表早早就等候在首都国际机场的出站口准备迎接意方代表，当双方代表见面介绍、握手之后，中方派随行人员王先生将预示谈判成功的大捧红玫瑰献给了意方经理艾伦小姐，惹来了当场一阵尖叫，虽然后来的谈判照常进行，但当时这种举动着实给意方代表艾伦小姐带来了些许困扰，也引来了双方代表一些不必要的误会。

(资料来源：崔叶竹，杨尧. 商务谈判与礼仪[M]. 北京：清华大学出版社，2020)

(二)介绍

在与客人见面时，通常有两种介绍方式，一是自我介绍；二是第三者做介绍。自我介绍适用于人数多、分散活动而无人代为介绍的时候，自我介绍时应先将自己的姓名、职务告诉客人；为他人做介绍时谁先谁后，是一个比较敏感的礼仪问题。根据商务礼仪规范，在处理为他人做介绍的问题上必须遵守"尊者优先了解情况"规则。也就是在为他人做介绍前，先要确定对方地位的尊卑，然后先介绍位卑者，后介绍位尊者，是位尊者先了解位卑者的情况。根据这个规则，为他人做介绍的商务礼仪顺序有以下几种。

(1) 介绍上级与下级认识时，应先介绍下级，后介绍上级。

(2) 介绍长辈与晚辈认识时，应先介绍晚辈，后介绍长辈。

(3) 介绍女士与男士认识时，应先介绍男士，后介绍女士。

(4) 介绍公司同事与客户认识时，应先介绍同事，后介绍客户。

(5) 介绍同事、朋友与家人认识时，应先介绍家人，后介绍同事、朋友。

(6) 介绍客人与主人认识时，应先介绍主人，后介绍客人。

(三)名片的使用

名片的用途十分广泛。最主要的是用作自我介绍、自我宣传，也可结交朋友、维系联系，还可以随赠送鲜花或礼物，以及发送介绍信、致谢信、邀请信、慰问信等使用。在名片上面还可以留下简短附言。递送名片时，要注意以下几点。

1. 初次见面

初次见到顾客，首先要以亲切的态度打招呼，并报上自己公司的名称，然后将名片递给对方，名片夹应放在西装的内袋里，不应从裤子口袋里掏出。

名片递送的程序是，一般地位低的先向地位高的递名片，男士先向女士递名片；当交换名片不止一人时，应先将名片递给职务较高、年龄较大者；如分不清公众的职务高低和年龄大小时，则可先和自己对面左侧的人士交换名片。

递接名片时最好用双手，名片的正方应对着对方、名字向着顾客，最好拿名片的下端，让顾客易于接受。

如果是事先约好的，顾客已对你有一定了解，或有人介绍，就可以在打招呼后直接面谈，在面谈过程中或临别时，再拿出名片递给对方，以加深印象，并表示保持联络的诚意。递名片时应说"这是我的联系方式，请保持联络"。

异地商谈时，名片上应留下所住旅馆名称、电话，以便对方联系。

接过名片后要点头致谢，不要立即收起来，也不应随意玩弄和摆放，而是认真读一遍，要对对方的职务、职称等表示赞扬或兴趣，如"您这么年轻就是总经理了，佩服佩服"。对没有把握念对的姓名，可以请教一下对方，然后将名片放入自己口袋或手提包、名片夹中。

2. 名片的其他妙用

名片除在面谈时使用外，还有其他一些妙用，如去拜访顾客时，对方不在，可将名片留下，顾客来后看到名片，就知道你来过了；再如把注有时间、地点的名片装入信封发出，可以代表正规请柬，又比口头或电话邀请显得正式；如果是向顾客赠送小礼物，如让人转交，则附带名片一张，附几句恭贺之词，关系无形中又深了一层；如果熟悉的顾客家中发生了大事，不便当面致意，寄出名片一张，省时省事，又不失礼节。

(四)参观

1. 安排布置

项目确定之后，应做出详细计划，向被接待单位交代清楚，并告知全体接待人员。

2. 陪同

陪同要讲究规格、自始至终。按国际交往礼节，外宾前往参观时，一般都有身份相应的人员陪同，如有身份高的主人陪同，应提前通知对方。陪同人员要先了解客人综合情况，明确接待方案，熟悉全过程，注意各个环节的衔接。参观访问中，指定的陪同人员不能过多，中途不得换人或不辞而别。要对客人有问必答，但不能随意越权许诺。陪同要适时向客人宣传介绍，注意时间节奏，对陪同活动中客人的要求要予以重视。陪同到客人房间原则上应两人同去，照看好客人行李，做好交接善后工作。

3. 介绍情况

参观工农业项目，一般是边看边介绍，有保密的内容不要介绍。参观项目概况尽可能事先发给对方一份书面材料，以节约参观介绍时间，介绍材料注意要准备客人所在国家语言版本，实在没有也要准备英文版本。陪同人员要了解外宾要求，对外宾可能提出的各种问题有所准备，不要一问三不知。

4．摄影

通常可以参观的地方都允许摄影。遇到不让摄影的项目，应先向来宾说明，并在现场竖立说明标志。

(五)赠送礼品

商务交往中常互赠礼物以加深双方的情感与友谊，巩固交易伙伴关系。商务送礼其实已成了一种艺术和技巧，从时间、地点一直到选择礼品，都是一件很费人心思的事情。赠送礼品首先应考虑接受礼物人的职位、年龄、性别等，根据对方的喜好与习惯加以选择，不要幻想以你的礼物来改变别人的品位和习惯。一般应偏重于意义价值，即有意义的物品，使用价值不是很重要，但也绝不能是无用之物。

很多大公司在电脑里有专门的储存，对一些主要关系公司、关系人物的身份、地位以及爱好、生日都有记录，逢年过节，或者什么合适的日子，总有例行或专门的礼物，以巩固和发展自己的关系网，确立和巩固自己的商业地位。

商务送礼也有很多讲究，比如，不要送过分贵重的礼物，尤其是给欧美国家的客商，因为他们只把礼物作为传递友谊或感激的载体，有时赠送很贵重的礼物效果适得其反，对方会怀疑你此举是否想贿赂他而另有所求。在中国送礼物，不能送钟，因为"送钟"与"送终"同音。其他国家在赠送礼物方面也有忌讳。如果你被邀请到沙特阿拉伯人的家中吃饭，送礼物是令人欣赏的，但不要送食物，这意味着你不指望在此吃好，你可以送花、书或本国的纪念品，但不要送皮革做成的礼物，可以送礼物给他的孩子，不论男孩或女孩，但绝不要送礼物给他的妻子。而去西方发达国家，送礼物给女主人是礼貌的象征。去南美人家里，巧克力则是最简单易行的礼物。

此外，馈赠与收受礼物时应注意以下几点。

第一，礼品一定要有包装。谨记除去价格牌及商店的袋装，无论礼物本身是如何不名贵，最好用包装纸包装，并当面呈给客人，给对方介绍礼品的情况及特点。

第二，接受并当面打开。一般来讲，除了有受贿之嫌疑，客人所送的礼物都应该笑纳，并立即表示感谢。按照中国人的传统习惯，一般所赠礼物要等客人走了以后方才打开，而外国人则习惯于当着客人的面打开包装，并表示赞美和喜欢。

第三，回赠。人性中讲究礼尚往来，来而不往非礼也。因此，要安排回赠，以体现礼貌。

(六)举止礼仪

1．站、坐、行、蹲的标准姿态

站立姿势应该是抬头，挺胸，收腹，两腿稍微分开，脸上带有自信，要显得挺拔。

正确的坐姿是你的腿进入基本站立的姿态，后腿能够碰到椅子，轻轻坐下，两个膝盖一定要并起来，不可以分开，腿可以放中间或放两边。如果你要跷腿，两条腿是合并的；如果你的裙子很短的话，一定要小心盖住。

正确的行姿是抬头，挺胸，收腹，肩膀往后并放松，手要轻轻放在两边，轻轻摆动，步伐也要轻轻的，不能拖泥带水。

正确的蹲姿是弯下膝盖，两个膝盖应该并起来，不应该分开，臀部向下，上体保持直线，这样蹲姿就典雅优美了。

2. 形体语言

全世界的人都借助示意动作，有效地进行交流。最普遍的示意动作，是从相互问候致意开始的。了解那些示意动作，至少你可以辨别什么是粗俗的，什么是得体的，使你在遇到无声的交流时，更加善于观察，更加容易避免误解。

1) 目光(用眼睛说话)

在公事活动中，用眼睛看着对话者脸上的三角部分，这个三角以双眼为底线，上顶角到前额。洽谈业务时，如果你看着对方的这个部位，会显得很严肃认真，别人会感到你有诚意。在交谈过程中，你的目光如果始终落在这个三角部位，你就会把握谈话的主动权和控制权。

在社交活动中，也是用眼睛看着对方的三角部位，这个三角是以两眼为上线，嘴为下顶角，也就是双眼和嘴之间，当你看着对方这个部位时，会营造一种社交气氛。这种凝视主要用于茶话会、舞会及各种类型的友谊聚会。

2) 微笑

微笑可以表现出温馨、亲切的表情，能有效地缩短双方的距离，给对方留下美好的心理感受，从而形成融洽的交往氛围，可以反映本人高超的修养，待人的至诚。微笑有一种魅力，它可以使强硬者变得温柔，使困难变容易。微笑是人际交往的润滑剂，是广交朋友、化解矛盾的有效手段。微笑要发自内心，不要假装。

(七)签字礼仪

商务谈判中，双方达成一致意见后，接下来的就是签字确认双方达成的协议，应认真组织，给予充分准备。

1. 准备待签文本

为了做到万无一失，在商务谈判的过程中或商务谈判结束后，双方应指定专门的人员按照达成的协议做好待签文本的定稿、翻译、校对、印刷、装订等工作。双方一旦在文本上签字就具有法律效力，双方就要执行具有法律约束力的合同，因此，对待签文本的准备工作应当郑重、严肃。在准备文本的过程中要保证翻译准确，构成合同的文件都要逐一进行核对，应按照合同当事人的数量打印协议文本，要保证每个当事人一份。如果有必要，还要按照当事人的多少为每个当事人准备副本。国际商务活动中，在与外商签订相应协议或合同时，按照国际惯例，待签文本应同时使用宾主双方的母语。

通常，待签文本应装订成册，并以仿真皮或其他高档质地的材料做封面，以示郑重。待签文本的规格一般为大八开，务必使用高档纸张，且印刷精美。主方应为协议文本的准备工作提供准确、周到、快速、精美的服务。

2. 签字场地布置

通常签字场地有常设专用的和临时以会议厅、会客室来代替的等。在布置签字场所时

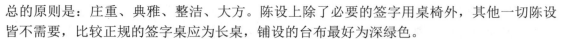

总的原则是：庄重、典雅、整洁、大方。陈设上除了必要的签字用桌椅外，其他一切陈设皆不需要，比较正规的签字桌应为长桌，铺设的台布最好为深绿色。

按照仪式礼仪的规范要求，签字桌应当横放。在签字桌后，可摆放适量的座椅。签署双边性协议时，可放置两张座椅，供签字人同时就座。如果签署多边性协议时，可以只放一张座椅，供各方签字人轮流就座签字；也可为每位签字人各准备一张座椅，供他们同时就座签字。

签字桌上，应事先放置好待签协议文本、签字笔、吸墨器等签字时所用的文具。商务活动中，如果是与外商签订国际商务合同，必须在签字桌上插放有关各方国家的国旗。国旗的插放顺序和位置，必须依照礼宾序列进行。例如，签署双边性协议时，有关各方的国旗必须插放在该方签字人座椅的正前方。如签署多边性协议时，各方的国旗应按照一定的礼宾顺序插在各方签字人的身后。

3. 签字人员

在举行正式签字仪式之前，各方应将确定好的参加签字仪式的人员，向其有关方面通报。尤其是客方一定要将自己一方出席签字仪式的人数提前通报主方，以方便主方事先安排。签字人可以是最高负责人，但要注意，不论是谁出席，双方签字人的身份应该对等。参加签字的有关各方，事先还要安排一名熟悉签字仪式程序的人，并商定好签字的有关细节程序。出席签字仪式的陪同人员，基本上是各方参加谈判的全体人员，礼貌的做法是强调各方人数最好基本相等。为了突出对各方的重视，各方也可对等邀请更高一层的领导人出席签字仪式。

签字仪式的礼仪性极强，出席签字仪式人员的穿着也有具体要求。按照规定，签字人、助签人以及随员，在出席签字仪式时，应当穿着具有礼服性质的深色西装套装、西装套裙，要求配白色衬衫与深色皮鞋。签字仪式上的礼仪、接待人员，可以穿自己的工作制服，或者是旗袍一类的礼仪性服装。签字人员应注重仪表仪态，举止要落落大方，自然得体。签字结束后，可以举行庆祝仪式。

(八)会见礼仪

会见是商务谈判过程中的一项重要活动。身份高的人会见身份低的人或是主人会见客人，一般称为接见或召见。身份低的人会见身份高的人或是客人会见主人，一般称为拜见或拜会。接见或拜见后的回访称为回拜。

商务谈判中涉及的会见问题，是属于业务商谈一类的事务性会见。在商务谈判活动中，东道主应根据来访者的身份和访谈目的，安排相应的有关部门负责人与之进行礼节性的会见。

1. 会见准备

提出会见、会谈要求。如果一方要求拜会另一方，应将会见要求，会谈人的姓名、职务，会见什么人，与什么人会谈以及会见，会谈的目的告知对方。同时要主动了解对方的具体安排(人员、时间、地点)，并通知出席人员。接到要求的一方应尽早予以答复，无故拖延、置之不理是不妥当的。如果接到要求的一方同意对方的请求，可主动将会见的时间、地点、自己一方的参加人员通知对方。双方人员的人数和身份应大体相当。礼节性的会见时间应以半小时为宜。会见一般都在会客室或办公室里进行，场所应安排足够的座位。会谈如用长桌，应事先排好座位号，现场放置中外文座位卡。会见时座位的安排是：主人坐在左边，主宾坐在右边，翻译员和记录员坐在主人和主宾的后面。双方其他人员各自按一定的顺序坐在左右两侧，主方为左，客方为右。主人应在会见开始之前到达，以迎候客人。宾主双方进入会客室后，工作人员应关好门，并退出现场。在会见过程中，不允许外人进进出出。视情况可安排扩音器；如有合影，事先排好合影图；准备好饮料(茶水、咖啡或冷饮)。

2. 会见时的介绍礼仪

主人在大楼正门或会客厅门口迎接客人(如果主人在会客厅门口迎候，则应由工作人员在大楼门口迎接，将客人引入会客厅)。

介绍时，应先将来宾向我方人员介绍，随即将我方人员向对方介绍。如对方是我方人员都熟悉的人，只需将我方人员介绍给对方即可。介绍我方人员时，要把姓名、职务说清楚，介绍到个人时应有礼貌地以手示意，不要用手指点，更不要用手拍打别人。介绍时，对外宾通常可称先生、女士、小姐；对国内客人通常可称同志、先生、女士和小姐。在商务谈判场合，应该按照职务的高低进行介绍，将职位低的介绍给职位高的。

3. 会见礼宾次序

商务礼宾次序是指国际商务交往中对出席活动的国家、团体、人士的位次按一定的规则和惯例进行先后次序的排列，涉及来访者入场的先后次序、座次安排、发言顺序、国旗悬挂的次序等。礼宾次序体现了东道主对来访者给予的礼遇，在国际交往中，表示对各国主权地位的一视同仁和尊重。

在国际会议上，各国代表的位次不是按国家大小和强弱的原则来排列的，而是按会议所用文字的国名字母顺序来排列。签订条约协定时，应遵守"轮换制"，即每个缔约国在其保存的一份文本上名列首位，它代表该国要在这份文本上首先签字。在国际活动中，各国代表的序列应以代表的职务高低或就职时间的先后作为排列的依据。例如，驻在某国首都的各国大使，即应以到任递交国书的时间先后为序，并由最先到任的大使担任外交团团长。只有在少数信奉天主教的国家，由于宗教原因，外交团团长总是由当地的"圣使"担任，而副团长由最先到任的大使担任。一般来说，安排礼宾次序有三种做法：第一，按来访者的身份与职务的高低排列。第二，按字母顺序排列。第三，按通知商务代表团组成的日期先后排列。

第三节　禁　　忌

在商务谈判中，商务人员除要了解不同国家、地区的礼仪之外，还要了解不同国家的禁忌，主要包括日常交往的禁忌，例如，装扮的禁忌、个人卫生的禁忌、称呼的禁忌、握手的禁忌、交谈的禁忌和使用名片的禁忌，为商务活动的顺利进行做好铺垫。这是商务谈判活动中，商务谈判人员必须具备的基本素质。

一、装扮的禁忌

(一)一般装扮七大禁忌

在国际商务谈判中，对服饰总的要求是朴素、大方、整洁。男子除了穿同色同质的毛料西装外，也可穿中山装、民族服装或两用衬衫及长西裤，配黑色皮鞋。在非正式场合可穿西装不系领带，或各式便服和长西裤，另配有颜色相宜的皮鞋或便鞋。女子可根据活动性质的不同酌情穿民族服装、中式上衣配长裤或长裙、旗袍、连衣裙、西服上衣配西裤或西服裙等。炎热季节也可穿长、短袖衫配裙子或长裤。选择合适的衣服很重要，穿错一件衣服也许会被认为是对对方的侮辱，或者被认为不雅，甚至被认为轻浮、不道德。

(1) 穿西服，严忌上下衣及鞋帽杂配，正式场合必须戴领带，忌讳将衬衣的下摆露在裤外。

(2) 穿中山装，严忌敞胸露怀或不系裤扣，领扣也要扣好，忌讳将袖头和裤腿卷起。

(3) 穿短衫时，严忌将下摆塞于裤内，严忌穿短裤参加涉外活动。

(4) 在通常情况下，女子的衣服式样和花色忌同款。长筒袜的袜口忌露于裙外。

(5) 在室内，男子忌戴帽子、手套或不脱外套。女子的纱手套、帽子、披肩、短外套等作为服饰的一部分则允许在室内穿戴。

(6) 在家里或饭店内接待客人时，严忌光脚赤背或只穿内衣、睡衣、短裤。

(7) 在正式场合，握手拥抱或友好交谈时，忌戴墨镜、戴口罩。如有眼疾须向客人或主人说明，或在握手、说话时将眼镜摘下，离别时再戴上。

(二)商界女性装扮十大禁忌

关于女性的化妆和首饰则更不能随心所欲。商界女性一定要记住下列装扮的禁忌。

(1) 眼影忌使用非自然色。要记住无论是在谈判场所还是在休息娱乐场所，女性都应体现出和谐温柔的美。如果使用湖水蓝、湖水绿、鲜蓝等闪光眼影，就会破坏这种美。

(2) 身上忌首饰过多，或戴叮叮当当的发声的首饰。这会给人浮华和俗气的印象，破坏谈判中女性应有的庄重感。此外，身上的装饰品忌太多太杂。一套服装看起来之所以漂亮，往往正是因为配上了一副相宜的手镯或一条合适的项链。适当的首饰会有助于表现和突出一个人的个性特点，但凡事过犹不及。胸部不开口的短衫不宜戴项链，长袖的短衫不宜戴手镯。胸部开口的连衣裙一般最适合别上一枚胸饰。戒指不宜多戴。这一点对男人比对女人更重要。除了订婚戒指，男人还可以再戴一枚戒指，但不能再多了。

(3) 香水味忌太浓，否则会使人觉得你俗不可耐。

(4) 忌穿太高跟的鞋或露足的纤细凉鞋。这都会使人怀疑你的工作态度。

(5) 忌梳古怪或野性的发型，或长发不用发夹，做披头散发状。这会有损你的形象。

(6) 忌在众人面前整理头发或涂唇膏、眼影。这会被视为有失检点。在紧急情况下需要整理自己时，要到盥洗室去。

(7) 穿衣忌有污迹或少了扣子。不要以为没人注意这些细节，要知道有些挑剔的男子甚至会注意到你的丝袜的质量。这些细节一旦被人注意，必被认为生活邋遢、随便。

(8) 忌穿领口开得很低或其他性感的服装。这会使人怀疑你的敬业精神。

(9) 忌露出内衣。有意无意暴露贴身衣物都会令人反感，掉出胸带自然更是难堪。透明衫裙没有底衫，是不自爱的表现。

(10) 忌在上班时间浓妆艳抹，尤其是使用质量低劣的口红。如果把一道清晰的口红印痕留在鸡尾酒的吸管上，或者留在咖啡杯、高脚酒杯的沿口上，都会大煞风景、令人不快。现在，色调多样、着色持久的口红应有尽有，宁肯破费些，也应买一支质量优良的口红。此外，女子选择口红时，应考虑哪种颜色与自己的外貌和衣服的色调最为协调。

(三)世界各地服饰装扮禁忌

各国衣着的习俗不同，如澳大利亚人在晚宴时通常是白衬衣、黑礼服、黑领带。而美国人则以衣着随便著称，一些商人上班时西服笔挺，下班后马上换上很随便的衣服。这就难怪一位穿豌豆绿色的外衣和方格裤子的美国人，会在澳大利亚人举办的晚宴上成为人们目光的焦点了。

1) 欧洲人的服饰禁忌

在欧洲，再也没有比英国人或法国人更注意对手的穿着打扮的了。

(1) 不要穿合成纤维料子的服装。

(2) 决策者忌穿棕色，甚至是深棕色。穿棕色衣服会被认为不够庄重，即使是在餐厅，也可能会遭人白眼。一般穿深灰、深蓝或黑色为宜。

(3) 衬衫口袋切忌装得鼓鼓囊囊。在英国，这是很不雅观的。

(4) 女性忌戴人造珠宝，要么戴真货，要么不戴。此外衣服要特别注意剪裁合体，具有传统的高雅气质——不要太时髦，始终要保守而不过分。

2) 阿拉伯人的服饰禁忌

(1) 在阿拉伯国家，对女性的服装要求是严格的。覆盖踝节部的垂至地面的衣着是普遍认可的。两臂从肩到腕都不能裸露。上衣和罩衫应该宽大，能够盖住体形和凸起的乳房。不要穿显出内衣或部分肉体的薄纱，不要穿宽松的裤子或妇女旅行服，头发在公开场合最好用三角头巾、方形披巾或围巾遮掩起来。因为露出头发可能也是一种失检行为。

(2) 无论是男性还是女性，切忌佩戴被人看作具有宗教意义的珠宝。

3) 拉丁美洲人的服饰禁忌

(1) 拉丁美洲人的个性较为随便，但男人不应脱掉他们的上衣，除非在场的拉丁美洲人也已经这样做了，并且只有在请求得到允许之后才能这样做。

(2) 女性的打扮切忌突出性别，但要突出职业性。晚上穿的所有服装都不应是低开领的，裙子至少应长到膝盖，看起来漂亮但忌讳性感。否则会毁坏你作为一个能在男人世界里干男人工作的妇女的信誉。

4) 东方人服饰禁忌。

东方人特别注重鞋，清真寺严禁穿鞋入内。在日本，除非主人坚持不让客人脱鞋，客人不要穿鞋进入主人的房屋和饭馆。在印度和印度尼西亚人家中，如果主人没穿鞋的话，客人也不要穿鞋。在主人家里时，鞋脱下来后要整齐地放好，鞋尖向着你进来走过的门的方向，这在日本尤其重要。

二、个人卫生的禁忌

个人卫生禁忌.mov

从事商务谈判的人，个人卫生是极为重要的。良好的个人卫生是有教养的象征，容易引来对方的好感，获得对方的信任。

作为谈判人员，请记住下列禁忌。

(1) 皮鞋上忌有污迹，一定要打油擦亮，布鞋要刷洗干净。

(2) 忌讳乱头发、长鼻毛、头皮屑。头发应适时梳理剪短，胡须要刮净，指甲要修剪，鼻毛应剪短，头皮屑太多应洗干净。内衣、外衣经常保持整洁，特别是领口、袖口要干净，裤线要直。参加活动前应梳理打扮一下，保持外貌的整洁美观。

(3) 在他人面前忌擤鼻涕、抠鼻子、搓泥垢、挖眼屎、打哈欠、修指甲、剔牙齿、挖耳朵等。打喷嚏时，应用手帕捂住口鼻，面向一旁，避免发出大声。

(4) 参加活动前忌吃葱、蒜、韭菜等辛辣食品，必要时可含一点儿茶叶，以除异味。

(5) 生病时不要参加外事活动。例如，感冒，在我国不算什么大病，但西欧、北美等地区的人对感冒很讨厌。脸、手、臂等外露皮肤生病的人也应避免对外接触，以免引起别人反感。有口臭毛病的人应注意口腔卫生。

(6) 严禁随地吐痰、乱丢果皮纸屑。吸烟时，把烟灰磕入烟灰缸。吃食物时把骨、刺、牙签、餐巾纸等物放到盘中或桌上，不得随手丢到地下。个人不洁物品，应丢入垃圾桶，或放入自己的手帕或口袋中。吐痰应吐入痰盂，或吐在纸巾、手帕中装入口袋。禁止用脚蹬踏家具。进入地面干净的室内时，应先在门口擦鞋底再进入。

三、称呼的禁忌

称呼是人际交往最基本的行为之一。作为一名商务谈判人员，正确地称呼对方是十分重要的，因为它有助于缩小双方的距离，拉近双方的关系，从而有助于谈判。

(一)一般称呼的禁忌

(1) 记不住对方的名字。

(2) 叫错别人的名字，即张冠李戴。

记不住别人的名字或叫错别人的名字，都是极为不礼貌的行为，是商务谈判中的大忌。

一定要注意，外国人的名字在发音、排列顺序上都同中国人的名字有很大差别，所以中国人往往会觉得外国人的名字难记。有时即使知道拼写，照着字母也不一定能念出来。第二次见面时叫不出对方名字就很失礼。如果你忘了对方的名字可以问他：“我怎样称呼您？”宁可多问几次，也不要贸然叫错。

(二)世界各地称呼中的禁忌

(1) 欧美人：英美人姓名的排列是名在前姓在后。如 John Smith 译为约翰·史密斯，约翰是名，史密斯是姓。也有人有中间名，中间名多是母姓或与家庭关系密切者的姓。如 John Smith Wilson，译为约翰·史密斯·威尔逊。约翰是名，史密斯是中间名，威尔逊则是姓。在西方，还有人沿用父名或父辈名，在名后缀以小(Junior)或罗马数字以示区别。例如，George Wilson, III, 译为乔治·威尔逊第三；John Smith, Junior, 译为小约翰史密斯。书写时常把名字缩写为一个字头，但姓不能缩写，如 G. W. Thomson，D. C. Sulli-van 等。

口头称呼一般称姓。称男子为先生，称女子为夫人、女士、小姐。不要对欧洲人直呼其名，除非他让你这样称呼。如果某人有头衔，则要正确称呼，这时姓可省去，如经理先生、秘书小姐等。如果不知道一位妇女是夫人还是小姐，那就假设她已结婚，用夫人称呼。对未婚欧洲妇女误用已婚妇女之称是一种小小的恭维，而对已婚妇女误用未婚妇女之称则是小小的侮辱。在美国有的妇女不愿别人知道自己的婚姻状况，她会告诉你称她为女士。

如果欧洲人在名片上印有学术头衔，就要以看见的名片上的头衔来称呼。弗里茨·施密特，经济学家，是"经济学家施密特"，而不是"施密特博士"或者"施密特教授"或者"施密特先生"。在他请你去酒吧或其他酒店以前，一直要称他"经济学家施密特"。在喝过几杯以后，你也许可以称他"施密特"，但是仍然不能称他"弗里茨"。

欧洲人的名片上可能有两个头衔，这在阿尔卑斯山以北地区是常见的，那里的经理对头衔特别注意。施密特的名片说他不仅是经济学家，而且是公司的董事。靠努力取得的学术头衔比在公司所处地位授予的头衔更光荣。你可以光用学术头衔称呼，或者为了保险起见用两个头衔称呼，在用两个头衔时，要把学术头衔放在前面，这样施密特就成了"经济学家、董事施密特"，而不是"董事、经济学家施密特"。

除非你同一个欧洲人非常熟悉，否则不要请他对你直呼其名，也许他觉得直呼其名很别扭。大多数美国人说，他们凭直觉可以知道什么时候适宜直呼其名，如果有这种时候的话。欧洲人常常不认为有必要像我们认为的那样友好和随便。年轻的欧洲人可能互相直呼其名，但是他们很少参加谈判。欧洲经理们可能并肩工作几十年而从不直呼其名。

法国人姓名排列和英美人相同，一般由二节或三节组成。前一、二节为个人名，最后一节为姓。有时姓名可达四五节，多是教名和由长辈起的名字。但现在长名字越来越少，如 Henri Rene Albert Guv de Maupassant 译为亨利·勒内·阿贝尔·居伊·德·莫泊桑，一般简称 Guv de Maupassant(居伊·德·莫泊桑)。法文名字中常常有 le、la 等冠词，de 等介词，译成中文时，应与姓连译，例如，I_a Fantaine 译为拉方丹，I_e Gaff 译为勒戈夫，de GJaulle 译为戴高乐，等等。

西班牙姓名常有三四节，前一、二节为本人名字，倒数第二节为父姓，最后一节为母姓。一般以父姓为自己的姓，但少数人也有用母姓的。如 Diego Rodnigueez de Silvay Velasquez 译为迭戈·罗德里格斯·德席尔瓦·贝拉斯克斯。已婚妇女常把母姓去掉而加上丈夫的姓。通常口头称呼父姓，或第一节名字加父姓。葡萄牙人的姓名排列基本和西班牙人的相同。

俄罗斯人姓名一般由三节组成。如伊万·伊万诺维奇·伊万诺夫。伊万为本人名字，伊万诺维奇为父名，意为伊万之父，伊万诺夫为姓。妇女姓名多以娃、娅结尾。妇女婚前用父姓，婚后多用夫姓。俄罗斯人姓名排列通常是名字、父名、姓，但也可把姓放在最前面，特别是在文件中，名字和父名都可缩写，只写第一个字母。俄罗斯人一般口头称姓，或只称名。为表示客气和尊敬时称名字与父名。家人和关系较密切者之间常用爱称。

(2) 阿拉伯人：阿拉伯人姓名一般由三节或四节组成。第一节为本人名字，第二节为父名，第三节为祖父名，第四节为姓。除非阿拉伯人请你称呼他的教名，否则不要这样做。

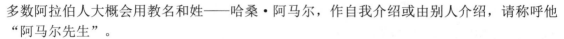

多数阿拉伯人大概会用教名和姓——哈桑·阿马尔，作自我介绍或由别人介绍，请称呼他"阿马尔先生"。

除王室成员、大臣和高级军官以外，阿拉伯人并不喜欢头衔。特别是海湾地区的阿拉伯人蔑视炫耀，其中包括头衔。

"谢赫"一词可能造成混乱。通常用它来称呼特别值得尊敬的人：师长、长辈、宗教领袖、王室成员。当你将一个在权力、声望或智慧方面真正称得上"谢赫"的人称为"谢赫"的时候，他可能谦虚地表示对他不值得用这样可敬的头衔。但是要继续称呼他"谢赫"，直到他明确要求不这样称呼他为止。

然而，一些自称为"谢赫"的阿拉伯人却不是真正的"谢赫"。他们常常只是暴发户，光是财富不能使一个阿拉伯人成为"谢赫"。这样的人可能试图以头衔来引人注目，尤其是引起易受头衔影响的东方人的注目。但是，你大概会很快知道谁是真"谢赫"，谁是假"谢赫"。对这种冒名顶替行为，其他阿拉伯人是反感的。尽管如此，即使一个"谢赫"是假的，也要用他想用的头衔来称呼他。在波斯湾，一般提及统治者时经常称为"艾米尔"，当面称为"谢赫"，随后是教名，例如谢赫·哈桑。

(3) 亚洲人：日本姓名的顺序和我国相同，但姓名字数常常比汉族姓名的字数多。最常见的是由四个字组成，但又由于姓与名字数不固定，二者往往不易区分，因而事先一定得了解清楚，在正式场合应把姓与名分开书写，如二阶堂进、小林光一等。

在同日本人打交道时，不要叫他们的名字。口头上只称姓加上先生就行了。第一次见面之后，通过晚间的娱乐活动，同你的日本伙伴有了进一步了解，并希望表示尊重，这时你可称呼姓加上君，如山田君。这会使你们的关系更近一些，但是，"君"不应加在根本不认识的人的姓后。如果对每一个人都以君相称，在日本人眼里就是一种不真诚的表示。可是，如果遇到的是一位日本经理，他的地位与你相同或比你高，或是一位明显比你年长的人，特别是老年人，你则不必等进一步熟悉，应一开始就尊称他为某某君。如果你是一位女性，对谈判小组里的任何一位男性成员都应尊称为君。

缅甸人仅有名无姓。我们常见缅甸人名前的"吴"不是姓而是尊称，意为"先生"。常用的尊称还有"杜"，意为"女士"，用于称呼有地位的女子。一般女子只称作"玛"，意为姐妹。

泰国人姓名是名在前姓在后，未婚妇女用父姓，已婚妇女用夫姓。口头尊称无论男女一般只叫名字不叫姓，并在名前加一冠称"坤"，意为您。

四、握手的禁忌

握手已成为大多数国家通行的见面礼，即便是最忌讳身体接触的日本人也逐渐认可了这种礼节。因此，注意握手的礼节是很重要的。以下是握手的禁忌。

(一)握手八大禁忌

(1) 握手的时间过长或过短，都是不礼貌的。

(2) 握手时冷而无力，缺乏热情。

(3) 抢先出手同妇女握手。

(4) 握手时如果有几个人，而你只同一个人握手，对其他人视而不见，这是极端不礼貌的。你应当向其他人点头致意。

(5) 握手时东张西望，一副心不在焉的样子，这也是不礼貌的。应当热情地望着对方。

(6) 握手时用力过大，也是不礼貌的。捏得对方咧嘴呼痛，像押送犯人一样，这是要避免的。

(7) 握手时嘴巴紧闭，一言不发，一副不情愿的样子。应当寒暄几句，例如，"你好！""很高兴见到你！"，等等。

(8) 握手也有先后顺序，应由主人、身份高者、妇女先伸手，客人、年轻者、身份低者见面先问候，等对方伸手再握。年轻人对年长者，身份低对身份高者则应稍稍欠身，双手握住对方的手，以示尊敬。男子与妇女握手时，往往只握一下对方的手指部分。多人同时握手时忌交叉，男子忌戴手套握手。握手时双目注视对方面带微笑，不要看着第三者。

(二)同世界各国人握手的禁忌

(1) 同欧洲人握手时忌紧紧握住人家的手不放。欧洲人握手一般较轻。欧洲拉丁语系地区，握手时间较长，有五到七秒，是美国人握手时间的两倍。这时最忌讳你过快地把手抽出来，那就给人以拒绝握手的印象。法国人握手时间短，是干脆有力的一下。

(2) 同阿拉伯人握手时忌讳只用简单的"喂"打个招呼，这会使人觉得你缺乏诚意和热情。典型的阿拉伯式招呼可能会很长，就像这样："早晨好。你好吗？我的情况也很好。我的身体不错，你呢？我希望也很好。是吗？啊！那好。再次见到你很高兴。今天天气很热，不是吗？你感到难受吗？我并不感到有什么不舒服。刚才我在饭店里，现在我去……"

就这样不断问候的同时也要不断地握手。

阿拉伯人握手轻而无力，与美国人握手正好相反。握手动作很轻，只略微上下动动，忌讳使劲抖动。

阿拉伯人注意等级，在办公室里要首先同最重要的人握手。你会一眼认出他，因为他坐在屋子中央，周围是显然对他表示顺从的其他客人。如果你由一名当地翻译或代理人陪同，他会告诉你谁是地位最高的人。

不管是男是女，客人都应该先向主人伸手。

在同主人握手之后，你必须依次向每一位客人问好并同他们握手。向办公室里其他人笼统地点头示意是不礼貌的。同全屋人一一握手，注意不要把任何人漏掉，即使这些客人可能同你做生意没有任何关系而且你也可能不认识他们。

如果其他客人在你之后到达，房间里的人在他们进入时都站起来，你也应站起来，等待同他们握手问候。

你可能看到一些阿拉伯人用双手握手。这种握手方式通常用于老朋友，而不是新结识的人。

(3) 在大部分拉丁美洲国家，拥抱和握手一样普遍。男人和男人之间，女人和女人之间都可以拥抱。斯拉夫国家的人也是如此，并且拥抱的动作更大、更热烈。

(4) 日本人不太习惯身体上的接触，如果你要表示友好，千万不要拍对方的背，表示问候时也不要用两只手搂住他们的胳膊，这在中国人看来是合情合理的事情，而日本人则认为这样是在公开表达喜爱之情，是令人讨厌的。虽然他们已经接受了握手，但觉得鞠躬更自在些。

向对方鞠躬等于是向对方说："鄙人很佩服您的资历与智慧。"日本人对你鞠躬的深度往往取决于你在公司的地位。特别是在高级业务的会谈中，鞠躬成了唯一的礼节。在和比你职位低的日本人相见时，他鞠躬时间长，而且比你鞠得深。如遇到你同级或年长的日本人时，你要多鞠一次躬以示尊敬。鞠躬时切勿手插口袋，眼睛要有礼貌地向下看，这样你才能看见对方的躬鞠到什么程度，即使在同日本人谈话时手也不能插进口袋里。

(5) 在东南亚和南亚信奉佛教的国家，见面时多双手合十说一句"愿菩萨保佑"。但是行双手合十礼时切忌点头，那样会显得不伦不类。

(6) 传统的朝鲜族鞠躬是复杂的。随便握握手是普遍的做法，或者用稍微低头的办法来代替大部分的鞠躬。然而，对长者应以深鞠躬表示尊重。

在把你介绍给一位韩国妇女时，如果她把手伸给你，你可以同她握手。如果她不伸手，你不要伸手给她，因为这会使她很窘迫。

中国女商人在韩国应首先伸出手来。虽然中国妇女不一定非要主动握手，但是主动握手可以避免使韩国人慌乱和难堪。虽然在韩国商业界妇女也是受欢迎的，但是她们毕竟与男人不同。当地的男人与女人之间鞠躬是普遍的习惯，而且女人鞠躬的姿势显得更柔顺一些，因此与你打交道的韩国男经理人可能会不知所措，不知道怎样向一个外国妇女鞠躬，那么，你主动握手就是一个解决难题的简单办法。

五、交谈的禁忌

在工作之余聊聊天，对于生意伙伴来说，不仅可以增进了解，而且对生意的成功也有很大帮助。谈话的题目在非常熟悉的人中间是不难选择的，但对刚相识不久的人们来说就非常难选了。其实，谈话是一种普通的社交手段，除了对于来自不同地区的人的一些特别禁忌之外，还有许多在各国都适用的禁忌。

(一)交谈的七大禁忌

(1) 谈话时切忌面无表情，语无伦次。说话时应表情自然，语气和蔼亲切，不要做不适当的手势或手势的幅度过大，忌讳用手指指对方的鼻子或指指点点议论别人。谈话的距离要适当，与美国人保持一臂左右，而与日本人则要远一些，因为你们也许要相互鞠躬。谈话时不要拉拉扯扯、拍拍打打，更不要唾沫星四溅。

(2) 同人谈话时表情要专注，耐心倾听。同日本人谈话时，往往你说一句话，他就答一声"嗨！"（"是"的意思)这并不表示他同意你的意见，而是礼貌的一种方式，表示他在专心听，他听懂你的意思了。在别人说话时，不要左顾右盼、心不在焉，或注视别处，也不能老看手表，或做出伸懒腰、打哈欠、玩东西等漫不经心的动作。

(3) 参与别人的谈话时，要先打个招呼，别人在个别谈话，不要凑过去旁听。若有事需要与某人说话，应等别人说完。第三者参加谈话时，应以握手、点头或微笑表示欢迎。谈话中有事先行离开，应与对方表示歉意，打声招呼。

(4) 与几个人谈话时，不要只同其中一两个人谈话而忽视了其他人。要善于聆听对方的话，不轻易打断。同时应注意察言观色，如发现触及对方忌讳的话题，可及时转移。

(5) 谈话中不应讥笑、讽刺他人，不要涉及他人的生理缺陷。

(6) 男子一般不参加妇女圈内的议论，也不要与妇女无休止地攀谈。在许多国家，妇女的地位同男子都有差异，与妇女谈话要谦让、谨慎，不与之开玩笑，争论问题有节制。

(7) 即使是最熟悉的朋友，也要注意使用礼貌语言。在社交场合，不要高声辩论，对于幽默的使用要十分注意，每个国家都有不同的幽默方式，切忌乱用。

(二)同欧美人交谈的禁忌

(1) 同欧美人在一起，不要吹嘘自己的成就，不要谈到钱。特别是女性，如果欧美人赞美你的衣服，只说声"谢谢"就可以了，不要大谈特谈衣服是从哪家商店买来的，花了多少钱，对于珠宝首饰也是如此，不然会让人觉得你俗不可耐。

(2) 不要问欧洲人"生意怎么样？"，正像不要问美国人"你一个月拿多少薪水？"一样，也不要问公司的纯资产有多少，税要缴多少。

(3) 欧美人一般不愿在休息时间谈工作，所以应避免谈你们正在做的这笔生意，而非常泛泛的一些商业活动是可以谈的。

(4) 欧洲人喜欢谈政治，这个话题有时是避免不了的，要尽量不使自己卷入其中。在使用两种语言的国家，不要问讲一种语言的人对讲另一种语言的同胞怎么看。

那么，什么样的话题最保险呢？可以在同你的伙伴见面前多了解一些他所在国家的情况，谈论关于商业、艺术、音乐、体育等文化活动。赞扬他的国家值得自豪的东西最保险，比如，每个欧洲国家都有著名的画家、诗人、表演艺术家、运动员、工艺师、食品和酒以及光荣的历史时期。但要认真做一番研究，否则做出错误回答或驴唇不对马嘴，就说明你没有诚意，这会严重影响你的形象。

(5) 应对自己的国家多多进行了解，考虑一下如何回答有关中国的问题，切忌回答问题时崇洋媚外，他们会感到你对祖国不忠，那么在谈生意时他们也就会怀疑你的忠诚度。

(6) 欧洲人讨厌大声谈话，美国人谈话的声音会比欧洲人的高一些。在谈话时注意听一听，让自己的声音同别人的和谐一致就行了。

(7) 在同英国人谈话时注意不要总盯着对方看；瑞典人则喜欢交谈时你看看我，我看看你；在希腊，不准久久凝视别人是一条不成文的法律和沿袭已久的民族禁忌；地中海国家的人们认为呆滞的目光是不祥的。

(三)同拉丁美洲人谈话的禁忌

在拉丁美洲同在欧洲、美国一样，非工作时间，不要谈及商业方面的问题。当然，如果对方主动谈起这个方面的问题则是一个例外。并且如果拉丁美洲人不主动谈起他的家庭情况，你也不要细问，但你可以谈一谈自己的家庭，特别是孩子的情况。这有助于把你们的商业关系转到个人关系上去。

其他的一些保险话题包括你的业余爱好、你的美学兴趣、你了解的历史古迹、你知道的宏伟的建筑、你喜爱的美丽风景，等等。这可以显示你广泛的知识和兴趣，给人以有良好教养的印象。

同拉丁美洲人谈话，忌讳发表个人对政治问题的见解，如对方谈起，你就提些问题，让他去谈。

(四)同韩国人谈话的禁忌

(1) 同韩国人谈话，最好的话题是历史。谈话之前，可以了解一下他们国家的历史情况。这里指的当然是光荣历史。在韩国人面前不必忌讳谈日本，但尽量要少谈，不要为了博得对方好感而贬低日本，这样韩国人会认为你不诚实，不利于建立信任。

(2) 在用餐和喝酒的时候谈论生意是可以的，但注意不要许下任何诺言，韩国人同日本人一样，都受中国"一诺千金"的影响，诺言是一定要履行的。

(3) 在韩国忌谈政治问题。这是政府禁止的，如果违反会给当地人带来麻烦。

(五)同阿拉伯人谈话的禁忌

(1) 和阿拉伯人谈生意忌对他们提高嗓门，大喊大叫；忌公开批评或斥责某人。如果要指责，要把当事人叫到一边，悄悄说明你喜欢怎么做，如大声斥责对方，就会使对方丢面子，谈判就可能告吹。

(2) 尽量少谈未来，阿拉伯人认为未来属于安拉，而不属于人类。过多地谈论明天会使你显得荒唐，使他们感到不舒服、急躁或不耐烦。

(3) 在宣布你的公司同阿拉伯人的公司所达成的协议时，忌自作主张大肆宣扬。阿拉伯人认为这是违约泄密，对真主不尊。最好让阿拉伯人首先宣布这项协议。

(4) 同阿拉伯人忌谈他们之间的政治斗争，也不要谈伊斯兰教。

(5) 如果你知道你的伙伴是一个有妻子、儿女的人，在他把自己的妻子、儿女介绍给你之前，不要问及他们身体健康或任何其他情况，绝对不能对他妻子的容貌大加恭维。每天的谈话中一定要问及对方的健康状况，并要表现得真心实意。

(6) 阿拉伯人可能问及你在专业上的成就和业余爱好，你回答时一定要谦虚。阿拉伯人认为自夸是庸俗的作风。

(7) 阿拉伯人忌讳谈到狗，更不能大谈特谈吃狗肉。保险的话题是阿拉伯人的足球，但要忌讳表现出来比他们知道得多。另外，还可以赞扬富有成就的当地行业及其在历史上的成就，可是对沙特阿拉伯人不要赞扬他们的石油蕴藏量。

(8) 同阿拉伯人谈话时，一定要看着对方的眼睛，这在他们看来是起码的礼貌，如果目光旁落，则被认为是侮辱他人的行为。

(六)同日本人谈话的禁忌

(1) 与阿拉伯人相反，同日本人闲谈时，不要盯着对方，他们会感到不自在，认为这不礼貌。因此他们喜欢看对方的脖子。

(2) 在社会上活动和工作的日本妇女，不少是不结婚的，因为一结婚，再继续工作是不大可能的。因此日本妇女忌讳问其婚配及年龄。中国人对年龄问题不大介意，所以喜欢问他人的年龄。这在日本是失礼的。

如因不了解日本的风俗习惯，问起对方有无婚配，对方已答独身，就要快速转移话题，如再问为何不结婚，就是错上加错了。如无意中问到对方的年龄，他们让你猜时，对女子要稍向年轻几岁猜，以示她年轻美貌；对男子要稍向大几岁猜，以示他成熟老练有风度。

对年高的男子或妇女不要用"老人"等字眼，年龄越高越是忌讳。

六、使用名片的禁忌

现在，名片已成为人们在交往中不可缺少的结识工具。一张名片在手，对方的姓名、职位和联系地址就都有了。

(一)使用名片的一般禁忌

(1) 在使用名片时，应把名片放在易于掏出的地方。不要装在裤子后边的兜里，这样别人看见觉得不尊重对方。不要把名片或其他杂物混在一起，也不要把自己的名片同别人的名片混在一起。

(2) 递名片时，目光要正视对方，用双手或右手递交自己的名片，切忌目光转移，漫不经心。

(3) 接受名片时态度要恭敬，使对方感到你对他的名片有兴趣。并且一定要注意看一下，然后郑重放入口袋或名片夹内。切忌连一眼也不看，随手放在桌子上。如果要把名片放在桌子上，则不要在上面压别的东西，那会被人认为不恭。

在商贸交往中，对交换名片最好有所准备。知道自己的贸易伙伴是哪国来的，就可以在名片上印上两种文字，正面是中文，背面是对方国家的语言。

(二)在世界各国使用名片的禁忌

(1) 在阿拉伯国家，名片印刷是否考究很重要，它代表着你的身份地位。交换名片时有阿拉伯文的那面朝上。切记不能用左手去交换名片，在阿拉伯，左手被认为是不洁的。对方或许会给你一张他的名片。如果不给，你可以向他要一张，因为那上面可能印有你需要并且很难通过间接手段找到的、未列入电话簿的电话号码和地址。

(2) 在欧洲，学历高的人受人仰慕，特别是在北欧人中间，它不仅会带来专业声望，而且会带来社会声望。如果你有商业管理硕士学位或者与你商业领域有关的哲学博士学位，要打在名片上。在欧洲，这样做不是炫耀，而是为了给人以深刻的印象。它有助于建立你的信誉。德国人、荷兰人和瑞士人敬仰历史悠久的公司。如果你的公司是一家老公司，那就把公司成立日期打在名片上。它给人的印象可能是你想象不到的。

从德国人的名片上，你可以知道对方的权力有多大。ppa 或者 prokurist，表明有签署的权力，是一个决策者；iv 或者 Vollmacht，则表明权力有限；ia 或者 Im Auftrag 就表示他不是决策者。

(3) 在日本，交换名片是一项非常重要的仪式。如果日本人给你名片了，而你没有名片给对方，则是最无礼的行为。

有一位美国商人在同日本人谈判开始前交换了 112 张名片，他整整花了 15 分钟才完成这个仪式。因为同每一个在场的人交换名片是一种不能低估的社会要求。你必须走遍房间的每个角落，不漏掉任何一个人。只有这样才能表现出尊敬和友好。

在自己的名片上，头衔要尽可能准确地反映出本人在组织中的地位，对日本这样一个等级森严的国家来说，即使是头衔的某些细节也是富有意义的。在日本，公司的一个部门里不会有两个头衔相同的人，不管他们的地位多么接近，始终会有着某种细微的差别，如进入公司的年限，这就使两人有所不同。日本人十分注意这些细微的差别。美国人的那种人人平等的平均主义对他们来说是相当陌生的。等级制度是名片显得如此重要的一个主要原因。

当会见一个日本商人时，通常要把名片印有日文的一面朝上并伸直手去交换，微微地鞠躬后，双方各自把对方的名片接到右手上，并做出仔细阅读的样子。对于每一张接到手的名片都要仔细阅读，即使其中或许没有一个中文字。读完名片之后，要再鞠躬，说声"很高兴认识您"。在交换名片的顺序上，资历的深浅和职位的高低会再次起作用。交换是由职位高的人向职位低的人进行的。最好是按照这种惯例，因为日本人会把随便交换名片看作失礼。人们希望主人能先递上名片，外来的客人就可以从一种费神的猜测中解脱出来，因为这样客人就无须再去猜，谁的资历更深一些，职位更高一些。

拥有一个名片夹，对于一个经常与日本人打交道的商人来说十分重要。如果你以前与一位日本人交换过名片，可如今又忘了以前你们曾在一起开过会或忘了对方的名字，这会被日本人看作对他们的一种污辱。在会见某个国家的人时，应事先查看自己的名片夹，想想曾会见过哪些人。

(4) 拉丁美洲人在谈判前通常会交换名片，但也不总是这样做。如果他不给，你可以主动要一张。如果回国之后再想弄清对方在拉美的地址、电话号码或电传号码，会比你想象的要麻烦得多。因此，在同不熟悉的拉美人谈生意时，弄到对方的名片是十分重要的。

本 章 小 结

在商务谈判中，对国际商务谈判产生微妙的文化差异影响集中反映在三个层面上：语言及非语言行为、价值观和思维决策过程。

商务谈判礼仪是指人们在从事商品流通的各种经济行为中应当遵循的一系列行为规范。商务谈判礼仪与一般的人际交往礼仪不同，它体现在商务活动的各个环节之中。礼仪包含的内容比较广泛，具体表现为礼貌、礼节、仪表和仪式等。

商务谈判礼仪的特征包括规范性、普遍性、差异性、技巧性和发展性。商务谈判的基本礼仪包括迎送、介绍、名片的使用、参观、赠送礼品、举止礼仪、签字礼仪和会见礼仪。商务谈判交际中的禁忌包括装扮的禁忌、个人卫生的禁忌、称呼的禁忌、握手的禁忌、交谈的禁忌和使用名片的禁忌。交谈时表情要自然，态度要和气，语言表达要得体，谈话距离要适当。

自 测 题

1. 商务谈判礼仪的特征包括哪些？
2. 迎来送往需要注意哪些礼仪？
3. 商务人员的服饰礼仪有何要求和讲究？

4. 在谈判开始时，如何进行他人介绍和自我介绍？

5. 使用名片时，应该注意哪些禁忌？

案 例 分 析

王先生是国内一家大型外贸公司的总经理。为一批机械设备的出口事宜，携韩秘书一行赴伊朗参加最后的商务洽谈。王先生一行在抵达伊朗的当天下午就去了交易方的公司进行拜访，然而正巧遇上了他们的祷告时间。交易方老板示意他们稍作等候再进行会谈，以办事效率高而闻名的王先生对这样的安排表示不满。东道主为表示对王先生一行的欢迎特意举行了欢迎晚会。

韩秘书希望以自己简洁、脱俗的服饰向众人展示中国女性的精明、能干、美丽、大方。她穿上白色无袖紧身上衣，下穿蓝色短裙，在众人略显异样的眼光中步入会场。为表示敬意，交易方老板向每一位中国来宾递上饮料。习惯使用左手的韩秘书很自然地伸出左手接饮料，并很不礼貌地将饮料放到餐桌上，交易方老板立刻变了神色。

令王先生一行不解的是，在接下来的会谈中一向很有合作诚意的东道主没有再和他们进行任何实质性的会议。

(资料来源：本书作者整理编写)

思考题：

(1) 这次会议为什么不成功？

(2) 如果你是韩秘书，你会如何表现？

阅 读 资 料

双方经过长期洽谈之后，南方某市的一家公司终于同美国的一家跨国公司谈妥了一笔大生意。双方在达成合约之后，决定正式为此举行一次签字仪式。因为当时双方的洽谈在我国举行，故此签字仪式便由中方负责。在仪式正式举行的那一天，让中方出乎意料的是，美方差一点儿要在正式签字之前"临场变卦"。

原来，中方的工作人员在签字桌上摆放中美两国国旗时，误以中国的传统做法"以左为上"代替了目前所通行的国际惯例"以右为上"，将中方国旗摆到了签字桌的右侧，而将美方国旗摆到了签字桌的左侧。

结果让美方人员恼火不已，他们甚至因此拒绝进入签字厅。这场风波经过调解虽然平息了，但它给人们一个教训：在商务交往中，对于签约的礼仪不可不知。

签约仪式虽然时间不长，也不像举办宴会那样涉及许多方面的工作，但是由于它涉及各方面关系，同时是谈判成功的标志，有时甚至是历史转折的里程碑。因此，一定要认真筹办，一丝不苟。

(资料来源：姚凤云，刘纯，赵雅坦. 商务谈判与管理沟通[M]. 3版. 北京：清华大学出版社，2021)

参 考 文 献

[1] 刘园. 国际商务谈判[M]. 5 版. 北京：中国人民大学出版社，2022.

[2] 黄卫平，丁凯，宋洋，等. 国际商务谈判[M]. 4 版. 北京：中国人民大学出版社，2023.

[3] 白远. 国际商务谈判：理论、案例分析与实践[M]. 5 版. 北京：中国人民大学出版社，2019.

[4] 祝拥军. 商务谈判[M]. 2 版. 北京：北京大学出版社，2021.

[5] 陈媛媛，王爱君，晏祎，商务谈判[M]. 北京：航空工业出版社，2012.

[6] 李爽. 商务谈判[M]. 4 版. 北京：清华大学出版社，2021.

[7] 庞辉，赵亚南，纪红. 国际商务谈判[M]. 北京：清华大学出版社，2016.

[8] 吴琼，李昌凰，胡萍. 商务谈判[M]. 北京：清华大学出版社，2017.

[9] 邓红霞，卢宇，何艳君. 商务谈判实务[M]. 北京：电子工业出版社，2019.

[10] 车红莉. 商务谈判实务[M]. 北京：化学工业出版社，2019.

[11] 曾洁贤，章诗颖. 商务谈判实务[M]. 北京：电子工业出版社，2018.

[12] 罗伊·列维奇. 商务谈判[M]. 6 版. 北京：中国人民大学出版社，2015.

[13] 冯光明，冯靖雯，余峰. 商务谈判——理论、实务与技巧[M]. 北京：清华大学出版社，2015.

[14] 左显兰. 商务谈判与礼仪[M]. 北京：机械工业出版社，2016.

[15] 储节旺. 商务礼仪与谈判[M]. 北京：北京大学出版社，2015.

[16] 李滨. 商务谈判与礼仪实务[M]. 西安：西安交通大学出版社，2015.

[17] 甄珍. 商务谈判[M]. 北京：首都师范大学出版社，2009.

[18] 吕晨钟. 学谈判必读的 95 个中外案例[M]. 北京：北京工业大学出版社，2012.

[19] 刘春生. 国际商务谈判[M]. 北京：电子工业出版社，2016.

[20] 齐玉兴，何静. 商务谈判[M]. 北京：经济科学出版社，2010.

[21] 姚凤云，刘纯，赵雅坦. 商务谈判与管理沟通[M]. 3 版. 北京：清华大学出版社，2021.

[22] 陈文汉. 商务谈判实务[M]. 2 版. 北京：清华大学出版社，2018.

[23] 崔叶竹，杨尧. 商务谈判与礼仪[M]. 北京：清华大学出版社，2020.